VIURE SENSE POR

Dr. Joan Corbella

Viure sense por

COLUMNA

Quarta edició: Febrer 1994
Disseny gràfic: Ricard Badia

Edició especial per a Columna Edicions, S.A.
Carrer Provenza, 333 - 08037 Barcelona
ISBN: 84-7809-420-2
Dipòsit legal: B/2923-94
Imprès a Novoprint, S.A.
Fotocomposició: Marge Design Editors

ÍNDEX

VIURE SENSE POR

Desitjo agrair a la psicòloga Maria Sànchez
la seva inestimable col·laboració en revisar,
corregir i aportar els seus valuosos suggeriments
a l'hora d'elaborar aquest llibre.

INTRODUCCIÓ

Si existeix una por al silenci personal de la que sorgeixen els impulsos més interns i propis, si existeix una por a trobar-se amb la pròpia identitat i amb les respostes íntimes a esdeveniments de l'entorn, existeix també una por a viure: a afrontar el fenomen de l'existència amb la plenitud de possibilitats que un ésser humà pot oferir-se a ell mateix.

«No existeix res de més gran riquesa que un home ni res més apassionant que una vida» deia en el meu llibre *Por al silenci*. Trobem entorn nostre vides molt poc apassionants, no tant pel seu contingut com per l'actitud personal enfront del fet de «viure». Es renuncia a la capacitat de gaudir, sentir i conèixer tot allò que s'esdevé mentre es tendeix a limitar els esdeveniments que poden emocionar per anar a cercar la comoditat, la seguretat i l'eliminació del risc.

Aquest llibre que ara el lector té a les mans podria haver tingut altres títols, tots ells relacionats amb la por: *Por a la paraula*, *Por al sexe*, *Por a la malaltia*, *Por a la soledat*, *Por al risc*, *Por a estimar*, *Por al descontrol*, *Por al desordre*, i un llarg etcètera. No obstant, cadascun d'aquests títols es convertirà en un epígraf dels següents capítols, ja que en cadascun d'ells trobarem raons per justificar una actitud espantadissa, enfront de la possibilitat de trobar a la vida ressorts engrescadors i fenòmens existencials capaços, per ells mateixos, de generar una sensació de vida.

Vital, vitalista, vitalitat i totes les expressions que es deriven de la paraula «vida», tenen en la seva significació continguts equivalents a entusiasme, felicitat i capacitat per a gaudir. La vida pot ser contemplada sempre com l'aspecte positiu d'allò que li seria antagònic: la «no vida», la renuncia al fet vital. Tanmateix, sovint s'uneixen a la paraula vida qualificatius com difícil, aburrida, monòtona, cara, i d'altres igualment pejoratius. Aquestes expressions no estan només en boca dels qui han hagut d'afrontar en la seva existència situacions estimablement angoixoses o raonablement difícils; formen part del contingut cultural i són emeses sense rubor per persones que podrien rendir un homenatge a la vida. L'existència d'aquestes persones seria diferent si fossin capaces de trobar aquells aspectes favorables, que d'altra banda són notoris i evidents, i no visquessin tan obsessionades per les possibles adversitats, pors i aspectes menys agraciats de la seva realitat que, d'altra banda, sempre estan presents a qualsevol vida.

Té sentit viure? Val la pena tenir fills? ¿Pot considerar-se la vida com un bé de forma absoluta? En la meva opinió, la resposta a totes aquestes preguntes és SÍ, sempre que s'entengui la vida com el curs d'una existència en la que es poden experimentar amb plenitud totes aquelles sensacions, emocions, pensaments i sentiments que l'ésser viu és capaç de produir amb el suport de la seva realitat psicològica i dels esdeveniments que envolten la seva circumstància.

La vida suposa una successió de fenomens interconnectats entre ells per la realitat d'un mateix. El substrat de totes les reaccions és la pròpia constitució, tant en l'aspecte físico-biològic com en el bio-psicològic. Aquest substrat rep impulsos modificadors i potenciadors durant l'educació, tant per part de pares i mestres, que són els qui atenen aquesta funció, com per la multitud de fets fortuïts que van enriquint l'estructura personal, en la mesura que van acumulant-se sensacions, emocions i coneixements, tots sempre íntimament units entre ells. L'emoció que produeix un sentiment altera la capacitat per conèixer determinada realitat: el que percebem com objectiu està sempre condicionat per la subjectivitat. L'ésser humà integra sempre l'entorn sense límits específics i amb interrelacions molt subtils. Les vivències constitueixen el substrat de la vida, entenent com a vivència no solament el que succeeix, sinó també tot allò que es viu, com arriba a conscienciar-se, com es respon emocionalment i la sensació final que deixa a l'individu. En la suma d'aquestes sensacions podrem trobar la resposta al suposat grau d'intensitat vital. Si la sensació final és repetidament plaent, tendirà a sentir-se feliç, i si no ho és, trobarà motius per a la dissort.

Com hem vist, la sensació final no depèn només del tipus d'esdeveniments que es presenten al llarg d'una vida, sinó que intervé, de forma decisiva, l'actitud personal davant de cadascun d'ells. Aquesta actitud es basa en l'estructura de la personalitat, en l'experiència i també, i aquí rau la responsabilitat de cadascú amb ell mateix, en el desig formulat, assumit i integrat d'aspirar a reaccionar positivament davant de cada situació. Segons quina sigui l'actitud vital de l'individu, l'esdeveniment del viure adquireix dimensions diverses: existeixen vides que se sofreixen, vides que es mereixen, vides que es viuen. Proposo optar plenament per aquesta tercera opció; si no, si no hi ha decisió prèvia, es produirà una de les altres dues alternatives, sense que existeixi cap possibilitat de control per part de l'interessat. En el cas d'aquell que es resigna simplement a deixar passar la vida, acabarà inexorablement sofrint-la o, en el millor dels casos, no visquent-la, no adonant-se del seu «existir».

Resultaria demagògic no donar importància als «continguts» de la realitat existencial. Òbviament, existeixen vides que resulten molt més difícils de viure que d'altres. Quan la malaltia, la soledat o la pobresa imposen les seves limitacions, resulta molt difícil l'exercici de voluntat que suposa una acció vitalista. De tota manera, sovint, en situacions precàries, on sembla que estarien més justificades la desesperació i el descoratjament, apareixen postures d'enteresa, coratge i vitalisme. Aquestes reaccions encara fan més difícil d'acceptar i d'entendre aquelles actituds que tradueixen un sentit tràgic de l'existència, sense cap element que ho justifiqui. Cert és que els estats depressius no necessiten justificació per produir efectes negatius en el pensament de l'individu i incapacitat per sostreure's a ells.

Al marge de la depressió, que constitueix una malaltia per ella mateixa, clínicament delimitada i amb possibilitats de curació en un percentatge notablement alt, existeixen postures personals que flirtegen permanentment amb estats depressius. Són persones que situen el seu impuls vital sota mínims i tendeixen a fixar sempre la seva atenció, la de les seves anàlisis i la de les seves reaccions emotives, en aquells aspectes de les seves circumstàncies que són menys favorables.

La vida passa inexorablement, donat que resulta impossible aturar el pas del temps; en el seu transcórrer, ofereix experiències i reaccions anímiques d'impacte i intensitat variables. El receptor, l'ésser viu que contempla, conscient o no, el transcurs del seu recorregut vital pot restar impassible enfront la successió d'esdeveniments i sentiments provocats; també pot oferir la seva pròpia acció per, en la mesura que sigui possible, intentar controlar, variar o canviar el rumb de la seva existència i de la reacció emocional que resta davant d'ella. Defenso que l'ésser humà és, per la seva condició com a tal capaç d'intervenir tant en els esdeveniments que omplen la seva existència, com en l'actitud vital que li permet «sentir» la seva realitat en forma d'estímul agradable, desagradable o neutre.

En certs cercles intel·lectuals ha estat de moda mofar-se de qui proposava la felicitat com a objectiu assolible. Per a ells, la vida simplement se suporta, i per aquest motiu dediquen la seva única habilitat intel·lectiva a elaborar conclusions sobre la capacitat de resistència, individual i col·lectiva, per «tolerar» la insuportable empresa de viure. Tal actitud revela simplement la seva incapacitat per oferir alternatives o, més cínic encara, el convenciment que la resposta al «problema» de viure ha de ser molt més complexa que la que s'apliquen a ells mateixos. No està de moda la senzillesa, tot allò que és simple sempre aixeca les sospites de superficialitat, i són molts els que no es perdonarien incórrer en aquesta suposada «moda», encara que fos, precisament, la que proporcionés una resposta adequada.

Existeix certament una cultura de la infantilització, que procedeix dels Estats Units. Cultura de manual per resoldre qualsevol tipus de problema, i que respon amb la mateixa simplicitat a la qüestió de com es treu una taca de cafè, com s'aprèn a jugar als escacs, com estar ben relacionat amb un superior a la feina o com superar una depressió. Segons els paràmetres d'aquesta cultura, la felicitat està garantida sempre que es disposi de la solució adequada per a cada possible problema que es pugui presentar. El món dels sentiments, de les actituds vitals i ètiques, les emocions i les seves contradiccions, es van reduint al pragmatisme de l'utilitari. Aquesta mena de cultura està impregnant la manera de fer de tot l'Occident i, presumiblement, extendrà la seva simplificada força a importants zones d'Orient. Enfront d'aquest malbaratament de superficialitat i simplicitat, no és estrany que s'aixequin veus i plomes que critiquen ferocment les receptes de felicitat, amb les quals ens estan envaint els nord-americans. Com a reacció a aquesta situació apareixen les persones anti-superficials amb anti-solucions que, per tal de justificar el seu radicalisme, no ofereixen un altre remei que elaborar complexes teories sobre l'existència, tan difícils d'entendre que no poden tenir cap traducció pràctica. De fet, en el fons es tracta de ser el més incompresible possible.

L'acumulació de teories i dades suposa un bagatge intel·lectual tan «enriquidor» que justifica la dissort del seu posseïdor.

Pot semblar absolutament impossible viure feliç, i fins i tot viure tranquil, estant en possessió d'una quantitat d'informació tan exagerada, que implica un estat d'alerta i una absoluta desconfiança davant la condició humana. Però, afortunadament, l'ésser humà no és només un emmagatzemador de dades ja que, a mesura que les rep, la seva capacitat emocional les integra i incorpora, no sols com a coneixements, sinó també com a sentiments. Aquests són els que poden permetre inhibir la força destructora que exerceixen els coneixements sobre l'esperança —alguns en dirien alienació— i poder sobreviure al descoratjament que proporciona el coneixement desproveït de la capacitat anímica de sentir.

Àdhuc el sentir profundament, la sensació de desfici i de fàstic que produeix determinada informació, permet una subsegüent reacció. Aquesta reacció certament no s'esdevé quan el coneixement s'assumeix des de la fredor de les dades i reprimint les reaccions emotives que aquestes provoquen. El metge, que per conèixer els riscos als que està sotmesa la salut humana, no soportés viure sense prendre tota mena de precaucions, acabaria anul·lant totes les possibilitats d'acció lúdica i totes les activitats de qualsevol tipus. Qui pels seus coneixements de física nuclear estés massa pendent dels perills que sotgen la humanitat, podria veure's lògicament impulsat al suïcidi.

Sortosament, a més a més del coneixement intervenen altres facultats humanes en la configuració de l'estat d'ànim i de l'actitud amb la que s'encara la vida. Per aquest motiu, i davant de qui situa la seva posició vital en la crítica a tot positivisme i «presumeix» de la seva conscient i ben documentada dissort, crec possible apel·lar a la resposta vitalista de cadascun dels «jo» que composen una col·lectivitat, i afirmar que la vida pot suposar una experiència apassionant si existeix el propòsit de viure-la malgrat tot.

Dos grans obstacles es trobarà qui afronti l'aventura del fet vital amb ànim de superar una existència basada en la simple successió de temps i de fets: les idees i les possessions.

Existeixen els ideòlegs d'actitud vital que viuen de i per a les seves idees. Són fidels als llibres i als líders del pensament, i encunyen les seves posicions, gustos i emocions d'acord amb un patró ideològic, cultural, ètic, i fins i tot estètic, delimitat per «la seva cultura». Són els teòrics de tot, de les relacions amistoses, laborals i inclús amoroses, que prenen com a punt de referència fonamental, i a vegades únic, els seus coneixements. Relativitzen la seva vida per definició, i la seva capacitat d'apassionar-se es limita a la transgressió dels seus propis esquemes: només són humans quan «s'equivoquen».

Existeixen patrons preestablerts on el fonamental se situa sempre en la teoria, i la màxima canalització de l'interès se centra en l'acumulació d'informació i coneixements; sense que es busqui en ells saciar la curiositat per un determinat tema, que seria la lògica motivació de tal empresa. Llegeixen llibres, van a conferències, veuen pel·lícules i obres de teatre, perquè si no ho fessin se sentirien insegurs. El conèixer, el «saber de què va» els «posa al dia»; si no, se senten en fals. La seva seguretat personal es basa exclusivament en el seu saber, en la informació emmagatzemada, en la cultura que han consumit. Es veuen a ells mateixos com a persones cultes i es rendeixen davant la saviesa, sense adonar-se ni valorar el ressò emocional del sentir, inclús de sentir la reacció personal davant els seus propis coneixements. Curiosament rendeixen culte a les modes com ho fan les capes de la societat menys il·lustrades, però són unes altres modes. Els seus gustos són sovint imposats per l'esclavatge amb que viuen el seu rol cultural, són capaces d'escoltar una música que els complau però que no les emociona, o aguantar una aburrida sessió cinematogràfica per la bellesa de la fotografia o pel missatge intrínsec de l'argument, sense trobar plaer o emoció en aquestes activitats.

Prop d'una intel·lectualitat adotzenada pel seu saber podem situar, i no a gaire distància, les actituds patològiques de l'individu neuròtic que necessita trobar explicacions per a tot, que busca permanentment les raons dels comportaments propis i estranys. Aquesta necessitat l'obstaculitza de qualsevol possibilitat de desenvolupar una existència sense un permanent estat d'ansietat.

El fet cultural i el fet científic, el saber i el conèixer, suposen una gran possibilitat de riquesa personal, ja que obren les portes a un nombre més gran de possibilitats vitals; però, si aquests elements es converteixen en anul·ladors o inhibidors de sentiments personals, d'emocions i de reaccions, aleshores la cultura, la ciència, les idees en general, i els ideòlegs en particular, poden esdevenir el fre més poderós que pot tenir una societat per accedir a allò vital, a la vitalitat entesa com l'expressió personal de l'actitud amb que afrontem la vida. Només pot justificar-se el culte al fet intel·lectual, al coneixement d'un mateix i de la realitat circumdant, quan no limita la força emocional que sorgeix per la via dels sentiments i les emocions.

El segon gran fre a la possibilitat d'exercir com a ésser viu és la necessitat de tenir i de posseir: la mitificació de la riquesa. No deixa de ser cert, òbviament, que posseir coses, tenir la possibilitat d'adquirir-les, i la llibertat d'opcions que dóna el desfogament econòmic, suposen un gran atractiu. Aquest és un objectiu lògic per a la majoria dels éssers humans; només una ínfima proporció de la humanitat sublima les seves aspiracions en aquest aspecte a través d'altres elements gratificants. Amb el tema del diner s'aprecia un fenomen d'hipocresia, dels múltiples que ofereix el comportament humà. Moltes persones asseguren no tenir un interès especial pel diner, però resulta que el seu comportament està especialment dirigit a obtenir els màxims beneficis possibles. La riquesa obtinguda a partir del treball efectuat o l'habilitat en els negocis obre portes i augmenta la quantitat de possibilitats en relació amb el «fer»: poden fer-se més coses. Però si «l'element econòmic» es converteix en l'eix del comportament i en l'alimentador de totes les motivacions, es produeix un fre en les emocions i els sentiments i, amb ells, una limitació considerable a la vitalitat.

Els uns per les idees, els altres per les possessions, tots ells inhibeixen en el seu interior la força de l'humà; el seu silenci roman callat i la resposta deixa de ser personal per ser culta o útil.

La por a viure es tradueix amb freqüència, com passa en gairebé totes les pors, en l'emissió de comportaments antagònics: són els anomenats «mecanismes d'evitació». Es tracta, doncs, de donar a l'acte de viure un contingut no angoixós, sobre la base de planificar la vida de manera que disminueixi la por a viure-la. La planificació, l'elaboració d'escales de valors i d'objectius, l'acotació dels sentiments i la utilització de l'ètica com una assegurança d'equilibri, són alguns dels elements que permeten inhibir la por de viure i suposen, segons la intensitat amb que s'exerceixi, tota una demostració de pànic al fet vital.

A les següents pàgines analitzaré algunes de les expressions més freqüents de la por, i comprovarem com limiten les possibilitats d'exercir com a humans en diferents situacions vitals. Si coneixem de qui tenim por i quins artificis utilitzem per superar-ho o compensar-ho, si prenem consciència d'aquesta possible forma d'actuar, podrem oferir alternatives que tindran com a element comú la personalització de les reaccions. Això suposa la possibilitat d'assumir el vital com a «quelcom» al que es té accés i, per tant, dret a modificar. Es tracta, per tant, d'una nova apel·lació, però no utòpica, a la llibertat personal i a l'exercici de la pròpia autonomia.

VIURE SENSE POR

La por, element inevitable en el repertori de reaccions humanes, aporta el grau de dependència, previsió i contenció necessari per evitar que els comportaments que emetem posin en perill la nostra integritat física; fins i tot ens capguarda de possibles inconseqüències morals o ètiques. Una certa dosi de por, temor i prevenció és inqüestionablement una condició necessària per al desenvolupament de qualsevol activitat humana, sense que per això es minvi l'autonomia personal i la independència de l'individu.

La por sorgeix de forma espontània com a reacció incontrolada o després d'una reflexió i una anàlisi de la realitat que la provoca. La por resultant tindrà diferents nivells en funció de la repercussió que tingui en la persona que ho sent: el pànic incontrolable, irracionalment bloquejador de qualsevol tipus de resposta d'evitació; la por fòbica que, malgrat ser igualment intensa, no impedeix d'accedir a conductes que eviten l'estímul fòbic; la simple por provocadora de respostes d'ansietat més o menys aparatoses segons la seva intensitat: les reaccions temeroses que posen l'individu en una situació d'alerta i li permeten convertir la por en prudència, sense que això redundi en una pèrdua de capacitat per donar pas a l'energia vital, a l'exercici de la seva llibertat personal i a l'elaboració d'actituds arrelades amb el seu propi compromís.

Alguns dels elements productors de por són: la capacitat d'iniciativa, l'entusiasme vital, l'energia amb la que s'enfronta una existència, l'acceptació de les circumstàncies, la constatació dels punts favorables i desfavorables, la força dels ideals i objectius vitals, la capacitat de comprometre's, etc. La por contribueix a situar l'individu en un punt de TENSIÓ VITAL necessari i imprescindible per accedir a un desenvolupament del seu comportament gratificant, i alhora, vèncer la por.

Per a la conducta positiva d'un ésser humà, tan anorreador resulta el bloqueig ansiós, l'estrés que impedeix de prendre la iniciativa, la depressió que deixa sense capacitat de sentir la necessitat de reaccionar, com la manca de motivació, la indolència o l'excessiva tranquil·litat. Aquestes condicions priven l'individu immotivat de tota possibilitat d'actuar amb la fermesa necessària per tal que l'actuació li resulti gratificant. Entre ambdós extrems existeix un grau adequat de tensió que permet afrontar la vida de forma entusiasta i responsable en la part personal i en la part col·lectiva i, per tant, solidària. La tensió que proposo com a adequada parteix d'un inqüestionable amor a la vida i al fet vital. Si en manca, l'existència es converteix en una successió d'esdeveniments, en els que l'individu no hi pren part activa si no és per resistir-los quan es van presentant. Viure, el fet d'existir contemplat des de la perspectiva de qui viu, suposa la màxima dimensió assolible, la cota màxima, la suprema aspiració de l'ésser humà.

En el desenvolupament de la vida s'aspira a aconseguir la felicitat, o estadis semblants a ella. Però enfront de la possibilitat de ser feliç, s'obre l'abisme que representa la por, tant la por inespecífica com la concreta: les sensacions indefinides de malestar psíquic, que priven de trobar en la vida l'al·licient suficient per ser feliç, i les pors cap a circumstàncies o elements concrets que sovint són representacions simptomàtiques de l'estat més generalitzat de l'ansietat. La por i l'ansietat són, moltes vegades elements bloquejadors d'iniciatives, sentiments, idees i decisions que acaben inhibint la riquesa personal que suposa viure.

Davant la por pot oposar-se la tensió vital que proposo, o bé mecanismes compensadors que permeten l'intent, gairebé sempre inútil, d'escapar d'ella. En l'empenyorament per assolir la felicitat i «distreure» les reaccions de por, l'ésser humà pot escometre, i de fet sol fer-ho, el camí del «fer», generalment amb la finalitat d'obtenir coses: fàcilment es tendeix a equiparar la possibilitat de ser feliç amb la de posseir coses. L'estímul consumista provoca la necessitat de fer, treballar, estalviar i invertir per posseir, comprar i sentir la propietat sobre coses. A aquestes coses precisament s'ha condicionat el desig. La publicitat habitual en constitueix un bon exemple: s'encarrega de buscar una correlació entre la possessió i el consum de determinats productes amb la sensació de felicitat.

No pot negar-se que tenir diners, estalviar-los o gastar-los, resulta emocionant i gratificant, però, amb certa facilitat, aquesta emoció pot convertir-se en la més estimulant i atractiva d'una vida, fins a l'extrem de fer-la girar al seu entorn. Cada cop són més les persones que viuen obsessivament imaginant la manera d'obtenir la màxima quantitat de diners, i buscant gratificacions únicament en la forma de gastar-los. La tendència a un materialisme individualista, insolidari i sense altres connotacions ideològiques que no sigui l'ambició, està imposant-se com una forma d'entendre la vida, d'estructurar els ideals i d'afrontar l'existència.

No puc ser qualificat de demagog si asseguro que el camí del consum no és capaç de produir persones benaurades ni felices; la mateixa estructura ideològica que suporta el consumisme posa en evidència aquesta realitat. Per consumir s'ha de necessitar, i la necessitat sorgeix de la tendència a no conformar-se amb el que es té, i d'aspirar a tenir més o millors coses. Per mantenir l'estímul de comprar i absorbir la producció, és necessari anar generant permanentment necessitats, però aquestes acostumen a ser reveladores d'insatisfaccions prèvies. De fet, moltes conductes del comprador compulsiu fan palesos els alts nivells d'ansietat de fons, que en ocasions poden arribar a cotes clarament patològiques.

Quan la felicitat se situa únicament en «arribar a tenir», l'individu es valora a ell mateix pel que posseeix; i per poder augmentar les seves possessions necessita treballar intensament. La productivitat, la utilitat de les accions i el rendiment global passen a ocupar els nivells més alts en la seva escala de valors, sovint els únics que motiven i condicionen el seu comportament. A partir d'aquí, el treball es mitifica i absorbeix la majoria, per no dir totes, les energies de l'individu; la possible realització personal assolible a través d'ell queda postergada a un segon terme i, freqüentment, vinculada a la satisfacció íntima que arriba a produir la capacitat de guanyar diners o d'obtenir èxit. El treball suposa un dret i un deure de tot ésser humà, però, sovint, traspassa tals condicions per convertir-se en una obsessió.

Entre els vicis de la humanitat actual, destaca que cada vegada més persones estan afectades per l'addicció al treball, i per la incapacitat de gaudir de qualsevol altre element personal que no estigui vinculat amb «el fet professional». Res aliè a l'aspecte laboral els resulta atractiu, i fins i tot els espais d'oci són viscuts amb la intenció de descansar per conservar la capacitat de «rendir»: objectiu fonamental de la seva vida. Aquesta actitud suposa que l'estrés està guanyant cada dia la batalla a l'equilibri, a la capacitat de viure relaxat i de gaudir del descans sense necessitat de trobar en ell elements reparadors. L'addicte al treball gaudeix d'un ritme vital intens, és incansable, creatiu, imaginatiu, i els dies laborables sempre està disposat a treballar. Ben al contrari, durant els caps de setmana se sent abatut, sense iniciativa; dorm moltes hores amb el pretext de recuperar les energies gastades en el treball, perd interès per la seva vida afectiva, li costa relacionar-se amb els fills, i disminueix notòriament la qualitat de les seves relacions sexuals.

No només el diner és un vector motivador de la possessió; hi ha altres «possessions», que també li resulten atractives a l'ésser humà i que poden condicionar el seu «fer»: el poder i la fama. Aquests estímuls, sovint vinculats amb els diners, submergeixen l'individu en la permanent necessitat d'implicar-se de forma constant i dependent amb el «fer». Quan diners, poder i fama —o els tres factors a la vegada o cadascun amb diferent intensitat—, entren a formar part de l'objectiu primordial de l'ésser humà, aquest perd la seva condició de «ser» i queda diluït en l'acció encaminada a l'obtenció dels objectius. En la mesura que s'aconsegueixen, aquestes finalitats resulten tan gratificants com insuficients, i per això porten, inevitablement, a la necessitat d'augmentar-los: l'individu queda atrapat en la necessitat de seguir «fent» allò que li permet obtenir-los.

Ningú no dubta quant estimulants poden ser el diners, el poder i la fama, i cap ésser humà és insensible a la possibilitat d'assolir-los. Això no obstant, deixar-se atrapar per ells com a reforç fonamental i únic, suposa l'abandonament d'una altra sèrie d'estímuls també gratificants. Aquests tenen, a més a més, la propietat de projectar l'individu cap al seu «ser», el seu «jo», els seus sentiments i la seva realitat personal. I, malgrat que no arriben a satisfer plenament, proporcionen elements d'equilibri, seguretat i autonomia personal molt superiors als anteriors, a la vegada que un menor grau de dependència del fet circumstancial.

L'ésser humà, per la seva pròpia condició, «és» i «essent» inevitablement «fa». A través del «fer» obté coses i aconsegueix així «tenir». Resulta possible un apropament a la felicitat si no es perd de vista la condició de «ser», i el «tenir» es posa al seu servei, o sigui, no es converteix en objectiu fonamental en ell mateix, sinó que és un vehicle per assolir una plenitud més gran del «ser».

Quan el camí ser-fer-tenir s'interromp i el darrer aspecte adquireix dimensió prioritària, es tanca en cercle sobre el «fer» i s'ignora el «ser». En aquest cas, l'ésser humà es desprèn de les seves capacitats afectives, personalitzadores i identificadores, per diluir-se en l'acció. «Fer» i «tenir» mobilitzen les motivacions, els estímuls i les gratificacions fonamentals, passant a segon terme, i inclús a ser ignorades, totes aquelles forces que sorgeixen del «ser». L'afectivitat, la creativitat, el goig, les il·lusions, les idees i les creences queden marginades de l'esquema impulsor de la conducta; si no és que es recorre a elles per cercar alguna utilitat concreta i es tradueix en un benefici del «fer» o del «tenir». El jo personal se sacrifica en la mesura que aquesta actitud es converteix en l'eix de l'existència.

El sacrifici del jo —o la seva ignorància— no s'efectua només en forma passiva, no donant-li protagonisme en la pròpia existència, sinó que se li posen sistemàtics i conscienciats impediments perquè no destorbi la funcionalitat, l'equilibri i el rendiment. D'aquesta manera, els sentiments es normatitzen, les emocions es controlen, el gaudi es condiciona exclusivament en funció del consum, les il·lusions es converteixen en projectes pressupostats per disminuir al màxim els imprevistos, la creativitat es valora per la seva rendibilitat, i les idees i creences s'utilitzen en la mesura que suposen un benefici o una justificació per les finalitats que d'elles es pretenen. El «ser» i el «jo» és quelcom únicament valorat i apreciat com el vehicle capaç d'aconseguir objectius, no com a un objectiu en ell mateix. Però és precisament el distanciament de la realitat personal el que fa l'home vulnerable a les pors. Veurem al llarg dels diferents capítols com les pors es basen fonamentalment en l'àrea de l'acció o de la possessió, i també, però menys, en la identitat personal; veurem igualment com la forma de superar els diversos temors passa per un aflorimient de la capacitat de ser, valorant la seva condició i respectant-lo.

De tot el que s'ha dit fins ara podria desprendre's que pretenc considerar l'acció i la producció com a enemics del ser. No és així. El procés ser-fer-tenir té la seva alternativa al tancar-se el cercle en forma de ser-fer-tenir-ser, és a dir, considerar el «tenir» com un element enriquidor del «ser». *Quan el «tenir» deixa de ser un ideal en ell mateix per posar-se al servei del «ser», es gaudeix d'allò que s'ha aconseguit, és a dir, es gaudeix de la presència dels resultats de l'acció: el «fet» i l'«obtingut» està en funció d'augmentar el nivell de felicitat del «ser».* També succeeix que en aquest cas no se sacrifica, limita o anul·la el «ser» a fi de «fer», ja que «ser» és la finalitat més important en ell mateix.

És possible que el lector pensi que el meu raonament és obvi i que ningú no comet la ximpleria de sacrificar el ser en funció del que aconsegueix fer. També és possible que moltes persones que ja fa temps varen perdre la consciència de la seva identitat, sacrificada en funció d'allò productiu o rendible, no admetin la seva situació i trobin fórmules que justifiquin la seva actitud i el seu comportament. De fet, l'addicte al treball tendeix a explicar la seva addicció mitjançant la responsabilitat econòmica que té sobre la seva família, en garantir l'educació i, si és possible, el futur dels seus fills, etc. Ell sap que aquestes justificacions no responen a l'autèntica realitat de les seves motivacions i que està atrapat per un estímul professional, pel xuclador del treball i per la necessitat de no decebre's a ell mateix en l'obtenció dels objectius que es proposa. Diners, poder i fama acaben per justificar qualsevol comportament i actitud. Ben al contrari, qui no perd de vista la trascendència del que és i estima la vida farà i treballarà com a un mitjà d'obtenir coses i accedir al consum: serà capaç de gaudir d'allò que compri i posseeixi i, en fer-ho, gaudirà més de la vida, serà més feliç. El seu objectiu, el més lícit, serà assolir la felicitat o realitzar la màxima aproximació possible a ella.

Podrà argumentar-se que hi ha qui aconsegueix ser feliç amb

l'obtenció de la màxima rendibilitat del seu treball, o que els negocis poden produir-li suficient emoció i impuls com per entusiasmar-se. És possible que això pugui succeir, però només en aquells casos que, en l'escala de valors personals, la capacitat de gaudir se situa per sobre de la productivitat.

A través del consum, l'ésser humà té l'oportunitat de gaudir del menjar, més enllà d'una necessitat per subsistir; dels desplaçaments, que es converteixen en viatges a geografies i emocions noves i inassolibles fa unes dècades enrera; de la música que s'introdueix a la llar amb tota la seva càrrega de sensacions i emocions. D'altra banda, les tasques domèstiques i de tota mena s'alleugereixen a través de la utilització d'electrodomèstics que han reduït l'esforç físic i el temps que s'havia d'invertir; i es té accés a llibres, espectacles i diversions. Les possibilitats que ofereix el progrés hagueren suposat un món de somnieig si s'haguessin plantejat fa un segle. De fet, el tipus de vida que s'ofereix a l'home actual és enormement atractiu i té, potencialment, la facultat de fer-nos feliços; això no obstant, mai no s'havia plantejat la felicitat com tan utòpica, ni havien estat tantes les actituds crítiques com avui dia. El desencís sorgeix en la mesura que les coses no tenen, per elles mateixes, la possibilitat de proporcionar felicitat. Aquesta es troba en la seva utilització per al delit personal, i per aconseguir-ho és necessari donar importància al trascendent que ha de ser un mateix.

La por se situa entre els sentiments humans en correlació amb el temor a perdre el que es té o a no aconseguir les coses que es desitjen, i la inseguretat respecte d'un futur que es voldria garantir. Quan els objectius vitals se centren en els aspectes que són estranys a un mateix, o es viu l'experiència vital com una font de possibles situacions agressives de les que es precís defensar-se, sorgeix la por. Quan es considera que la tranquil·litat, l'equilibri, el control, l'ordre, el benestar, l'estabilitat dels sentiments, la salut, la continuïtat, les normes i la riquesa formen part de la base que permet la sensació de felicitat, és lògic que apareixi la sensació de por, ja que és possible, àdhuc probable, que en un cert moment, tot això pateixi un trencament. Si, a l'inrevés, la sensació de felicitat es vincula a la identitat essencial de cada «ser», els elements circumstancials contribueixen a enriquir-la, però no formen part de la seva estructura de base; si, en algun moment, sofreixen una contrarietat i disminueix la seva presència, o fins i tot desapareix, l'efecte sobre el grau de satisfacció o de felicitat és molt més petit, i la por a aquesta eventualitat també és inferior.

Per tal que sigui possible viure sense por, sense que el temor bloquegi el comportament i limiti els sentiments, proposo l'intent de viure amb l'adequada TENSIÓ VITAL, que ens permetrà tenir la sensació d'estar vius i apreciar la màxima capacitat de gaudi, plaer i felicitat. Aquesta TENSIÓ VITAL sorgeix de la pròpia voluntat, encara que necessita un adequat estat d'ànim per poder-se desenvolupar. Malgrat que únicament en situacions patològiques no és possible dominar l'estat d'ànim, l'ésser humà està permanentment temptat de deixar-se portar pels esdeveniments i de desvincular el seu ànim de la seva voluntat.

La primera responsabilitat, tal vegada l'única, d'un individu enfront de la vida és viure-la, gaudir-la i aconseguir la màxima cota possible de felicitat. Aquesta serà més assolible com millors siguin les condicions circumstancials en les que es desenvolupa una vida, o sigui, el que s'anomena felicitat situacional; tanmateix, la felicitat està fonamentalment condicionada per l'actitud personal o la tensió vital. *Podem definir la tensió vital com el grau d'empenyorament, entusiasme, intensitat i voluntat de donar a l'existència un sentit i una repercussió positiva.* Enfront la tensa ansietat que bloqueja tota la capacitat de gaudi, o l'apatia que justifica qualsevol inhibició en el comportament, existeix un estat de tensió i alerta que permeten sentir intensament totes les sensacions que esdeven al llarg d'una vida. Aquest estat suposa l'empenyorament de, per una banda, intentar comportaments espontanis que sorgeixin del «ser» individual i autònom, i per una altra, viure amb tant entusiasme que faciliti una actitud positiva enfront de l'existència.

HISTÒRIES DE POR

La por representa, directament o indirecta, la causa comú de visita al psiquiatre. Existeixen múltiples formes de presentació i cada pacient explica la seva particular visió: els uns resulten totalment incomprensibles si no són observats sota el prisma psicopatològic; d'altres, per contra, són fàcilment comprensibles per qualsevol ésser humà. En essència, tot sentiment de temor suposa una pèrdua de la dimensió personal, una incapacitat per afrontar, amb el bagatge del propi jo, aquell aspecte de la realitat que provoca pànic.

Tots els individus han tingut alguna vegada una sensació de por. El temor és un component del sentiment humà, que té una connexió directa amb el comportament, ja que l'interfereix i el condiciona. La por actua com a element educador i constitueix un dels condicionaments primers de l'aprenentatge. El nen va rebent missatges dels seus pares que fan referència al temor: «Ep, no toquis l'estufa, que et pots cremar», «no pugis a aquest mur, que pots caure», etc. A mesura que capta aquests avisos i experimenta els resultats negatius d'alguna de les seves accions, s'instaura en el subjecte una sensació de temor, que serà la responsable que prengui algunes precaucions en la vida habitual. La por fins aquí actua afavorint el comportament adequat de l'individu. El temor al fracàs en els estudis, el desengany dels pares o el desprestigi davant dels companys incideixen directament perquè el nen es prengui seriosament els estudis i les obligacions que aquests impliquen.

En l'adult, un cert grau de «por» es considera completament normal, ara bé la diversa intensitat del mateix té una clara relació amb el context social i els hàbits col·lectius. Fa uns anys, anar en automòbil constituia un risc, mentre que avui dia és una pràctica habitual, sense cap mena d'emoció. De la mateixa manera, s'ha produït una adaptació a la velocitat, de forma que són viscudes amb molta menys angoixa certes velocitats que abans eren interpretades com a vertiginoses. La por també actua en comportaments complexos, com pot ser l'organització econòmica d'una família o d'un individu. En el terreny afectiu, el temor a la pèrdua de la companyia de la persona estimada desenvolupa un paper important a l'hora d'adoptar determinades actituds o comportaments afectius. La por, en la seva expressió normal, constitueix un element fonamental en l'aprenentatge de la conducta. Els tècnics en modificació del comportamnet parlen de la conducta d'evitació com d'una de les circumstàncies que incideixen més en els comportaments humans.

En l'educació es fa servir el temor com un element condicionador. La seva utilització està tan àmpliament difosa que faria inqüestionable una anàlisi de si és procedent o no el seu ús. Des del punt de vista psicològic, l'atemoriment utilitzat profusament i com a element bàsic per ensenyar a «no fer les coses» condueix a desagradables conseqüències psicològiques. S'ha d'educar el nen en dos grans aspectes respecte les conductes que emetrà: les coses que són convenients que faci i les que no ho són. Normalment, els pares i educadors utilitzen l'estímul i la gratificació per aconseguir la primera cosa, i la por per evitar la segona. Els resultats seran els desitjats en la mesura que els comportaments i continguts verbals dels educadors siguin els correctes. Si la gratificació per un acte positiu és exagerada o escassa en relació a l'esforç o diferent de la promesa, els efectes no seran els volguts.

De la mateixa manera, si la por infosa no és l'adequada i la seva verbalització és exagerada o inexacta, el nen percebrà els resultats de forma distorsionada. És convenient que el missatge sobre el temor sigui l'adequat, de manera que el nen pugui anar comprovant al llarg de les lògiques transgressions a les normes paternes que els avisos rebuts són coherents.

Les pors o els temors normals constitueixen els senyals d'alarma que, mitjançant un nivell tolerable d'ansietat, produeixen modificacions de la conducta tendents a l'evitació de situacions presumiblement perilloses. La por a una explosió o a una intoxicació fa que l'individu tanqui la clau del gas; la por a un accident de trànsit condiciona una conducció cauta i prudent, etc. En alguns casos, aquesta mena de por pot fer-se patològica i convertir-se en un factor molt greu i important de sofriment. D'altra banda, existeixen circumstàncies que, per desconegudes o perquè en elles mateixes entranyen algun tipus d'agressivitat per a l'individu, generen un cert nivell d'ansietat o de temor. Dirigir-se a un públic nombrós, entrar en un lloc desconegut, enfrontar-se amb una situació completament nova o la presència de certs animals, constitueixen per a la majoria de la població elements que disparen, amb diversa intensitat, respostes d'angoixa o neguit. Els mecanismes fòbics constitueixen l'exageració d'aquest temor davant d'una situació concreta.

Una anàlisi del comportament humà permet comprovar com, amb els avenços tecnològics i el procés civilitzador en general, la por ha evolucionat de forma tal que ha generalitzat el seu estímul a molts factors més dels que podia englobar inicialment. Sembla raonable pensar que l'home tem fonamentalment per la seva vida i la seva integritat física, el que s'ha anomenat «instint de conservació». Aquest mateix vector de referència va anar augmentant les seves àrees de cobertura. L'animal actua fonamentalment fugint dels perills; l'home primitiu feia el mateix, alhora que anava desenvolupant progressivament dues activitats bàsiques: fabricar elements de defensa (armes) per contrarestar els perills i construir sopluigs on protegir-se. El procés de sofisticació de l'armament i de les vivendes està a la vista de tots, arribant al punt de fer-se assegurances de vida a fi de pal·liar les conseqüències de la mort. A més a més d'haver ampliat els recursos amb que l'home es defensa d'una determinada por, s'ha produït una evolució, en el sentit d'ampliar notòriament el nombre de coses per les que l'individu se sent angoixat i temorós. Sembla demostrable que el temor es polaritza davant la possibilitat de perdre alguna cosa: un objecte, un afecte, una feina, etc. La por té una relació directa amb la seguretat, si bé es produeix un fenomen d'habituació tant a la seguretat com a la inseguretat.

Existeixen unes pors patològiques clarament definides per la clínica psiquiàtrica: les fòbies, en les que la ansietat es polaritza cap a una situació, objecte o circumstància concreta. La fòbia consisteix en una por irracional i desproporcionada que el subjecte experimenta davant de certs objectes i situacions. Malgrat ser conscient que la causa del seu temor no representa un perill real, li produeix un nivell d'angoixa tal que sent un impuls imperiós d'evitar-lo. El fòbic reconeix, en el seu discurs racional o en l'anàlisi objectiva del seu comportament, la inutilitat i la manca de lògica del seu comportament, però no pot, això no obstant, deixar d'actuar com ho fa.

La fòbia és fonamentalment una conducta apresa, en la que certs esdeveniments, circumstàncies i objectes es combinen amb un sentiment angoixós. Per aquest motiu, pràcticament qualsevol element present a la nostra vida pot convertir-se en objecte d'una fòbia. N'existeixen algunes que són més habituals en la societat. Els animals són objecte freqüent de fòbia, tant els que formen part més o menys habitual del nostre entorn —gossos, gats, ratolins, insectes, aranyes—, com d'aquells que difícilment es poden trobar en un ambient urbà, com, per exemple, les serps.

La fòbia als espais té tres vessants: els espais oberts, els tancats i els llocs enlairats. Les persones amb aquesta mena de problemes eviten les grans places, el camp, el mar, amb els seus horitzons llunyans; o bé, els cinemes, els grans magatzems o els restaurants. En aquest cas, solen situar-se o estar molt a prop de les portes de sortida o els ascensors, ja que els angoixa pensar en la dificultat que suposaria tenir la necessitat de buscar la sortida. Les fòbies socials es presenten en les relacions individuals o col·lectives amb els altres, sigui el contacte físic, trobar-se entre multituds o haver de parlar o aparèixer en públic. La por a la soledat física, trobar-se físicament sol, és molt diferent a la por que descriuré en un altre capítol. En aquests casos és suficient la companyia d'un nadó o d'un petit animal domèstic perquè desapareixi. Altres fòbies també desapareixen, igual que disminueix la intensitat de l'angoixa del fòbic quan se sent acompanyat, encara que reconegui que l'altra persona no pot ajudar-la objectivament en una situació real de perill. En el cas de les fòbies impulsives, l'individu tem embogir i realitzar actes agressius contra ell mateix o contra els qui estima, per exemple, llençar un nadó al buit.

La por a emmalaltir suposa el temor a sofrir qualsevol tipus de malaltia, especialment les que «estan de moda», com és el cas de la SIDA, el càncer o els infarts. En aquest darrer cas s'estableix un cercle viciós: el malalt ansiós sent dolors al pit o batecs accelerats del cor, es preocupa de forma obsessiva, de manera que fa augmentar encara més aquestes manifestacions, a la vegada que conseqüentment s'incrementa l'angoixa i el temor a sofrir realment aquesta malaltia. La por a emmalaltir o a morir produeix uns comportaments específics amb un gran component ansiós. A partir de temors lògics i compartits per tots els éssers humans, es desenvolupa un temor tan intens que bloqueja la capacitat d'actuar racionalment.

Algunes fòbies tenen una certa aparença de normalitat: volar en avió produeix un cert respecte, encara que, a mesura que s'extén el costum d'usar aquest mitjà de transport, està disminuint aquesta consideració. Però l'individu amb una veritable fòbia a volar no solament manifesta cert temor a un accident, sinó que sent veritable angoixa davant la idea de fer-ho: tem no tenir prou aire per respirar, no poder sortir de l'avió, o simplement no suporta la idea d'estar a l'aire.

El comportament del subjecte fòbic varia en intensitat i tipus de manifestacions físiques. Habitualment presenta una reacció aparatosa que pot incloure: mans suades, taquicàrdia, mareig, nàusees, sensació de vertígen, mals de cap, diarrea, pal·lidesa, etc. En els casos més aguditzats, quan intenta reaccionar pot arribar a presentar moviments tumultuosos, tremolor, crits, fugida cega o conducta de «fer-se el mort», que li impossibilita el moviment i, en conseqüència, la fugida de la situació fòbica. En alguns casos pot arribar a perdre la consciència.

El problema de la fòbia no consisteix únicament en les reaccions que l'individu manifesta quan es troba davant l'objecte o la situació fòbica, sinó que, a més a més, tem la idea que aquesta es presenti: li angoixa preveure què esdevindrà quan es trobarà enfront d'ella. És l'anomenada «por a la por» o «fòbia a la fòbia», que en moltes ocasions produeix més ansietat i trastorn que la pròpia fòbia. Els fòbics que han arribat a aquest punt presenten una simptomatologia àmplia i abigarrada, amb components inespecífics d'angoixa. La seva fòbia deixa de tenir uns símptomes concrets i ben definits.

Quan es troba enfront d'una circumstància fòbica, l'individu pot reaccionar de dues maneres: evitar aquestes situacions o buscar la manera d'eliminar o limitar l'estímul fòbic. Són les anomenades «conductes contrafòbiques». En el primer cas, el subjecte no surt de casa, no va als llocs que li produeixen angoixa, evita tant com sigui possible les situacions fòbiques. En el segon cas, l'individu busca la companyia d'altres éssers vius o suavitza les situacions de forma que li resultin més agradables. La intensitat i la gravetat de la fòbia és molt variable, abastant des de situacions lleus fins a comportaments de pànic totalment incapacitadors.

D'altres pors no tenen una estructura tan rígida, unes causes tan concretes, ni una clínica tan aparatosa. Són les pors a les conseqüències de canvis d'actitud, que es compensen o s'alleugereixen simplement evitant aquests canvis. Aquestes pors impulsen l'individu a fixar el seu comportament en la rutina, a romandre en els mateixos criteris i a adoptar mesures de contenció permanents a la possible força trencadora de la seva realitat. Aquestes pors també tenen la seva història o les seves històries, i per analitzar-les recorrerem a elles. L'experiència clínica proporciona l'oportunitat d'escoltar moltes persones com expliquen els problemes que els angoixen i, sovint, en els detalls de les circumstàncies que l'envolten és precisament on es detecta amb claredat la font de la resposta temerosa, la seva causa i les seves conseqüències. Utilitzaré, doncs, narracions resumides, disfressant aquells elements que permetrien la seva identificació, a fi de facilitar l'exposició i la comprensió del lector. Es tracta, doncs, d'un conjunt de narracions de por que no tenen res en comú amb les històries de terror, si bé les seves conseqüències poden resultar «terrorífiques» per als seus protagonistes, en la mesura que limiten la seva vitalitat. En les històries que explicaré, l'emoció estarà present justament per la seva obstinada absència.

La por guarda la vinya i els seus propietaris s'estimen més perdre els vinyers, encara que aquests no donin raïm o, en el millor dels casos, donin raïm agre. La por guarda la «vida» de cada dia, el fet quotidià, encara que sigui a costa d'eliminar-ne tot el que sigui viu.

Veurem com a través de protagonistes de la vida quotidiana ens endinsarem en les múltiples formes que adquireix la por a la vida, formes que no són úniques en cadascun d'ells, ja que, sovint, qui viu atemorit per la necessitat d'assegurar la seva circumstància, sucumbeix a una determinada por, extensible a molts més. Per aquest motiu, molts dels capítols analitzats es relacionen entre ells perquè el nexe de connexió és justament la por a viure, la traducció de la qual és una por generalitzada a tot allò que té sabor de vital.

POR A LA PARAULA

La Marta i el Joan es varen casar fa dos anys, quan tenien més de quaranta anys, havent estat ambdós casats anteriorment, i tenint dos i tres fills, respectivament. Els dos són advocats, si bé exerceixen la seva professió en activitats distintes i solen tenir alguns punts de vista diferents sobre molts aspectes. El seu nuviatge es va caracteritzar per la durada i profunditat de les seves conversacions: parlaven llargament de les seves respectives vides, dels seus matrimonis anteriors, dels fills, de política, de religió i de les seves actituds enfront la vida. Parlaven molt i de tot, excepte de la seva professió, i quan ho feien, es feia palesa la seva divergència de criteris; per aquest motiu estaven d'acord en evitar el tema.

Es varen trobar en un moment de les seves vides en què ambdós necessitaven i desitjaven una relació estable, la qual cosa els va induir a casar-se pocs mesos després d'haver-se conegut. La vida conjugal va estar impregnada de conflictes relacionats amb les respectives famílies, ja que no resulta fàcil encaixar els fills de diferents matrimonis en una nova família; però la capacitat d'organització de la Marta i la constància, tenacitat i bona disposició del Joan varen aconseguir apaivagar les tensions i acabar creant una convivència tranquil·la i assossegada, potser massa assossegada.

Aquelles llargues xerrades, llarguíssims monòlegs escoltats amb atenció per l'altre, es van anar diluint en la rutina de la vida quotidiana. Els conflictes amb els fills es van convertir a poc a poc en el tema principal de conversa; un cop resolts o ben encaminats, els silencis es varen anar allargant entorn de l'aburrida contemplació de la televisió o en l'audició dels seus temes musicals preferits. Amb el temps, l'únic tema de conversa que en alguna ocasió els feia sortir del seu silenci era el professional. Els problemes de les seves respectives feines eren vessats en la parella, esperant l'opinió de l'altre o simplement com a esbravament de les tensions pròpies de l'inevitable estrés laboral.

Havia dit que abans de casar-se no es trobaven a gust comentant aspectes de la seva activitat professional; ara, ben al contrari, el treball s'havia convertit en el tema predilecte: en l'únic tema de conversa. Dues vides unides inicialment per una trobada amorosa no trobaven cap altre tema de conversa que no fos quelcom concret referit a les seves circumstàncies. Se'ls feia difícil, molt difícil, personalitzar la relació, parlar d'ells mateixos, explicar alguna cosa íntima a la persona, a la qual, feia tan sols dos anys, obrien el seu cor lliurement i espontània, per tal de trobar consol i pau. És molt significatiu recordar que havien estat capaços de conversar llargament, la qual cosa significa que no es tracta de persones introvertides, ni de les que tenen massa dificultat per expressar-se. Ambdós són professionals de la paraula, que saben utilitzar-la adequadament: la seva professió i la relació amb els amics així ho acrediten. Això no obstant, les seves vetllades són cada vegada més silencioses, evitant qualsevol tipus de conversa que no siguin els convencionals intercanvis d'opinió.

Per aquest motiu, l'aspecte professional, al marge de les seves diferències de criteris, esdevé en el tema de diàleg preferit: no és necessari personalitzar ni interioritzar.

La paraula es converteix en la manifestació d'un mateix, en la possibilitat de donar-se i, alhora, d'interpel·lar l'altre respecte d'un mateix. A través de la paraula es donen a conèixer pensaments i sentiments, i amb això s'interroga l'altre perquè també els manifesti. La por a la paraula suposa la por a l'expressió d'un mateix.

Molts matrimonis tenen històries semblants a la descrita; també en moltes relacions d'amistat, en les quals hi ha, aparentment, una comunicació fàcil i fluïda, existeix un veritable temor a la manifestació espontània de la pròpia forma de ser. En tots els casos s'incorre en la sistemàtica verbalització d'esdeveniments que possibiliten el contacte, sense necessitat d'una intercomunicació a nivell més profund. Sovint es recorre a la referència de comportaments estranys, referits a terceres persones, per omplir buits de comunicació.

¿Què podria ocasionar el progressiu deteriorament de la comunicació, fins i tot en casos com aquest, en els quals no semblen oferir-se circumstàncies propícies? Sens dubte, el temor al compromís i la tendència a la comoditat d'una vida rutinària converteixen la paraula en un element «perillós», sobretot per a qui vol «sobreviure» més que «viure». La comunicació, la verbalització de «l'interior», dels sentiments i pensaments, de la resposta personalitzada als esdeveniments, suposa sempre un element de compromís, un punt de referència per a la reafirmació d'un tipus de vida que afronta l'existència vitalment. Evitar la comunicació significa una manera sistemàtica d'escapar als compromisos que solen portar implícits els pensaments que sorgeixen espontàniament a l'interior de cadascú. La seva verbalització suposa estar disposat a ser escoltat i a continuar parlant, i acceptar el risc de ser inetrpel·lat, contestat o compartit. Tot això implica convertir en emoció allò que només és una elucubració. Alhora, hi ha la possibilitat d'expressar disgust o entusiasme, rebuig o admiració, afecte o desinterès, la qual cosa suposa que l'altre podria estar «excessivament» interessat en conèixer aquests sentiments. El silenci, com alternativa a la comunicació, és l'aliat de l'absència de compromís.

La nostra parella, com tantes d'altres, s'ha anat deixant vèncer pels problemes quotidians, per les tensions de cada dia, per l'inèrcia a escapar del compromís de conviure i sobreportar la seva existència. La convivència pot suposar una forma d'acaparar la vida de l'altre. Totes les miques de llibertat que deixa el treball professional, es tendeix a «viure'ls» en família com una absurda il·lusió «d'estar junts». El contacte tendeix a fer-se cada vegada més distant, menys intens en allò personal, més anodí en la comunicació d'experiències, i nul en la relació a nivell de sensacions, emocions, sentiments i pensaments. La vida familiar esdevé una presó on atenallar tot tipus d'iniciatives creatives i impideix l'enriquiment que podrien suposar dues vides connectades per la il·lusió de viure independents i en relació. Aquestes dues condicions, ser independents i viure una estreta relació, no són en absolut incompatibles si es té com a objectiu ideal de la parella la felicitat individual de cadascun dels components, la qual cosa representarà sens dubte la felicitat de la parella com a tal.

No totes les persones tenen la mateixa facilitat per expressar fluidament tots els pensaments que esdeven a la seva ment, o elaborar els seus sentiments. Existeix en psicologia un paràmetre que valora el grau d'extraversió o introversió de cada individu. Diferents autors han elaborat escales que mesuren aquesta característica de la personalitat, que s'ha revelat, a través de diversos estudis, com un dels elements de més influència en el comportament de l'ésser humà. Un mateix quadre clínic o conflicte existencial pot produir repercussions molt diferents segons si li esdevé a una persona introvertida o extrovertida.

Les descripcions més habituals de l'extravertit i de l'intravertit típics poden ser considerades com els punts extrems d'un continu, als quals cada subjecte s'hi aproxima més o menys. L'extrovertit és sociable, agrada a les reunions, té molts amics, necessita persones amb les quals parlar i no s'entusiasma per les activitats en solitari; busca les emocions fortes, s'arrisca, fa projectes i es codueix per impulsos del moment; en general, és un individu impulsiu. Li agraden les bromes, té sempre una ràpida resposta i pot canviar amb facilitat; és despreocupat, poc exigent i optimista. Aquesta persona prefereix el moviment i l'acció; tendeix a ser agressiva i perd fàcilment la sang freda. No posseeix un gran control sobre els seus sentiments, i és variable en les seves opinions i idees. A l'altre extrem està l'introvertit típic, que és un individu tranquil, retret, a qui agraden més els llibres i els objectes que les persones; es mostra reservat i distant, excepte amb els seus amics íntims. Tendeix a ser previsor, a pensar abans de comprometre's i a desconfiar dels impulsos del moment. No li agraden les sensacions fortes, es pren seriosament les coses quotidianes i prefereix portar una vida ordenada. Controla estretament els sentiments, gairebé mai no es comporta de forma agressiva ni s'irrita fàcilment. Tendeix més aviat al pessimisme, concedeix gran valor als criteris ètics, i és una persona més constant en les seves opinions i idees. Aquest traç de la personalitat va des de qui té grans dificultats per a la comunicació, és a dir, la persona extremadament introvertida, fins a qui, en contrapartida, és una persona tan extrovertida, que li resulta molt senzill expressar els seus sentiments, pensaments i emocions.

Quan pondero la necessitat de comunicació i els avantatges del diàleg, com a forma de compromís per a un tipus de vida més vital, no estic condemnant o criticant les persones que pel seu temperament són introvertides, em refereixo a les que eviten i impedeixen la comunicació. La introversió afecta la forma que pren la comunicació i les característiques de la capacitat de relació. Tendir a l'extroversió o a l'introversió afecta, fonamentalment, a la forma d'expressió. Un individu extrovertit tendirà a ser loquaç i obert en la seva forma d'expressar-se i molt expressiu amb els seus gestos, mentre que l'introvertit serà més parc en paraules, menys expressiu en els seus gestos i més tancat alhora d'expressar els seus sentiments i emocions. Ambdós, tanmateix, poden adoptar una actitud igualment inhibida respecte de la comunicació de les seves interioritats i emocions. Un extrovertit pot distreure les seves veritables interioritats parlant de moltes coses per les que no se sent realment interessat, ni l'impliquen de forma personal. Es pot parlar molt sense dir res important, de la mateixa manera que es pot parlar poc, però amb continguts personalitzats i sincers. Així, podria entendre's el cas dels protagonistes d'aquesta història: ambdós semblen extrovertits, tenen un bon maneig del llenguatge, facilitat per tractar qualsevol tema, però acaben parlant d'allò que menys els implica, generalment la seva professió, que, essent important a les seves vides, és el menys personal de totes les coses que els passen.

Amb certa freqüència pot produir-se una trobada afectiva entre dues persones de tarannà clarament diferenciat quant a nivells d'extroversió. Si el de temperament extrovertit confon la introversió de la seva parella com a manca de comunicació, pot entestar-se en que s'expressi de la mateixa manera. En aquest cas, pot convertir la convivència en una permanent situació de conflicte: reprotxarà al company la seva forma de ser i li exigirà un nivell de relació superior al possible. Es preua valorar el veritable esforç que realitza una persona per comunicar-se i, fonamentalment, l'actitud d'obertura envers l'altre, la qual cosa confereix la qualitat de relació i l'actitud de l'individu respecte de la PARAULA. No es tracta de ser «enraonador», es tracta de no adoptar una actitud d'ocultació amb els qui estimen implicats en la seva pròpia vida. Ningú no pot desenvolupar la seva personalitat aliè als altres, i serà precisament en aquests «altres» en els qui es pot i s'ha de trobar l'obertura necessària per viure compromès.

Obviament, la paraula és l'instrument que millor pot propiciar una relació d'obertura com és la vida de parella que, d'altra banda, és una de les justificacions de la seva existència: la possibilitat de compartir actituds, inquietuds, emocions i sentiments.

Per tal que això sigui així, és necessària una actitud personal d'esforç, ja que la comunicació, habitualment, no sorgeix de forma gratuïta. Aquest esforç sovint no es realitza en les situacions de convivència estable, en les quals s'imposa una certa tendència a la monotonia i a la rutina. El membre de la parella que té més necessitat de relació tendeix a situar-se en una permanent queixa que porta l'altre a reaccionar refugiant-se encara més en el seu silenci i en el seu comportament inhibit. Si en comptes de queixar-se sistemàticament, s'optés per mantenir la pròpia capacitat d'obertura i acceptar el nivell de resposta de l'altre, podria establir-se una comunicació que, encara que la forma podria semblar distant i diferenciada, en el fons permetria de mantenir un nivell favorable d'interrelació.

No plantejo la comunicació personal com una necessitat de «l'altre» o com una manera d'exercir l'amor, sinó com una necessitat personal per obtenir un ritme d'exigència vital òptim. El silenci, a l'àrea de la comunicació, afavoreix l'adotzenament de costums i la no admissió de cap tipus de crítica. De fet, a l'arrel de l'aïllament hi ha, generalment, una tendència a escapar d'actituds crítiques per part dels altres. La manca de manifestacions evita ser protagonista dels aconteixements que es viuen, no hi ha comentaris respecte dels comportaments i, per tant, s'elimina la possibilitat de ser censurat. L'expressió «a mi que em deixin tranquil» correspon a l'actitud que guia la majoria de persones que opten per viure tancades en elles mateixes, en les seves afeccions, gustos i opinions, i en la seva forma d'actuar. Com a conseqüència de tal actitud, aquests individus són els que més difícilment evolucionen en el seu comportament, ja que no reben —i si les reben, no les atenen— indicacions que els estimulin a revisar la seva conducta; les seves idees solen mostrar-se immodificables, i la seva rigidesa es veu en la seva intolerància respecte dels comportaments estranys.

Quan un individu, que s'escuda en el seu silenci, intenta adoptar una actitud massa educativa amb els seus fills, li resulta impossible aconseguir un mínim nivell de diàleg. Aquest sorgeix un continuat i permanent clima de relació dins de la família, però difícilment hi serà a la casa d'un silenciós.

Podria semblar contradictòria la proposta en favor de la paraula i la comunicació quan en un llibre anterior, i al llarg d'aquest mateix, he introduït conceptes que ponderen el silenci com a element identificador i personalitzador de l'individu. Però al lector no se li escaparà que existeix un silenci fet d'artefactes sonors, que impedeixen la reflexió i la trobada amb un mateix, sense diàleg ni comunicació, però també existeix un silenci que permet la reflexió i la trobada.

Diversos elements de distracció, i fonamentalemt la televisió, introdueixen a la vida quotidiana una interferència en les relacions interpersonals que pot resultar definitiva per anihilar la comunicació. Possiblement no s'ha valorat prou el paper destructor que suposa la petita pantalla per a la comunicació. La televisió hauria de suposar la possibilitat de passar una agradable estona veient un programa interessant, però a la pràctica resulta que s'ha convertit en una sistemàtica contemplació de tota la programació, sigui quin sigui el seu contingut. Els vespres, que suposarien l'espai de trobada de la parella i de la família, queden reduïts a l'estada, només de proximitat física, d'una sèrie de persones elaborant per separat els seus propis pensaments o apagant-los davant del missatge de distracció que emet la televisió. El cansament amb què s'arriba a casa després d'un dia de feina hauria de ser una condició propícia per relaxar-se en la comunicació física i verbal amb l'altre; però al tenir la televisió connectada, la relaxació es produeix a través d'una distracció difícilment estimulant, que més aviat propicia l'ensonyament i la desconnexió. La contemplació de la pantalla es converteix en la millor antesala per al son i, pel mateix motiu, en l'anihilació del possible diàleg, coneixement mutu o fins i tot la probabilitat d'un apropament físic i la seva cristal·lització en la relació sexual.

La paraula obra les portes de la trobada, i la trobada suposa en principi el motiu fonamental de la parella. La paraula suposa la porta d'entrada a la «festa». Es possible viure en un clima festiu d'il·lusió i entusiasme per totes les coses que s'han de fer. Deia a la introducció que existeixen formes de viure que inclouen en el seu ideari la melancolia de qui se sent obligat a «sofrir» la vida: són les tristos, aquells pels qui la vida és quelcom que s'ha de suportar, i que per aquest motiu cerquen alternatives de distracció que la facin més passadora. Abogo per un tipus d'existència que parteixi de la consideració de la vida com a quelcom joiós que podem gaudir. La vida pot ser una festa i, tal com deia, la primera anella és sense dubte la paraula: a través d'ella trasmetem entusiasme i, alhora, som capaços d'entusiasmar-nos per les sensacions que hem captat o sentit.

Existiran raons per considerar el meu plantejament com totalment demagògic i se'm recordaran mil motius per la tristesa i el dolor. Cert, però probablement ningú no s'atrevirà a negarme que la possibilitat de compartir qualsevol circumstància vital, i pel sol fet de compartir-la, es converteix en més portadora i perd sentit tràgic i dramàtic. Quan verbalitzem els nostres problemes, ens adonem de la seva relativitat, prenem una perspectiva diferent i som capaços d'adoptar decisions que modifiquin el nostre comportament i les nostres actituds. La paraula allibera de qualsevol situació, per angoixant que sigui, i és per això que la negació a utilitzar-la suposa, la majoria de les vegades, una condemna implícita a viure permenentment amb un determinat nivell d'angoixa.

La paradoxa sorgeix quan contemplem que la motivació principal de qui pretén fugir de la comunicació verbal i es tanca en ell mateix és justament la intenció d'escapar de possibles problemes o de situacions que ell creu que li portaran un grau més alt d'ansietat. Dir el que es pensa i el que se sent es valora, molt sovint, com una postura arriscada. Possiblement ho sigui, i segurament en ocasions pot suposar conflictes i tensions; però el que és cert és que és més fàcil trobar una resposta positiva si existeix comunicació que si existeix silenci. En el silenci es tendeix a viure una situació de «conformitat» permanent i acceptant l'angoixa controlada. En definitiva, la paraula és una forma de descontrol, ja que qui parla viu més arriscadament que qui roman callat, qui parla es compromet, manifesta els seus sentiments i, per tant, adquireix compromisos amb ells i amb les persones que els inspiren. Qui parla d'ell mateix o del que li succeeix, qui ha tingut la sort de trobar persones en les quals pot abocar sense reserves allò que passa per la seva ment, té al seu abast una forma de viure més lliure, espontània i personal que qui es tanca en el seu món.

Moltes persones estan condemnades al silenci en la mesura que no han trobat un interlocutor, o que havent-lo trobat han perdut l'hàbit de la comunicació; en aquest cas, l'alternativa serà el trencament o el convenciment que, prenent la iniciativa, podrà modificar l'actitud de l'altre. Ningú no hauria de ser estrany a la necessitat de comunicació, i hauria d'exigir-la a qui li correspongui per proximitat i per sentiment. La soledat en companyia és possible i desitjable sempre que no sigui imposada; quan ho és, la convivència es converteix en refugi, elimina totes les possibilitat d'exercir vitalment.

Una vida sense por ha d'incloure una oportunitat per a l'expressió espontània de pensaments i sentiments, buscant la complicitat i l'opinió favorable o el reprotxe dels altres. D'aquesta forma encunya la realitat d'acord amb les emocions, sentiments i pensaments que es van elaborant. Quan algú és capaç de parlar pot instal·lar-se en pensaments dinàmics, tolerants i creatius; si no, el seu pensament estarà mort, i suposarà només un arreplec d'idees preestablertes, més o meys abundants i ordenades, però sempre estèrils. Parlar, comunicar, preguntar, raonar, o simplement comentar obra l'enteniment a quelcom molt més important que les idees, sentiments, emocions, creences, dubtes, relativitats: la vida. Això suposa existir de forma humana, enriquint-se un mateix i els qui l'envolten.

POR A LA RELACIÓ INTERPERSONAL (CONTACTE FÍSIC)

A algunes persones els resulta grat el contacte físic, de manera que els sorgeix amb facilitat, desde una càlida abraçada fins una afectuosa encaixada de mans; en canvi, a d'altres persones els produeix una inhibició, degut a un cert grau de timidesa en la seva capacitat de comunicar-se, i tenen dificultat per establir una relació física amb els altres. Aquest tipus de persones solen mantenir unes relacions més fredes en la manifestació afectiva degut al grau d'allunyament que estableixen.

L'Albert i la Cristina, traspassats ja els seixanta anys, es consideren una parella feliç: han aconseguit la majoria dels seus objectius. Contemplen satisfets com els seus quatre fills han assolit un nivell professional i afectiu semblant o superior al que haurien pogut imaginar, i gaudeixen d'allò que pot considerar-se una vida feliç: estan casats, tenen fills, i els seus respectius cònjugues s'han integrat bé a la família. L'Albert i la Cristina senten la satisfacció de contemplar com el fruit de la seva vida, del seu treball i afecte ha provocat una situació familiar confortable. Han educat els seus fills amb una certa severitat, tant en el terreny de les idees com en les formes de manifestacions afectives.

En una reunió familiar, una de les filles ha comentat que mai no havia observat els seus pares en una manifestació d'afecte. Aquesta afirmació ha fet reflexionar els altres germans, i tots han constatat les escasses mostres d'afectivitat i estimació que han pogut presenciar al llarg dels anys de convivència amb els seus pares. S'ha posat de manifest com la intimitat afectiva de la parella mai no havia traspassat, ni en les formes més simples, a l'àmbit familiar, i com les expressions d'afecte han estat sempre molt controlades i mesurades, procurant que puguessin emmarcar-se sempre dins d'allò que podríem anomenar una ètica estricta i convencional.

L'Albert és un home que, quan es veu obligat a donar un petó als seus fills o nores, més aviat posa la galta en comptes de donar pròpiament un petó; quan ofereix la mà als seus familiars o coneguts, ho fa amb fredor, distància i com si no volgués despendre's de la seva mà; si algú l'abraça afectuosament, es capta en ell una resposta d'incomoditat: el contacte físic és una situació en la qual no es troba còmode. La seva muller, la Cristina, sembla una mica més emotiva, però també dóna la impressió d'estar molt continguda en les seves manifestacions emocionals. En els comportaments afectius envers els seus fills hi ha tendresa i afecte, possiblement ningú no ha captat manca d'afecte profund, però hi ha un cert dèficit en les seves manifestacions físiques. L'educació ha estat emmarcada dins de la més estricta ortodòxia quant a les formes, la qual cosa ha condicionat una certa actitud de repressió en el to afectiu dels seus fills. El que és cert és que tant els gendres com les nores han hagut de sofrir una inhibició emocional i un cert to de fredor en el contacte interpersonal.

Aquest tipus de persones presenten una tendència a fugir de la intimitat del contacte. Una de les situacions en les que es veu immers l'ésser humà, i que li produeix incomoditat, és la de percebre un estrany dintre de l'àrea de la pròpia intimitat, com passa dins d'un ascensor. Els ascensors, sobretot si són reduïts, permeten coincidir amb gent desconeguda o amb la que es manté una relació escassa i superficial, i compartir un mateix espai d'intimitat. L'ascensor, per les seves reduïdes dimensions, situa cada individu dins del terreny de la intimitat de l'altre, la qual cosa no deixa de ser un inconvenient. En els transports públics, els atepeïments proporcionen l'oportunitat de percebre la presència d'altres éssers humans molt pròxims; tots hem tingut en alguna ocasió l'experiència de viure com a desagradable una presència excessivament pròxima. Hi ha persones, tanmateix, que no se senten molestes a l'hora de realitzar un apropament físic; donada la seva afabilitat i cordialitat, els resulta còmode saludar amb un petó, una abraçada o una afectuosa encaixada de mans; la seva capacitat de tendresa els permet d'actuar amb profusió afectiva: no tenen por al contacte físic.

La incomoditat que senten algunes persones davant de les relacions interpersonals generalment implica una certa tendència a l'individualisme, la introspecció, la introversió, la timidesa i la incapacitat per entrar en un contacte afectiu profund. La solidaritat s'expressa de formes molt diverses, òbviament no consisteix només en la capacitat d'abraçar o tocar, però no és menys cert que qui situa una important barrera entre ell i els altres afavoreix la seva individualitat i allunyament de les situacions personals alienes. Una de les maneres d'expressar sentiments i pensaments és mitjançant manifestacions que impliquen cordialitat, afecte o tendresa.

Ha hagut corrents de pensament que, recolzades en estudis de caràcter psicològic, han potenciat el factor desinhibidor de la relació interpersonal i la importància del contacte. Alguns autors han postulat que una de les formes més eficaces d'alliberació de l'angoixa consisteix en establir contactes que permetran una interrelació afectiva, i desbloquejaran la trinxera darrera la qual s'amaga la persona reprimida. La capacitat per establir un contacte fàcil és una dels punts per mesurar l'estat d'equilibri emocional, i de la capacitat per eliminar tensions i alliberar-se d'angoixes emocionals. Qui en un moment donat és capaç de manifestar els seus afectes i sentiments és també capaç d'alliberar tensions i angoixes.

He postulat al llarg d'aquest llibre la necessitat de l'individu de trobar-se amb ell mateix per tal d'alliberar-se de les pors que el poden bloquejar. I he situat la trobada amb un mateix com el punt de sortida fonamental per a l'equilibri emocional i la tensió vital, i una vida oberta a l'entusiasme per a l'experimentació. La trobada interpersonal és fonamental per a qualsevol trobada personal, ja que aquesta no tindrà projecció si es converteix en un fi en ella mateixa. Tot ésser humà per apropar-se a la felicitat i fins i tot a la salut psíquica ha de ser capaç de viure «amb» la resta de persones i ser solidari amb elles. Qualsevol actitud individualista o insolidària no permet desenvolupar la capacitat de relació, la qual cosa suposa alhora la inhibició d'una important font de riquesa interpersonal i de trobada amb el ser. Tota individualitat necessita dualitats, enteses com a relacions, i tota dualitat necessita individualitats perquè sigui possible la trobada. L'ésser humà precisa relacionar-se en un clima de cordialitat, afectivitat i emotivitat, és a dir, de capacitat d'emocionar-se solidàriament amb la gent que l'envolta. La vivència dels aspectes personals es colectivitza en la relació amb els altres, i la vivència dels aspectes col·lectiu s'individualitzen amb el contacte de la realitat de cadascú.

Podria pensar-se que la capacitat de contactar físicament amb l'altre no és indici suficient per valorar la capacitat de solidaritzar-se o de mantenir una relació afectiva. Certament és així. Hem d'admetre l'existència de persones més o menys extrovertides i, per tant, amb més o menys possibilitats per al contacte interpersonal; s'han de respectar les formes de manifestació i expressió de cadascú, ja que no tots som igualment oberts, afectius o comunicatius, ni expressem els nostres sentiments a nivell verbal amb la mateixa riquesa. De la mateixa manera que no tots som capaços d'escriure, pintar o cantar amb la mateixa habilitat, cadascú té també unes característiques pròpies quant a la capacitat de manifestar-se envers els altres.

Quan parlo d'aquest tipus de por, no em refereixo a qui té poc desenvolupada la seva capacitat de manifestar-se, sinó a qui, voluntàriament, fa un esforç per inhibir un comportament que sorgiria espontàniament. De la mateixa manera, hi ha persones la tendència natural de les quals s'inclina cap a l'inhibició del contacte amb els altres, però que, si fossin capaces de superar aquests temors, tindrian una facilitat superior per accedir a ells, i també permetrien que els altres accedissin a conèixer-les. En alguns casos, la relació interpersonal a nivell d'expressió verbal és correcta, però es produeix un bloqueig del contacte afectiu a nivell corporal. L'individu que actua amb por a aquest contacte està bloquejant-lo expressament i impedint que els altres el coneguin: no pot conèixer ni ser conegut afectivament.

L'abraçada com una expressió ritualitzada de manifestar l'afecte pot haver caigut en una certa banalitat, per abusos en la seva utilització en situacions que no obeeixen a una afectividad en profunditat. A algunes persones els resulta fàcil estrènyer la mà amb afecte aparent, o abraçar sense cap tipus de rubor persones per les quals no sent més que indiferència. Essent això cert, no ho és menys que, darrera la seva manifestació, sempre que no existeixi intenció d'engany, és més fàcil que l'afecte s'aprofundeixi i autentifiqui. El contacte a nivel físic obre les portes als sentiments en la mesura que són expressions externes dels mateixos.

Amb freqüència ha existit la tendència a malinterpretar la possibilitat de l'ésser humà d'exercir un cert tipus de contacte corporal, en intentar correlacionar-lo amb l'activitat sexual o l'alliberació llicenciosa dels costums. Sens dubte, en aquesta connexió es justifiquen moltes actituds repressives en relació amb la manifestació afectiva. No deixa de ser cert que el contacte interpersonal pot suposar l'inici d'una relació de caràcter sexual, però no ho és menys que també sorgeix d'una mirada o una conversació, i no per això la reprimirem. S'ha d'aprendre a distingir les diferents manifestacions d'afecte, no perquè les unes siguin bones i les altres dolentes, sinó per tal d'identificar la naturalesa del sentiment. S'ha de tenir en compte que tot contacte corporal té quelcom de connotació eròtica, però no necessàriament ha d'unir-se a la sexualitat de forma exclusiva.

Tota relació afectiva és definida per la seva intensitat i per la seva intenció, de manera que ambdós aspectes configuren el tipus d'afecte que se sent respecte de «l'altre». Aquest afecte no necessàriament serà estable i permanent, ja que es veurà sotmés a les oscil·lacions pròpies de tot allò «viu». La capacitat per a la manifestació d'estimació, tant verbal com física, suposa en ella mateixa una riquesa deslligada completament de les manifestacions de la sexualitat o de la prodigalitat en l'expressió externa de l'afectivitat. Allò que de humà té una relació pot exercir-se dintre del marc d'un estat de repressió, de por o temor a la manifestació sincera que sorgeix d'un mateix, o bé pot créixer des de l'alliberament dels impulsos personals que sorgeixen com una necessitat afectiva de l'amistat, l'estimació, l'afecte o l'amor.

M'agradaria ser capaç de trasmetre la immensa riquesa de matisos, la trascendència creativa en la manifestació personal i la gran importància que té, en tots els ordres, la capacitat de manifestar tendresa. La tendresa en les relacions paterno-filials, les fraternes, o en qualsevol altre tipus de relació afectiva obra la possibilitat de comunicació i confiança, situant l'individu en una dimensió humana completament diferent de quan estableix relacions mancades de tendresa. La primera conseqüència d'una actitud «tendra» envers els altres és la provocació d'una desinhibició respecte de la por de ser autèntic amb ells. Qui accepta en ell mateix la resposta afectiva que sorgeix del seu propi desig i necessitat d'estar prop de l'altre, actua de forma molt diferent a qui estableix unes barreres que bloquegen la seva capacitat d'entendrir-se, i d'aquesta manera evitar excessives confiances en la relació.

De fet, la repressió emocional és un dels elements que més incideixen en la inhibició de la capacitat de relació a nivell de contacte físic i de tendresa. Qui no és capaç d'aportar la riquesa del contacte físic és que sent la necessitat de controlar les seves emocions, perquè tem que els altres descobreixin les seves reaccions viscerals. Per elles mateixes, les reaccions emotives en relació amb l'afectivitat i els sentiments tenen la possibilitat de ser viscudes en la mesura que poden ser transmeses als altres i convertides d'aquesta manera en afecte. Quan els sentiments són bloquejats, la riquesa personal i la capacitat de relació queden també notòriament disminuides. Quan algú s'obstina sistemàticament en bloquejar la seva capacitat de relació, perquè se sent incapaç d'exercir-la tendrament, està inhibint la possibilitat que l'altre el conegui i comprengui els seus sentiments i impulsos emocionals.

En el bloquejament emocional que es produeix en moltes persones existeix una tendència a témer que els altres interpretin el seu comportament amb una intencionalitat sexual o, fins i tot, que en ells s'inicien respostes de desig vinculades amb la sexualitat. Una societat que imparteix una educació sexofòbica, que tendeix a confondre els termes i en la qual costa delimitar en les coses personals la frontera entre les coses eròtiques i les coses tendres i emotives, es planteja també les coses afectives en termes de «perill» o de necessitat de normatitzar-les en base a l'ètica; això suposa estar perdent o limitant la font de riquesa permanent que els aspectes emocionals suposen per a l'individu. Des d'un punt de vista objectiu, qualsevol relació física té la seva càrrega d'erotisme i de desig; és afectivitat traduïda en forma d'expressió corporal, de contacte. El nivell de relació és moltíssim menys complex i promiscu que el que poden pensar les ments pusil·lànimes i retorçades quan lésser humà allibera en ell mateix els propis impulsos i es deixa portar per els aspectes anímics que de veritat sent.

En *Por al silenci* deia que quan un individu descobreix com és, s'accepta i comença a actuar segons li dicta el seus impuls interior, el comportament que acaba emetent no està molt allunyat del que emetria si actués de forma controlada. S'ha d'intentar desterrar la idees de veure els impulsos com quelcom primari i mesquí, que pot posar en marxa els instints primaris, descontrolats i perversos que poden niar en un ésser humà. Rotundament no és així. Els impulsos sorgeixen del ser, i aquest, en ell mateix, no té perquè ser pervers ni malintencionat; les persones que s'obstinen en etiquetar i normatitzar els comportaments són les qui troben en la seva perversió interpretacions mesquines. Al nostre interior aniua també la necessitat de rebre afecte i d'expressar el que sentim; i també la necessitat de sentir el contacte amb els altres, sense cap altra intencionalitat que la que es pugui expressar explícitament, sense temor a produir amb això conductes no desitjades.

Tota relació interpersonal té la seva càrrega de relació erotitzada que es tradueix en un determinat tipus de contacte físic. Les formes socials d'estrènyer la mà, agafar per les espatlles o donar un petó, segons els costums de cada societat, no tradueixen altra cosa que la necessitat de formalitzar l'afecció que l'individu sent quan es troba amb algú a qui estima. La necessitat de normatitzar aquest tipus de trobada sorgeix de la tendència de l'home a posar normes als sentiments i a tot al que sembla que pot descontrolar-se. Estrènyer la mà d'algú pot ser-nos una cosa grata o un compromís; podem abraçar amb certa profunditat i calidesa o a la lleugera i lleument. La resposta en cadascuna de les trobades depèn de la qualitat afectiva i del tipus de relació que inspiri a cada individu. No només és possible sinó desitjable estimar vàries persones, encara que amb intensitat i intencionalitat diferent. L'afectivitat és una de les riqueses més trascendents que té l'ésser humà; limitar-la representa disminuir la possibilitat de ser feliç, suposa la castració d'una riquesa i, sovint, també el bloquejament de la capacitat de ser estimulat. Quan un individu frena el mecanisme que sorgeix de l'afectivitat i bloqueja la possible resposta emocional, es bloqueja a ell mateix i incapacita la possibilitat de «ser».

La capacitat de resposta emocional està directament relacionada amb la diferència de matisos que té la comunicació interpersonal. L'establiment d'una relació és determinada en les seves formes per les condicions personals de cada component. Quan parlava de por a la paraula, veiem com el tipus de conversació que pot sorgir entre dos amics depèn d'aquells aspectes que els són comuns. En la por a l'amistat, el tipus d'activitat que pot desenvolupar-se en una relació estarà condicionada per les afeccions de cadascun, o per les caracerístiques psicològiques, físiques, culturals, que es puguin tenir; cada relació tindrà aspectes diferenciats en cadascuna de les persones per les quals se sent afecte. Els pares, per exemple, saben molt bé que els resulta més fàcil establir una relació amb un contacte físic més intens amb un dels seus fills qua amb l'altre; tots ens trobem més còmodes i relaxats abraçant un amic que un altre. L'afectivitat és sempre personalitzada, no és possible estandaritzar-la, i el que es pot sentir davant d'una persona, pot no sentir-se davant d'una altra; o dit d'una altra manera, es té un sentiment diferent envers cadascuna de les persones que coneixem. Qui es capaç de donar pas a la seva capacitat d'entendrir-se, i traduir-ho en emotivitat i expressió física, té la riquesa personal de poder transmetre a l'altre una font de manifestació d'afecte i amor, que no tenen aquelles persones que, sistemàticament, bloquegen la seva capacitat de contactar físicament.

Els factors psicològics recolzats en l'aprenentatge i en la pròpia personalitat individual incideixen en aquest tipus de comportament. De la mateixa manera que, en el capítol de «Por a la paraula», exposava que unes persones són més introvertides i unes altres més extrovertides, també existeixen unes persones més afectuoses en el tracte que d'altres. Existeix un paral·lelisme entre extraversió-introversió i capacitat per a la comunicació. Les persones que tenen una personalitat extrovertida es veuen fàcilment impulsades a matenir relacions afectives més intenses; els resulta fàcil obrir-se als altres i comunicar els seus pensaments, expressar el que els ha succeït amb un menor nivell de censura, i també els sorgeix amb més espontaneïtat la manifestació d'afecte. El comportament de les persones amb més facilitat per comunicar-se verbalment que físicament sol ser la conseqüència d'una autorepressió en aquest sentit, fruit de l'educació o del propi convenciment. D'altra banda, aquelles persones que malgrat tenir alguna limitació en el camp verbal són capaces de manifestar-se afectivament, molt probablement són extrovertides amb algun tipus de limitació en l'expressió verbal, ja que troben molt més assequible la comunicació a nivell d'expressió física que a través de la tendresa. En ambdós casos, possiblement es tracta de persones preferentment extrovertides.

De la mateixa manera que ponderava les excel·lències de la comunicació, haig d'enaltir la capacitat de transmetre tendresa. Possiblement, l'actuació més autèntica que té l'ésser humà respecte de la seva capacitat de manifestar els seus sentiments està justament en aquesta capacitat de transmetre tendrament els efectes que sent dintre d'ell, en cadascun dels seus contactes interpersonals al llarg de la seva vida, i en un determinat moment.

La resposta individual als sentiments és en ella mateixa emotiva i, per tant, puntual. Davant d'un mateix amic, pot tenir desitjos d'actuar de forma diferent, segons el propi estat d'ànim, la situació en què es produeix la trobada o les circumstàncies més diverses. El respecte a aquest impuls i la seva capacitat d'emetre'l, tant en el sentit efusiu com en el de la comunicació verbal, faran palesa la capacitat d'acceptar la pròpia realitat emotiva i allò que elabora espontàniament l'estructura emocional personal. De fet, la traducció del sentiment personal de forma lliure, menys condicionada pels elements culturals i menys estructurada per l'educació, és la manifestació emotiva, quan aquesta no està reprimida.

De la mateixa manera que poden sorgir impulsos d'agressivitat, que no és necessari controlar sistemàticament, sorgeixen reaccions d'emotivitat i afectivitat que tampoc té sentit que siguin controlades. Quan s'intenta controlar els impulsos, les petites agressivitats o les tendreses, s'acaba per provocar respostes més passionals, ja que sorgeixen com una necessitat compulsiva l'alliberar aquests impulsos acumulats o retinguts. No hem de témer la possible emisió de conductes de descontrol. En la mesura en què alliberem les tendències que ens sorgeixen com a necessitat emocional a cada moment, es produirà en nosaltres un comportament més personalitzat i autèntic. Els impulsos sistemàticament reprimits poden arribar a adquirir unes formes més violentes o autodestructores si continua l'obstinació de reformar-les. Una repressió continua altera l'estructura emocional de l'individu, portant-lo en ocasions a interpretar falsament o emetre erròniament conductes que no li permeten vivenciar l'afectivitat tan naturalment com si hagués donat pas als impulsos més quotidians de la seva emotivitat.

A ningú no li és estranya la necessitat de rebre un tracte de tendresa: tots els éssers, ho manifestin o no, són sensibles a l'afecte. La nostra realitat psicològica està estructurada sobre la base de les idees i les emocions. L'emoció més arrelada en l'ésser humà és la possibilitat de captar l'expressivitat d'una mirada o un somriure, o d'interpretar la sinceritat d'una encaixada de mans o una abraçada. Necessitem tenir la sensació d'agradar i rebre l'impressió de ser estimats pels altres. Aquesta sensació d'afecte ens arriba transmesa en froma de tendresa, en diferents moments de la vida. En el desenvolupament de la capacitat afectiva del nen és fonamental que rebi dels seus pares el nivell de tendresa prou alt com perquè pugui anar madurant i integrant el sentiment d'estimar. Una persona anciana necessita, a més de companyia, comprensió i afecte de les persones amb les quals tracta, i les manifestacions físiques de tendresa que la facin sentir-se acceptada i estimada, i que li permetin assumir que el seu cos ja decrèpit pel treball no produeix rebuig físic.

Qui viu obsessionat per la feina, el prestigi social, els bens materials, els diners, o per rebre compensacions emocionals i vitals al marge de la tendresa fins al punt d'arribar a convèncer-se que no li resulta necessària, està negant la cosa més humana de la seva realitat i una part essencial del seu ser. En l'essència de l'ésser humà existeix una necessitat de rebre afecte físic, no com a única manifestació de l'afectivitat, sinó com a integració de l'afectivitat global. Ningú no pot viure en soledat, mantenint les seves necessitats emocionals centrades en un únic camp emocional, com, per exemple, pot ser la parella, la relació familiar o laboral. Tots necessitem un ventall de relacions que omplin la nostra capacitat personal de sentir-nos vinculats i solidaris. Tenint en compte que l'essència del ser és emocioal alhora que racional, de la mateixa manera que no podem negar la racionalitat tampoc no podem negar l'afectivitat i emotivitat.

La tendència global de la societat de convertir l'individu cada vegada més en una màquina de pensar i elaborar idees, i valorant-lo únicament en funció de la capacitat intel·lectual i la profunditat o encert del seu raonament, suposa fer-lo exercitar solament una part de la seva condició humana. L'home és, junt amb la seva racionalitat, un torrent d'emotivitat, però si la bloqueja, anul·la una part important del seu «jo». En el nucli de l'individu existeixen essències d'intel·lectualitat i d'emotivitat; si no s'integren mútuament i es tradueixen en comportaments, concrets, l'individu castra elements fonamentals de la seva pròpia forma de ser.

POR A L'AMISTAT

L'amistat constitueix una possibilitat essencial per a l'ésser humà, i tots estarem d'acord en considerar-la com una font d'enriquiment personal. Malgrat això, la capacitat individual per relacionar-se amistosament i la forma d'entendre-la com a concepte és molt diversa, i s'han d'apreciar diferents connotacions en la manera de ser posada a la pràctica. Qualsevol tipus d'enquesta sociològica ens donaria uns resultats completaments favorables a l'amistat; ningú no s'atreviria a dir que té por de tenir amics o que considera l'amistat com un perill o quelcom no desitjable. Això no obstant, com intentaré demostrar en aquest capítol, moltes persones tenen una permanent sensació de por d'aprofundir en les relacions amistoses.

En Dídac és el director d'una fàbrica de productes químics ubicada a les proximitats d'una gran ciutat. És un home intel·ligent, treballador, tenaç, lluitador i hàbil en les relacions humanes; en definitiva, el perfil psicològic del gran executiu. Aquests valors personals el convertiren en un «home de confiança» des que va entrar a l'empresa; a més, la seva inqüestionable capacitat tècnica el va portar al càrrec de responsabilitat que ocupa en aquests moments. Es tracta d'una persona estricta amb ella mateixa, que difícilment sucumbeix davant del que considera els seus valors. La seva vida familiar no presenta especials conflictes i la relació amb els seus fills és bona, encara que una mica rígida a l'hora de plantejar les normes de convivència i els objectius escolars. La seva muller viu enamorada del prestigi i la capacitat d'en Dídac; la seva vida té com a objectiu no tenir massa mals de cap, i exercir fonamentalment com a mare i muller sense més inquietuds. La ubicació de la seva fàbrica permet al Dídac la pràctica regular d'esports i, donat que és un gran afeccionat al tenis, organitza amb els seus companys de feina partits i campionats. Aquesta activitat li permet mantenir-se en una bona forma física, alhora que dóna als seus espais de descans un al·licient suplementari. El seu comportament a la pista és cordial amb els seus contrincants i, a la feina, rígid i seriòs, però afable i cortès.

El problema d'en Dídac està situat en la qualitat i intensitat de les relacions humanes que estableix amb les persones que tracta a través de la seva professió. Es un home afable, de fina ironia, però que sistemàticament se situa en un pla diferenciat en les seves relacions. La vida està clarament estratificada, i qualsevol anàlisi que fessim dels seus comportaments suggeriria que té molt clarament i nítidament establerts els diferents nivells d'interrelació i comunicació, tant en el seu món laboral com familiar i personal. Es diria que el seu màxim objectiu vital és arribar a tenir el control de tots els fets que esdeven al seu voltant. Aquesta actitud no escapa al tipus de relació que és capaç d'establir amb els altres, cridant especialment l'atenció les que manté amb els seus més directes col·laboradors. La pràctica del tennis ens permet adonar-nos que no es relaciona únicament en el nivell estrictament professional amb els seus companys, sinó que és capaç, en la mesura que el diverteix i li resulta útil, de relacionar-se a d'altres nivells. Això no obstant, qualsevol d'aquestes persones amb les quals treballa des de fa anys, amb les quals menja cada dia en el mateix restaurant i practica el seu esport preferit, no podrien contestar afirmativament a la pregunta de si se senten realment amigues d'en Dídac. És cordial però distant, és afable però sap molt bé quins nivells de comunicació ha d'establir amb cada persona: la seva capacitat per a l'amistat està completament controlada.

Ja he fet referència, en el capítol de «Por a la paraula», a les característiques de personalitat que faciliten una major capacitat de comunicació amb els altres. En contra del que pugui semblar, en Dídac no és una persona introvertida; ell és més aviat extravertit i gens tímid. Té gran capacitat d'expressió verbal i el que podríem anomenar «do de gents». Tanmateix, les relacions que estableix estan guiades per la prudència, que sempre revela un fons de temor. Considera un principi sagrat en les relacions humanes no confondre els termes personals, no traspassar els nivells, no perdre el rangue jeràrquic. La seva afectivitat està exquisidament controlada en els diferents nivells relacionals que assoleix amb cada persona. Sap molt bé quin tipus de relació ha de mantenir amb les secretàries, els venedors, els col·laboradors tècnics. Col·loca a cadascú una etiqueta professional i un límit en el tracte a l'hora d'obrir la seva intimitat, expressar els seus sentiments o comunicar les seves inquietuds.

Es diria que aconseguir aquest comportament el fa sentir un home eficaç; seria el funcionament ideal que estableixen els tècnics en organització empresarial i els teòrics de les relacions humanes dins de l'empresa. No deixa de ser curiós que l'home hagi hagut d'organitzar cursos per aprendre l'ús de les relacions humanes com un instrument al servei de la seva eficàcia professional. Em sembla lògic dir que quan la utilitat entra a la intenció bàsica de la relació perd tota l'espontaneïtat humana i, amb ella, sucumbeix també l'aportació enriquidora de l'amistat.

Resulta difícil d'establir si el sentiment amistós por tenir cabuda en el món de les relacions professionals. Molts serien els que defenserien que una excessiva cordialitat a l'ambient laboral pot propiciar conflictes. Però és evident que l'ésser humà no té tantes oportunitats per establir llaços d'afectivitat en profunditat, com per posar limitacions en els mons on viu. Una societat que pretén organitzar els sentiments en un camp en el que la majoria dels individus passa un important espai del seu temps, com és la feina, és que ha perdut tota la confiança en el comportament individual espontani, que sent les relacions afectives com a perilloses i tem perdre el control de la qualitat que té com a substrat l'afectivitat.

Si les relacions laborals d'en Dídac estan controlades, en el sentit estricte de no perdre el seu paper de cap o de prepotència sobre els altres, les seves relacions fora de la feina estan també orientades per un cert sentit de la distribució utilitària de l'amistat. En la relació amb els pares dels amics dels seus fills, parla preferentment de l'educació dels nens; amb les persones que tenen les seves mateixes afeccions i practiquen els mateixos esports, es limita a la seva pràctica; amb els familiars estableix una relació codificada que marca el que és aconsellable fer o els temes en els que és possible entendre's. En general, l'ésser humà té una certa tendència a mostrar una part d'ell mateix, només una cara del políedre que és cada individu, en funció del lloc, les característiques de l'interlocutor, la utilitat i, sobretot, el que pot ser més convenient que els altres coneixin. El tipus d'intimitat que s'estableix per cadascuna de les persones amb les quals es conviu està sempre esbiaixat, de forma que limita la relació a uns camps, i impedeix que aflori la totalitat del «ser».

Si preguntéssim al Dídac quins són els seus amics o quants en té, podria contestar que molts o que cap. Molts són els que poden dir: «En Dídac és amic meu», perquè han sopat junts en alguna ocasió, han jugat al tennis o han conversat sobre algun aspecte de certa trascendència. Però ell sap que ningú no el coneix en totes les seves dimensions o, al menys, en una gran part, i fins i tot la seva pròpia família en té una idea esbiaixada i parcial. La imatge que té la seva secretària particular, la que millor coneix el seu comportamnet professional, és ben diferent de la que pot conèixer la seva muller: ambdues el coneixen en el tracte quotidià, però respon de forma totalment diferent a cadascuna. Justament per això, quan té un conflicte personal o reflexiona sobre la seva existència i la seva realitat, pot constatar i lamentar que no té amistats en el veritable sentit. Això li produeix una sensació de soledat que, en determinats moments, pot assemblar-se a la sensació de depressió.

El concepte d'amistat s'ha frivolitzat fins a l'extrem de considerar moltes persones com a amigues, pel simple fet de compartir o haver compartit alguns aspectes mínims de la convivència. Aquesta desfiguració del concepte d'amistat suposa establir relacions superficials amb moltes persones, però amb ningú en profunditat. Aquesta característica, si no és incompatible amb tenir algunes amistats en profunditat, no ha de ser un inconvenient; però quan suposa un obstacle per a la veritable amistat, aleshores representa una greu limitació a l'individu, ja que aquest renuncia a la inqüestionable riquesa que suposa poder sentir i exercir l'amistat.

Directament relacionat amb la por a la veritable amistat, sorgeix un nou concepte d'amistat que està bàsicament condicionat per un sentit utilitari. El vector direccional de les relacions humanes deixa de ser l'impuls afectiu i emocional, la resposta positiva, l'enteniment mutu, la comprensió i l'acord, les vibracions que fan que dues persones tinguin tendència, necessitat, o gust per trobar-se, estar juntes, i compartir alguns moments de la seva existència. Ben al contrari, es passa a una situació de correspondència humana en un sentit eminentment útil. Trobem relacions aparentment amistoses que solen tenir una explicació més o menys clara en una segona intencionalitat: aconseguir negocis, promocions personals a la feina o relacions recolzades estrictament en el terreny professional. Quan algú convida una altra persona a sopar, queda implícit que tal invitació es correspon amb un favor rebut o per rebre, una possible venda o una influència. Sovint, les trobades de promoció personal, professional o empresarial pretenen emmascarar-se donant a la relació un sentit d'amistat, fins i tot involucrant moltes vegades la parella. Es pretén generar obertures en la pròpia llar convidant persones amb les quals emocionalment i afectivament mai no es produiria una aproximació. En realitat, s'actua en funció d'una segona intenció, més o menys oculta o explícita.

En principi, com deia, la utilització de tals mecanismes de sentit utilitari no tindria cap altra trascendència, a nivell humà, que la d'envair els espais de llibertat personal i els lúdics de creativitat íntima i individual, amb el sentit pràctic dels afers professionals o la promoció personal. Succeeix, a més, que hi ha d'altres valors que també queden alterats i transgredits en profunditat quan aquest tipus de relacions arriben a constituir l'únic llaç amistós que té l'individu. L'amistat queda adulterada quan el nucli de relació bàsic d'un individu —o fins i tot d'una parella— és determinat per l'interès, i la relació, més que sorgir del contacte entre els dos éssers, és la conseqüència de les segones intencions. Amb aquesta actitud es trangredeix la implicació emotiva, l'amor i la capacitat de trobada amb l'amic, i apareix subsidiàriament una incapacitat per a l'establiment de relacions amistoses autèntiques.

La motivació en la trobada amb un possible amic o amb un grup sol basar-se en la curiositat per conèixer persones que desperten admiració o que resulten atractives a primera vista. El fenomen de l'inici d'una amistat pot sorgir de la mateixa manera que ho fa l'enamorament: dues persones es coneixen i senten el desig de perllongar aquest coneixement a través d'altres trobades. Aquesta perllongació pot tenir com a motivació intrínseca la curiositat afectiva, que naixeria de la trobada de dos valors en l'ésser, de dues maneres de ser i de dues estructures de personalitat que s'atrauen i que, per tant, volen una segona trobada, inspirant-se desitjos d'aprofundir en la relació i la comunicació, simplement perquè resulta gratificant.

La trobada pot produir-se perque sorgeix una espurna semblant a l'enamorament o perquè es provoca d'una forma interessada; en aquest segon cas no és infreqüent que una persona li demani a una altra: «Presenta'm a tal individu, perquè m'interessa ser amic seu». Conèixer certes persones sembla que proporciona un nivell de promoció personal, i de fet s'arriba a considerar com a vàlida l'expressió: «Diga'm de qui ets amic i et diré la importància que tens». Tenir amics, a la societat actual, és una possessió com qualsevol altra. En determinats nivells, per a moltes persones regeix la llei que com més gent es coneix, més prestigi suposa, encara que no es traspassin els límits de la simple coneixença, i la relació que es tingui sigui únicament de mutu reconeixement facial. En efecte, perquè s'han vist o parlat alguna vegada, ja es consideren amics i entren a formar part de l'agenda personal i de l'acerb capital relacional. Aquesta tendència a voler tenir una promoció personal a través de posseir molts amics suposa una adulteració del concepte d'amistat i, el que és pitjor, una subsegüent incapacitat per a la mateixa.

Junt amb «l'amistat», entesa com un punt de referència de la capacitat d'un individu per tenir influències, apareix l'amistat com un element de connexió professional. Algunes persones pretenen mantenir la seva situació a l'empresa, o un determinat tipus de relació amb els seus clients mitjançant aquest tipus d'amistat: el metge amb el director de l'hospital, el representant d'una firma comercial d'articles esportius amb el president d'un club, el treballador de la fàbrica, desitjós de millorar la seva situació, amb el cap de la seva secció, etc. Aquestes persones tendeixen a provocar relacions i sentiments d'amistat ficticis, moguts simplement perquè l'establiment d'un corrent afectiu produirà beneficis personals de tipus promocional o professional. Certes empreses plantegen als seus treballadors la necessitat d'establir un determinat tipus de relació amistosa amb persones que els beneficiaran. Tenint en compte que a les empreses l'única cosa que els importa són els beneficis, tracten d'aconseguir-los, directament o indirectament, utilitzant tots els recursos al seu abast, fins i tot l'afectivitat dels seus empleats.

Aquest plantejament, que és àcid i crític, però crec que realista, potser suposarà per a algun lector una resposta de rebeldia, ja que més d'un estarà en condicions d'assegurar que relacions que van començar amb un mòbil clarament interessat, amb el pas del temps i la freqüència de les trobades, s'han convertit en veritables amistats i en contactes humanament rics i sincers. Obviament, això és possible; també trobem matrimonis que es varen fer per interès i que varen acabar cristal·litzant en un sentiment amorós positiu. Però, en general, sembla que podem extreure la conclusió que s'està tendint a desprestigiar els sentiments autèntics i personals en benefici del pragmatisme; l'amistat, com a concepte i realitat afectiva, va sent reemplaçada per relacions que arraconen el sentir emocional per donar pas a una relació afectiva. Aquesta és una nova mostra de la valoració desmesurada del tenir, i de la invasió que els afers professionals va fent en la identitat personal.

Sembla obvi que, en una societat en la que el treball ocupa un lloc de dedicació preferent i una considerable quantitat de temps, sorgeixin relacions amistoses a l'àmbit laboral. El que ja no em sembla tan obvi és que s'utilitzi sistemàticament l'amistat com una manera d'exercir pressió o fins i tot subtils xantatges a nivells d'influència per tal d'obtenir beneficis. Aquesta actuació incideix en la idea que es forma l'individu de l'amistat. Els adolescents capten que els adults tenen un concepte molt diferent de l'amistat del que ells viuen en el desenvolupament de la seva relació afectiva amb els seus amics. Es pregunten: potser l'adult no és capaç d'establir unes relacions d'amistat recolzades simplement en el contacte, en l'avinença i l'acord de dos éssers humans? Evidentment que sí, si fossin capaços de treure a la seva vida la necessitat de trobar sempre una utilitat pràctica, i si plantegessin la seva realitat vital com una possibilitat de gaudir experiències i viure intensament determinat tipus de sentiments i relacions.

En el cas d'en Dídac, la seva por a l'amistat estava d'alguna manera justificada per l'intent de no veure interferit el seu paper de director amb el de company de treball. Tanmateix, justificacions d'aquest tipus existeixen a múltiples situacions, i serveixen per bloquejar sistemàticament la capacitat d'establir relacions amistoses. Adoptant aquestes actituds, no existeixen impediments ni límits interposats per la necessitat de no perdre eficàcia o per la de no trobar el vessant «útil» a qualsevol situació, fins i tot les de caràcter afectiu.

L'amistat, en essència, és una situació emocional i afectiva de trobada entre dos éssers humans que prèviament han estat capaços de trobar-se a ells mateixos. En *Por al silenci* plantejava com la por a un mateix, la por a escoltar el silenci que ens permet de sentir el batec del nostre ésser dificulta la trobada amb el propi «jo». Sens dubte, la trobada amb un mateix pot ser una de les experiències més gratificants i desalienadores que pot viure l'ésser humà. Un cop assolit aquest objectiu, la següent experiència positiva i enriquidora consisteix en tenir l'oportunitat de compartir-la amb una altra persona, que també sap qui és i cap a on va. La trobada amistosa suposa una mesura de la qualitat de la trobada amb un mateix.

Qualsevol instrument afectiu, qualsevol situació emocional de relació implica directament l'ésser. Quan dues persones pretenen solament un coneixement superficial entre elles, és perquè el situen a nivell del «fer» o del «tenir»; d'aquesta manera, poden compartir un sopar, o fer quelcom que distregui a cadascuna d'elles, com jugar un partit de tennis, però són incapaços de sentir-se lliures davant de l'altra. Quan l'amistat s'estableix a nivell del ser i és viscuda com a instrument afectiu, es genera una interrelació entre dos individus que en «ser», es troben i es relacionen des del seu ser; evidentment, aquestes persones podran parlar de tot el que fan i del que tenen, i utilitzar el fer i el tenir al servei del seu ser, però no del seu ser amics.

Només quan algú és un mateix, pot ser amic dels altres. La por a l'amistat, a tenir amics, a implicar-se emocionalment, a establir relacions en profunditat, ve directament relacionada amb la por que sovint presenta l'ésser humà a la trobada personal amb ell mateix. Dos amics obren a la seva relació importants interrogacions, dubtes, sentiments, emocions, respostes. Quan algú parla a un amic i aquest viu la relació amistosa en profunditat i sinceritat, la possibilitat d'engany, dissimulació, i fins i tot d'autoengany, queda notòriament disminuida. Sovint, els éssers humans som capaços de donar-nos explicacions enganyoses a nosaltres mateixos, però ens seria impossible donar-las a una persona estimada en una relació d'igualtat.

Possiblement, la particularitat més característica de l'amistat radica en dues condicions que no ofereix cap altre tipus de relació personal: ser establerta en una situació d'igualtat i amb rotunda independència. La relació afectiva de vinculació de parella, a través de l'amor com a llaç d'establiment d'una relació estable, sempre implica, encara que s'insisteixi en la necessitat de no caure excessivament en ella, una relació de dependència, possessió i exclussivitat. L'amistat no pot ser dependent, exclusivista, ni ha de tenir elements de possessió. Aquesta situació d'independència i d'igualtat fa de l'amistat la mesura més fiable de la capacitat d'un ésser humà per acceptar les seves pròpies limitacions i la seva realitat; assumir-la i mesurar d'aquesta manera la seva capacitat de respectar-se a ell mateix en la mesura que respecta els altres, i d'estimar-se com és capaç d'estimar-los.

Per tot això, el tipus de relació que s'estableix en una situació amistosa tendeix a desmontar la imatge que sovint pretenem estandaritzar enfront els altres. De fet, un mecanisme defensiu de la pròpia intimitat és no anar mostrant sistemàticament la manera de ser més autèntica i, en el seu lloc, oferir una imatge d'un mateix més d'acord amb el que es desitja que els altres vegin i creguin. D'alguna manera, moltes persones són víctimes de la imatge que volen oferir i acaben per creure's que són com volen que els altres els vegin: creuen ser com voldrien aparentar ser. En el moment en què l'ésser humà deixa d'estar preocupat per aquesta presentació, amb independència de protocols, d'urbanitats i temors, assumeix que els altres el coneguin tal com és: s'accepta a ell mateix i accepta també la seva identitat enfront els altres. L'establiment de relacions amistoses representaria el trencament de la forma en què un es presenta davant dels altres, per començar a mostrar-se realment com és.

Moltes amistats es perden justament perquè s'estableixen sobre la base d'una situació que podríem anomenar d'engany, dissimulació o ocultació de la pròpia identitat. Es tracta d'un altre tipus d'identitat personal, diferent de l'autèntica i similar o dissenyada segons el desig de com presentar-se davant dels altres. El trencament d'aquest model, més fictici que real, suposa que, una vegada establerta una relació en profunditat, qui ha mostrat a l'altre com és sent una certa por a prosseguir aquesta relació. Si no és capaç de superar-la pot caure en una inhibició de la relació.

En les relacions socials es dóna un fenomen paradoxal, revelador del tipus de relacions interpersonals que se solen establir en una societat en la qual cada vegada és més difícil que els éssers humans es mostrin tal com són, no només als altres, sinó fins i tot a ells mateixos. Aquest fet consisteix en què, a través de la relació establerta entre dues formes de fer o de tenir, i segons les aparences en les que un es troba còmode, pot arribar un moment en què es produeixi un fenomen catàrtic d'explicació de la pròpia intimitat i de desvetllar als altres la forma de ser, sentir, pensar. Es por observar que això succeeix en certes relacions quan, en el moment que la intimitat és més estreta i profunda, potser en el de veritable amistat, es produeix un punt d'inflexió en ambdues biografies, a partir del qual disminueix la intensitat de la relació i s'inicia una davallada. Podria dir-se que aquestes persones van arribar a ser tan amigues que no van poder seguir sent-ho, justament perquè el fet emotiu i el fet sentimental van arribar a imposar-se a la necessitat de presentar-se davant dels altres amb una determinada imatge: l'emoció i el sentiment trencaren aquesta imatge. Si l'ésser humà no és capaç de viure amb la seva imatge falsejada trencada i acceptar la seva imatge real, no és capaç de mantenir una relació amistosa, ja que quan arriba el moment àlgid de la sinceritat, tendeix a retreure's, i apareix la por a la relació íntima, precisament la més creativa i personal, que suposa la trobada continuada amb un altre ésser humà.

Per naturalesa, les relacions amistoses tenen intensitats variables segons un divers tipus de circumstàncies. Uns amics es veuen molt de tard en tard, encara que si ha hagut sinceritat en la comunicació, el vincle es mantindrà en un bon nivell de relació; d'altres amics tenen interessos comuns o viuen en llocs pròxims, fet que possibilita un contacte molt freqüent; alguns es trobaran amb dificultats indirectes per mantenir la seva relació com pot ser el fet de tenir un estat civil diferent, o que les seves respectives parelles no comparteixin el mateix sentiment amistós.

La relació pot iniciar-se per motivacions no relacionades amb l'afectivitat, però anar evolucionant poc a poc cap aquest terreny; quan els amics arriben a la intimitat, quan ambdós es «treuen la careta», es produeix la trobada entre dos éssers: la prova de foc de l'amistat. Qui ha perdut la por al seu silenci i viu de forma autèntica la seva realitat personal no sent la necessitat de retrocedir en la intensitat de l'afectivitat de qualsevol relació, i menys si aquesta té el caràcter gratificador de l'amistat. Ben al contrari, per qui no s'ha trobat mai a si mateix, no s'ha acceptat i no ha establert una adequada relació amb ell mateix, el descubriment de l'altre se li fa agressiu, sovint insuportable, i sent la ineludible necessitat de retrocedir per a limitar la intensitat del contacte, per evitar la nuesa emocional que suposa un repte personal per a que els éssers humans tinguem l'oportunitat de viure permanentment compromesos amb la sinceritat amb nosaltres mateixos, i desposseïts d'imatges falsejades i distorsionades enfront el que ens envolta.

Com vull que em vegin els altres? Com em presento davant de la gent? Qui m'agradaria que diguessin o pensessin que sóc? Quan la resposta a aquestes preguntes és escassament coincident amb la resposta sincera a qui sóc jo?, es fa palesa la distància existent entre l'objectiu personal i la realitat assolida. Segurament és impossible que les respostes a ambdues preguntes siguin absolutament coincidents, ja que suposa quelcom utòpic en la mesura que resulta absolutament improbable que algú sigui exactament com vol ser. Una de les condicions de la naturalesa humana és la inconformitat, però justament és aquesta manca de conformitat amb la realitat el que li proporciona la possibilitat de progrés, i en el cas del ser, l'oportunitat de canviar aquells aspectes que considera adequat modificar. Qui és capaç d'acceptar que els altres el vegin com és de veritat, o, al menys, aquells que són els seus amics, troba un element fonamental en la relació amistosa: l'estat de relaxació que suposa poder permetre's ser davant dels altres tal com s'és, i no haver d'estar tens i reprimit al fingir.

L'amistat no està feta solament de moments de confessió i de conversació profunda, sinó que també es basa en la capacitat mútua per gaudir d'experiències de la més diversa índole i de moments lúdics. La possibilitat d'actuar d'aquesta manera representa l'únic antídot a les situacions d'estrés, depressió o disconformitat amb un mateix. Amb tota seguretat, la vivència de relacions amistoses sostingudes amb autenticitat i profunditat és la millor alternativa als trastorns psicològics, si bé no psiquiàtrics, ja que aquests tenen una altra naturalesa. De fet, molts dels trastorns psicològics que s'atenen als centres assistencials de salut mental tenen com a causa fonamental de la seva simptomatologia la presència d'una no acceptació de la pròpia realitat, tant circumstancial com personal. En la mesura que s'estableixen relacions que impliquen la necessitat d'aquesta acceptació o la capacitat de produir-la, es dificulta l'aparició d'aquest tipus de problemàtica.

Al llarg d'aquestes pàgines he realitzat aproximacions a la definició d'amistat, però encara no l'he plantejada. Hi ha moltes definicions d'amistat; la majoria d'elles se situen en el to relacional, des de considerar l'amic com a la persona davant la que es pot pensar en veu alta i ser un mateix, amb plena confiança, fins a la descripció de la situació d'afectivitat i de la seva naturalesa. Per a mi, l'amistat és una expressió de l'afectivitat interpersonal gratuïta. Aquesta gratuïtat, que s'estableix en la mesura que la relació rep com a compensació simplement la relació en ella mateixa. No hi ha, com deia abans, necessitat ni dependència, sinó obertura, trobada i acceptació de l'altre per la seva forma de ser i de viure l'experiència vital. Sembla clar que no podem ser amics de tots els éssers humans. Els graus d'amistat estaran condicionats per una sèrie d'afinitats, que, en el darrer cas, estaran determinades per la capacitat de la trobada de persones que s'han acceptat a si mateixes i que viuen recolzant la seva existència vital en la realitat del seu ser. Circumstàncies anecdòtiques del ser, situades en el fer o tenir, i que són notòriament diferents, poden dificultar la relació, de la mateixa manera que tenir el mateix tipus d'idees o afeccions poden facilitar-la.

En el ser es produeix el nucli relacional de l'amistat i, en el fer i el tenir, l'aspecte circumstancial que facilitarà l'existència del ser. Un cop més, les coses que es fan o es tenen poden estar al servei de qui s'és. L'amistat és la trobada de dos nuclis vitals que s'accepten a si mateixos i estan disposats a acceptar l'altre, i, en conseqüència, a deixar-se conèixer i acceptar. El nombre d'amistats autèntiques que un ser humà pot tenir és limitat, si bé hi ha qui presumeix de tenir molts amics, la qual cosa no deixa de ser una manera de no tenir-ne cap. El que pot ser ilimitat és el nombre d'amistats potencials. Existeixen moltes persones al nostre entorn amb les quals podríem establir una relació, però que queda només en una potencialitat, ja que, al no haver oportunitat per a una experiència de trobada en profunditat, no es produeix l'amistat. No és suficient que dos éssers humans estiguin disposats a conèixer-se i a ser amics per aconseguir-ho; és necessari que s'hagi produït la trobada profunda entre ambdues.

POR A ESTIMAR

L'amor constitueix una font d'energia permanent per a l'ésser humà. Aquesta energia mou el seu comportament no només en forma d'estímul per a l'actuació, sinó que també ho fa en la producció de conductes d'evitació. L'amor, l'enamorament i les forces del sentiment suposen una gratificació i, alhora, un temor: aconseguir aquests estats representa un apropament a estadis de felicitat, i perdre'ls aproxima al desengany i a la desesperació. Respecte de la possibilitat d'enamorar-se, l'ésser humà emet un bon conjunt de comportaments contradictoris que sovint revelen la seva por a les conseqüències d'aquest sentiment. El temor davant de la eventualitat de viure una experiència sentimental resumeix un conjunt de temors, com, per exemple, que a la il·lusió pugui seguir-li la desil·lusió, el desengany, la pèrdua de control, el descubriment de pobreses afectives anteriors i, sobretot, la possibilitat de fer palesa la força interior del propi jo.

Possiblement mai no som tant nosaltres mateixos com quan sentim la força de l'enamorament. Si el silenci permet posar de manifest la identitat d'uns pensaments i la força d'uns sentiments, quan aquests apareixin i se'ls doni la possibilitat de florir en forma de conducta, el fer tradueix l'aspecte més autèntic del ser. Els comportaments temerosos es justifiquan en la mesura que els fets que produeixen ansietat s'intenten evitar o ànsia. Donar pas a la força d'un sentiment pot representar desenganys i problemes personals que afecten el concepte d'un mateix, l'autoestima i que, a més, permet prendre consciència de la sensació de fracàs.

En el terreny dels sentiments sembla impossible establir les causes dels fracassos. Per tant, ningú no pot sentir-se responsable del que sent, ni culpable si el seu sentiment no troba correspondència. Això no obstant, és molt freqüent que qui no té respostes positives en el terreny afectiu tendeixi a sentir-se fracassat. Aquesta actitud incideix molt directament en el grau de seguretat personal. La capacitat d'enamorar ha arribat a suposar una mesura de la possibilitat de ser feliç. Si es tendeix a viure de forma dependent i a valorar l'ésser humà pels «resultats» assolits a la vida, l'èxit a l'amor suposa una mesura per a la valoració personal. Així podem explicar que certs comportaments com el que descriurem tot seguit no suposin fets excepcionals, encara que la seva traducció a l'esfera dels comportaments pot donar-se sota formes diverses.

En Fèlix és un home de 40 anys, casat des de fa tretze; la seva vida matrimonial és estable, sent envers la seva muller l'estimació d'anys de convivència, també atracció, quan s'acosta a ella amb desitjos acumulats per la pròpia inèrcia de la companyia; i, a més, gratitud pels tres fills que han tingut, i per com els ha atès. Res no sembla indicar que pugui presentar-se una crisi matrimonial: fins i tot ambdós poden semblar una parella modèlica. En Fèlix i la seva dona s'estimen amb la serenitat d'allò estable, i no es plantegen realitzar esforços especials per tal de millorar la qualitat de la seva relació, simplement perquè no senten la necessitat de fer-ho. Ambdós treballen i la seva activitat professional ocupa un espai important a les seves vides. Els seus tres fills omplen la vida familiar fins a l'extrem de sentir com a difícil, pràcticament impossible, la separació entre la vida de família i la vida de parella.

En Fèlix treballa com a executiu en una multinacional. Fa tres anys va tenir com a companya de professió una dóna, més jove que ell, per la que sentia gran admiració. Ella va entrar a l'empresa gràcies a una brillant carrera universitària, mentre que en Fèlix s'havia anat promocionant poc a poc dintre de la pròpia empresa. Mantenien una relació estrictament professional, si bé en ell s'anaven barrejant progressivament sentiments d'admiració per les aptituds tècniques de la seva companya i pels seus encants femenins. Mai no li havia semblat una dóna bonica, però sempre li havia resultat atractiva. No sabia gairebé res de la seva vida privada, només que no estava casada, però que compartia la seva vida amb un home i que no tenia fills. Ella es mostrava sempre discreta a l'hora de fer manifestacions sobre la seva intimitat, encara que no es privava de fer-li preguntes a en Fèlix; d'aquesta manera es va assabentar de moltes coses de la seva família i, sobretot, dels seus fills.

Ell tenia la impressió que cada vegada estava més al descobert davant la seva companya, alhora que se sentia còmode en aquesta situació. El pas dels dias i de diverses situaciones propiciades per les obligacions professionals havia anat provocant en el Fèlix un progressiu apropament afectiu envers ella. S'alegrava de veure-la i es va sorprendre de constatar que els diumenges al vespre l'il·lusionava la proximitat del dilluns pel sol fet de tornar a trobar-la. Ella s'adonava que ell l'observava amb mirades diferents i no semblava sentir-se molesta per això. Aquesta actitud el desconcertava i alhora estimulava els sentiments d'un home que no sabia decidir quin tipus de comportament havia de seguir.

En Fèlix havia tingut algunes aventures després de casat, sempre amb inntencions clares de desfogar els seus impulsos i sense cap mena de compromís; mai no va sentir que les seves relacions esporàdiques provocaren en ell ni el més mínim torbament. Amb la seva companya de feina era diferent, completament diferent, gairebé sentia com impossible un contacte íntim, i els seus desitjos se centraven en conèixer-la millor, en xerrar i descubrir aspectes de la seva manera de ser. S'entregava amb entusiasme a la feina i feia tot el possible per augmentar els contactes entre ambdós, mirant de provocar en ella admiració i simpatia. Se sentia professionalment més motivat que mai, i l'aparició d'aquest sentiment l'havia rejovenit. La seva secretària el trobava de millor humor i també la seva família s'adonava de la seva jovialitat i alegria.

En Fèlix s'havia enamorat. Durant un temps no es va adonar, però, des que es va sorprendre esperant il·lusionat el dilluns, es va espantar. Progressivament va anar observant com es barrejaven els desitjos d'apropament i els de rebuig a aquesta aproximació. La contemplació del seu propi sentiment li causava por, veia perillar la seva família, vivia en contradicció: no l'importava i, alhora, no volia ni pensar en les conseqüències d'aquella despreocupació. Se sentia ingenu, estava convençut que ella no havia canviat la seva actitud envers ell en tot aquest temps; malgrat ser una persona oberta i extrovertida, en Fèlix tenia la impressió que ella rebutjaria qualsevol tipus d'apropament afectiu que ell provoqués. Com podria ser una relació íntima amb ella? No sabia quina era la raó de la seva por però tenia la impressió que no sabria estar a l'altura de les circumstàncies. L'admirava massa, estava convençut que a ella li atreia un món més jove i lliberal. Era universitària, intel·ligent, independent, segura de si mateixa. Una relació amb aquesta dona podria ser una font de problemes i posar en evidència la seva inseguretat, la seva manca de formació i d'experiència. Apareixia una por intensa als seus propis sentiments: a l'amor.

Poc a poc, en Fèlix va donar passes amb prudència. Va intentar que ningú no s'adonés de les seves predileccions, va canviar la tonalitat de la seva relació amb ella; seguia sentint el mateix, potser amb més intensitat si és possible, però reprimia permanentment els seus impulsos, no ja per no fer -mai no s'ho havia permès-, sinó fins i tot per no sentir. No ho aconseguia, però es convencia a si mateix que això era el més convenient. Els dilluns tornaren a ser dilluns, i trobar-la es va convertir en una aversiva mostra de la seva incapacitat més que un motiu de goig. Es va sentir altre vegada quadragenari i madur: havia guanyat la responsabilitat a costa de frenar l'afectivitat. La seva muller no s'habia adonat de res del que havia passat, encara que el trobava allunyat, cansat i estressat, però ho imputava a la feina. En Fèlix i la seva jove companya es varen anar allunyant dintre de la mateixa rutina laboral, fins que un dia ella va canviar el seu rumb professional a l'acceptar un càrrec de certa importància a l'administració pública. En el sopar de comiat que li van oferir, en Fèlix va reviure els seus sentiments, la contemplava capficat, ja llunyana, i sentia l'agredolç sabor d'una vida segura. Pensava: «Possiblement haurà estat millor així».

La història d'en Fèlix em fou explicada per la seva secretària, una dona atractiva i alegre, que des de feia vuit anys treballava al seu costat. Ella s'havia adonat des del primer moment de les sensacions del seu cap davant l'arribada de la nova companya de feina. Va detectar la seva alegria i va facilitar, amb ràbia, els seus contactes. Des de feia molts anys li resultaven agradables els dilluns perquè podia compartir inquietuds amb un home al qual dedicava tota la seva atenció. M'explicava que mai no permetria que en Fèlix sabés que ella l'estimava: «Seria la fi, i jo no tinc una família en la qual refugiar-me». Què hagués passat si en Fèlix i la seva secretària haguessin fet públics els seus respectius sentiments, si s'haguessin sentit amb dret de viure'ls? Possiblement no hagués passat res especialment diferent del que va succeir amb el seu silenci. Mai no podrà seber-se. La prudència i la por a predre la tranquil·litat, més que la felicitat, varen dominar els seus comportaments, obtenint-se el resultat volgut: res no va canviar.

Com totes les anècdotes i històries que apareixen en aquest llibre, la que acabo d'explicar és real, si bé estan canviats els noms, les professions i alguns detalls superficials que disfressen la possibilitat d'identificació. Passats alguns mesos d'aquell sopar de comiat, la secretària va recordar que fou justament aquell dia quan més a prop va estar de confessar-li a en Fèlix tots els seus sentiments. Va ser en acabar, quan el seu cap es va oferir a acompanyar-la a casa seva en cotxe; era la primera vegada que tenia l'oportunitat de compartir un temps fora del marc laboral. El sopar havia estat esplèndid i l'alcohol havia propiciat la desinhibició. Ella captava nostàlgies i contradiccions en l'ànim d'un home que semblava més humà i fràgil, més proper que mai. En diversos moments del recorregut va empassar-se la saliva i només una repressió al darrer moment li havia impedit de verbalitzar el que sentia. Ho tenia ben pensat, tant com convençuda estava que no li convenia fer-ho, i no ho va fer. Quan explicava aquesta experiència, l'angoixa es concretava en una pregunta: «Valia la pena ocultar-ho?». I una resposta: «No». I una certesa: «Mai no es produirà una oportunitat igual». Tot la condemnava a viure l'experiència d'un amor impossible i proper: massa proper per no produir-li una permanent ferida en l'autovaloració, en la seva pròpia estima.

Hi ha qui diu que només mereixen ser anomenats amors els que són impossibles. El que és cert es que es tracta d'una singular forma d'estimar, i fins i tot una peculiar forma de viure, quan un s'instal·la en un desfici provocat per un amor no compartit. O potser, no seria millor dir que no existeixen amors impossibles? Allò impossible serà, en tot cas, la manifestació de l'amor, o la seva concreció en els termes que apareixen com a habituals, sobretot quan ambdós enamorats comparteixen el sentiment i són lliures i independents per viure'l. Si l'amor es concreta en dependència, solament la persona independent pot accedir a ell, i si en l'amor es perd la independència, l'amor es converteix en l'enemic d'un mateix. Tot això pot portar a que els sentiments torbin l'equilibri personal i provoquin reaccions catastròfiques que facin perdre el mode de viure que igualment no perderíem o no val la pena que conservem.

Haurem de convenir que en quedar-se, en Fèlix no havia guanyat en felicitat, i que al no separar-se, va predre una bona oportunitat d'arribar a conèixer la importància que tenia la seva muller a la seva vida i també, perquè no?, la possibilitat de viure una experiència inoblidable, potser molt emotiva, frustrant o inquietant, però, en qualsevol cas, una vivència.

La seva secretària va optar per la relació existent i d'aquesta manera va assegurar la continuïtat d'una afectivitat molt diferent a la desitjada. Es va condemnar a sofrir la sensació de fracàs per no voler ser posada en evidència, no voler-se posar ella mateixa en evidència. Es va assegurar de no aconseguir mai el que anhelava, ni saber quina seria la resposta de l'home estimat. Es preguntava: seria possible seguir treballant al seu costat després d'haver-li manifestat els seus sentiments i desitjos, en el cas que ell no els compartís? La resposta és: perquè no?, com sap ella que no els compartiria? Ella pertany a un nombrós grup d'éssers humans que opten per la derrota abans d'iniciar la baralla. En aquest cas la derrota és reprimir l'impuls, i no que l'altra persona no senti el mateix impuls. Aquí està la causa de la seva ansietat i possible depressió. Ningú no pot assegurar a aquesta secretària que una actitud més arriscada no li hauria donat més conflictes personals i possiblement situacions difícils, però el que és cert és que se sentiria molt més satisfeta d'ella mateixa. Qui s'arrisca a exposar els seus sentiments potser sofrirà més, però convé no sentir com a inevitables el sofriment i la infelicitat.

En base al concepte d'amor es construixen nombroses històries, i a ell s'atribueix gran part de la felicitat que assoleix l'ésser humà. La correlació amor-felicitat està introduïda a la nostra cultura amb equívoca seguretat. Tanmateix, a causa dels sentiments amorosos se segueixen forjant nombroses històries de recança i amargor. Certa visió «rosa» de la vida prejutja que la única forma de cristal·lització d'un sentiment amorós és la convivència; i considera com a impossibles aquells amors en els quals aquesta no és realitzable, més enllà que sigui perquè existeixen impediments externs, o simplement perquè a l'altre no aniua el mateix desig. És que no és possible una història d'amor sense convivència?, fins i tot sense correspondència?, o bé amb correspondències de diferenta intensitat? Si la norma que regeix el comportament sorgís del mateix ésser humà, respongués a les seves necessitats i tendís a omplir buits i impulsos, possiblement no s'estabirien formes de comportament tan estretes i s'admetrien possibilitats molt més variades.

Segur que en Fèlix estima la seva muller i la seva secretària i va estimar la seva companya de feina. Estima les tres de forma diferent, i són amors que no haurien de ser incompatibles si no reduíssim la relació entre home i dona a l'exclusivitat, la possessió, la convivència i la relació sexual. Enamorament, amor, amistat, companyonia, i un munt de sentiments són tan diversos com possibilitats té la capacitat emotiva de l'ésser humà d'oferir matisos diferenciats en la intensitat, la força, la passió i la compenetració. Són tantes les variants que omplirien un amplíssim ventall, en el que trobaríem tantes possibilitats com individus, i tantes diferències com possibles trobades afectives poguessin produir-se. Per tant, no és possible oferir un marc de diferència generalitzable per a la trobada; cada sentiment té una naturalesa, una força i una intensitat diferents, que no tenen perquè correspondre's amb la «forma» que adopten quan es concreten.

Sovint es tendeix a confondre la llibertat en l'amor amb l'absolut descontrol, igual que sol associar-se amb l'aspecte sexual de la relació. És molt possible que una mentalitat oberta als sentiments i sense por a la pròpia afectivitat pogués portar a una sexualitat a vegades conflictiva; però també és molt possible que aquest factor seria molt menys important si s'oferissin alternatives emocionals que no passessin necessàriament per la trobada sexual. No és infreqüent que s'estableixi una relació sexual sense l'existència d'un veritable desig, ni tan sols d'una passió; sovint pot suposar una alternativa a la falta d'imaginació, a la incapacitat per establir un diàleg o per conduir la relació per camins també apassionants. Lamentablement, la sexualitat sorgeix com una fòrmula de compromís en la qual l'individu se sent atrapat per no decebre «l'altre».

Dues persones es troben, es compenetren i, segons els esquemes socials, es veuen necessàriament obligades a derivar la seva relació cap a camins en els que entren en joc la seducció i la conquesta. Tot sembla preconcebut, com seguint un esquema preestablert i absolutament mancat d'imaginació. No és possible que totes les persones del sexe oposat amb les quals s'estableix una relació inspirin el mateix tipus de sentiment, ni que aquest es tradueixi en un mateix tipus de desig o emoció. Aquí també el fer substitueix el ser, i els comportaments esperats supleixen els espontanis, que haurien d'estar induïts per la realitat emotiva de cada moment. En la mesura que les formes de manifestació de l'amor s'estandaritzen, i les seves vivències es concreten en un mateix tipus de desig i possessió, la relació tendeix a fer-se exclusiva i, per tant, possessiva i excloent. Qui no vol posar-se en perill ha d'evitar les altres trobades afectives, sense pensar que aquestes no tenen perquè desestabilitzar el mode de viure que per si mateix és estable. Sens dubte, el que els éssers humans podrien fer seria incrementar la força i la capacitat afectiva.

En Fèlix, fins que no es va ofegar en temors i va començar a retirar-se atrapat per la seva por, era un home jovial, alegre, falaguer i afectuós, de manera que la seva parella i els seus fills se'n beneficiaven: estava viu. Després de la seva renúncia, va tornar a la rutina, a la manca d'estímul i a la incapacitat de transmetre emocions, il·lusions o passions. Tots hi havien perdut amb la seva renúncia.

Podria mantenir-se la relació d'en Fèlix sense que torbés la seva pau matrimonial? Possiblement no. Si el que l'interessava era conservar la «pau» de la parella, va actuar adequadament. La tranquil·litat, la pau i l'equilibri estan renyits amb l'amor. Quan algú s'enamora perd aquestes condicions anímiques i les substitueix per la passió, l'emoció, l'entusiasme, la bogeria. En la meva opinió, aquest és el millor estat de l'ésser humà. La riquesa que es troba d'aquesta manera i la capacitat de goig en què es viu no són superades en cap altre estat anímic. Cert és que la permanència en l'enamorament d'una mateixa persona resulta difícil. Per això ha d'obrir-se la possibilitat d'altres relacions que rellençaran la capacitat afectiva, i que permetran de sentir permanentment un estat de passió per estimar i per viure, la qual cosa, alhora, redundarà en la qualitat emocional i afectiva amb la parella estable.

Algú suggerirà que tal plantejament suposa una alternativa utòpica o dissolvent de l'estructura familiar, que precisament es recolza en la permanència d'una afectivitat estable. Cap de les dues suggerències és al meu entendre correcta: ni resulta utòpica ni ha de dissoldre l'afectivitat estable. En tot cas, la qüestionarà, però, potser per no qüestionar-se una situació és més autèntica? Estarem tots d'acord que una estructura de parella excessivament estabilitzada en ella mateixa produeix una relació afectiva cada cop més rutinària i passionalment dèbil. L'amor i la relació amorosa que en ella es recolza perd la categoria de tal i, en canvi, possibilita un tipus de relació interessada, sense generositat, sense força estimulant. L'amor no es pot imposar com un deure. Estem compromesos amb l'amor, amb l'amor que som capaços de produir amb aquelles persones que el poden inspirar. Proposo no veure la parella estable com una presó a la que uneix un deure, sinó com una relació afectiva dinàmica amb la qual és possible recrear cada vegada una relació més profunda.

Tot sentiment ha de tenir l'oportunitat de trobar la seva forma d'expressió, que està condicionada per la realitat emotiva i la situació personal. Així sembla lògic que qui està sol tendirà a establir relacions que signifiquen una prolongació de la companyia estable, si la relació que es produeix és propícia per a això. Mentre que qui viu en companyia i la soledat no li resulta un problema tendirà a establir preferentment relacions de caràcter esporàdic, la qual cosa no afectarà la qualitat de cada relació si sap trobar el valor d'aquesta en ella mateixa, més enllà de la repercussió que pot tenir en la seva experiència personal. De la mateixa manera succeirà a la sexualitat. Una mateixa relació pot representar una atracció important si aquest aspecte del comportament no està adequadament cobert, mentre que es tendirà a mantenir relacions sense impulsos sexuals si es té una relació satisfactòria. En general, l'ésser humà no pot ser contemplat de forma parcelada, i, per tant, produir una conducta o respondre amb un sentiment es fa sobre la base de la realitat existencial, de les experiències prèvies i de les necessitats no cobertes. Amb això vull dir que la pròpia força interior, la que neix del respecte a la iniciativa, tendirà a produir formes de sentiments integrats en un conjunt afectiu. Tenint en compte que són possibles les superposicions, considero que l'aparició d'antagonismes sempre serà més fàcil de resoldre apel·lant el que realment se «sent» i desitja, que el que es viu com una obligació o un compromís.

En el meu llibre anterior parlava del compromís afectiu i de la responsabilitat respecte de la persona que s'estima i del amor que se sent. Continuo mantenint-ho, ja que em resulta difícilment imaginable una obertura envers els altres que no passi per aquelles persones més properes, amb les quals es conviu, si no és que la convivència hagi anul·lat el sentiment, justament per haver limitat la força de l'amor.

POR AL SEXE

En Josep Ma i la Núria són una parella que es coneixen des de fa gairebé vint anys. Es varen conèixer, com moltes d'altres parelles dels anys setanta, en una festa particular organitzada per una mare desitjosa de buscar relacions als seus fills. Entre cançons dels Beatles, canapès i algun «cubata», transcorregueren les tardes de diumenge plenes d'il·lusió i passió. El seu nuviatge estava fet de petons als llavis, de sessions de «cineclub», de xerrades sobre el futur, de somiar d'organitzar-se una vida de parella diferent de la que havien vist en els seus pares. Recorden encara amb afecte l'emoció que varen sentir quan van veure «Un home i una dona», o quan creien entendre les complicades pel·lícules d'Antonioni o de Bergman. En els primers records del seu amor i tendresa hi ocupa un lloc destacat la darrera cançó tendra que es ballava en aquelles festes particulars: «Strangers in the night». Tota una premonició en el títol, i la melodia de la qual els produia un estat d'excitació i entusiasme que s'interrompia quan les manetes del rellotge marcaven les deu, i inexorablement, ella havia d'introduir-se al portal de casa seva. Abans, dos portals més amunt o més avall, els seus llavis s'havien unit llargament i amorosa, com ja no s'uneixen ara.

El seu nuviatge va durar cinc anys. D'aquella època conserven el record dels primers recitals de cançó de protesta, d'algunes excursions que donaven peu a situacions de més intimitat i tendresa, d'estius avorrits, perquè ell era a milícies i ella amb la seva família, i, com a únic mitjà d'expressió, les cartes; les anades i vingudes a la bústia buscant la mateixa expressió d'estimació i tendresa, transmesa per la via del carter.

Avui dia, en Josep Ma i la Núria formen una parella feliç, i tenen tres fills. Ell treballa en una multinacional, a la que pot atribuir, amb molta raó, la causa del seu estrés i el seu cansament. Ella va deixar de treballar com a administrativa quan va tenir el primer fill, i ara va buscant novament una feina que li permetrà d'ocupar les hores que durant molts anys va dedicar als seus fills, ara ja més independents i menys necessitats d'atenció. En Josep Ma i la Núria havien projectat un futur que s'ha vist complert en totes les seves parts, inclús amb escreix. Als seus vint anys sospiraven per tenir una família, una feina i una vida en comú: tot s'ha fet realitat, no hi ha cap problema greu, són feliços.

La Núria és una dona atractiva, essencialment alegre i dinàmica, que porta el pes de l'organització de la casa, fent que els nens funcionin i entenent que el seu marit arribi molt cansat de la feina. L'atén sense especials queixes, però no pot deixar de somiar que un dia en Josep Ma arribarà a casa eufòric, i li proposarà entusiasmat de fer un viatge a l'estranger, on voldria conquistar-la i li proposaria camins amorosos per ara inescrutables.

La seva relació sexual ha estat sempre correcta; dels petons i les carícies del seu nuviatge, dels que no van arribar a passar no obstant haver-s'ho proposat vàries vegades, varen passar, el dia que es van casar, a una relació sexual senzilla, ràpida però eficaç, aconseguint de satisfer-se mútuament. Tenen relacions amb una freqüència més o menys estable, i la seva sexualitat no constitueix aparentment cap tipus de problema per a ells. Però en Josep Ma ha somiat algunes vegades, ha sospirat, per trobar algun dia una Núria diferent, més atractiva i emprenedora en aquest terreny, capaç de prendre la iniciativa i de proposar un joc diferent a l'habitual. Algunes vegades ha pensat que li agradaria suggerir-li de llegir algun compte eròtic, o anar a veure un espectacle estimulant. El mateix li passa a la Núria, però ambdós senten una mena de pudor en dir-se aquestes coses. Els petons ara són diferents, menys freqüents, més ràpids i superficials; les carícies, els preludis de la sexualitat, han perdut tendresa i han guanyat eficàcia. Tot l'acte amorós està encaminat a l'obtenció d'un bon resultat final.

En Josep Ma és un home feliç, està content, i així ho explica als seus amics. La Núria també se sent feliç i va dient a les seves amigues que l'únic que li faltaria seria trobar una feina, alguna cosa que li permetés d'ocupar unes hores al dia sense desatendre la família. Només algunes vegades ambdós, cadascú per la seva banda, pensen que la seva realitat podria ser ben diferent si un dels dos s'atrevís a trencar aquesta mena de por a canviar la seva forma de relació sexual. Han estat fidels a la seva parella, però no ha faltat aquell somni o vel·leïtat de desitjar una altra persona. La Núria va tenir la seva petita història amb un company de la feina, però, evidentment, mai no va passar res. Ella intuïa que era un home faldiller i atractiu, i li feia certa gràcia que quan es trobaven als sopars d'amics, ell fes algunes bromes picants; havia arribat a somiar què podria passar si algun dia cometia una bogeria. En Josep Ma és menys somiador i ha tingut algunes ocasions més concretes; la seva secretària i les seves companyes de feina l'han posat en evidència en més d'una ocasió, i han estimulat en ell desitjos i passions que mai no ha confessat del tot. De fet, ni l'un ni l'altre sospiren per tenir una relació més o menys intensa amb una altra persona, estan contents amb la seva realitat i pensen que algun dia perderan la por i trobaran nous al·licients en la seva parella.

Aquesta és una història comú d'un home i una dona normals. No hi ha cap problema de disfunció sexual, de convivència o de desamor; simplement la rutina i la vergonya els priven de desenvolupar tota la seva capacitat d'entregar-se l'un a l'altre. Ambdós sospiren per una altra intensitat i qualitat de relació, els agradaria liberalitzar els seus costums i trobar resposta a les seves inquietuds i anhels, descobrir zones de la pell de l'altre i permetre que l'altre fes el mateix: desitjarien deixar de ser estranys en la nit. Donada la confiança que es tenen a altres nivells, sent com són tan clars en parlar d'altres temes, sembla increïble que en aquest, tan íntimament lligat a la vida de parella, actuin tan controlats i continguts: sempre de la mateixa manera, sempre, evidentment, en la mateixa postura, sempre amb eficàcia.

On està aquí la por?, és la por a canviar?, a què dirà l'altre?, o és la por a descobrir en un mateix que encara és capaç de tenir passions, d'encendre el cor, d'il·lusionar-se pel cos de la persona que s'estima i es desitja?

La parella que hem descrit és representativa d'una actitud sexual notòriament extesa a la nostra població, que, alhora, es podria ampliar amb una altra sèrie de situacions de diversa problemàtica i conflictivitat. És obvi que a la societat hi ha vides en parella de dramatisme molt superior, des de les que pateixen disfuncions sexuals —ejaculació precoç o anorgàsmia—, a aquelles que han sofert les conseqüències de l'aparició de desamor, de l'absència de relació sexual, etc. La qualitat de la relació sexual a l'interior de les parelles estables és desgraciadament baixa, en relació a les possibilitats que ofereix el fet de conviure amb una persona. La parella que hem descrit compleix molts dels requisits d'una parella ideal. Assumeix que ja no pot tenir la il·lusió que tenia temps enrera, està condicionada per les conseqüències de tenir fills i una feina que cansa, viu els conflictes d'una gran ciutat, ha d'atendre la família, etc.

Què passaria si un dia en Josep Ma o la Núria donessin pas lliurement a aquest desig íntim de plantejar-se «vull la meva parella i desitjo viure amb ella tota la plenitud de les meves possibilitats afectives i sexuals? Com rebria l'altre aquesta proposta? Possiblement amb una mica de vergonya i objecció de bon principi, però, si els dos estan desitjant que la relació vagi per camins diferents, més apassionats i intensos, el que és lògic és que ambdós ho rebin amb goig.

La vergonya i el dubte d'un principi donaria pas al plaer i la plenitud. Aleshores, perquè no succeeix? La resposta és que apareix la por a trencar l'equilibri en què s'està vivint, a la manca de confiança que l'altre sigui capaç de seguir, al temor a que la parella no tingui les mateixes aspiracions, o que la nova situació porti més problemes que avantatges. Ara tot està sota control, la relació és eficaç, la satisfacció està garantida i ambdós canalitzen les seves passions de manera controlada. Haurà passat pel cap d'un dels dos que si aprenguessin jocs orgiàstics més atractius podria descompensar-se la parella? Podria suposar la possibilitat d'aparèixer desitjos extramatrimonials, o simplement de demandes que l'altre no estaria en condicions de satisfer? No seria això obrir un camí cap a coses desconegudes o aventures més perilloses? Per aquí van les pors. Sembla que convé tenir controlat l'ésser que més s'estima, i exercir un cert control respecte del que és més íntim i personal; no passés que un mateix es descontrolés o que la parella, que tant s'estima i en qui tant es confia, entrés també en una zona de descontrol.

Enfront del sexe, l'ésser humà té gran quantitat de tabús i pors. Possiblement poques persones ens contestarien que estan satisfetes de la seva vida sexual; de fet, en enquestes realitzades en diferents països, molt poques han contestat en sentit positiu. Una immensa majoria declara que les relacions de la parella són avorrides i, per a molts, l'alternativa consisteix en tenir relacions fora de la parella, en la qual busquen complements a passions que no s'atreveixen a demanar a la parella estable. Això suposa desconèixer que a l'interior de la parella existeixen infinitat de possibilitats de matisos i riqueses per desenvolupar. El cos humà, a qualsevol edat, és un torrent d'energia si un està disposat a cercar-la i l'altre a trobar-la. La por a la pròpia sexualitat, a descobrir els propis sentiments, pulsions i energies forma part de la por a la trobada amb un mateix, potser a la trobada del que hom viu com a més allunyat del seu control.

Educativament, durant molt temps, la sexualitat ha estat considerada com la part més animalitzada del comportament humà. Encara que aquesta afirmació no té fonament, han quedat regustos d'aquells missatges a l'estructura mental i psicològica dels qui així varen ser educats. Moltes persones segueixen pensant que a la seva vida íntima, en el caràcter i en els continguts específics de la seva resposta sexual, poden trobar-se perversions i elements que introdueixen descompensacions no desitjades; creuen que, si els deixessin sense control, podrien tenir problemes.

He exposat a la part introductòria d'aquest llibre que tota vivència implica emoció, i que el que és viu i vital adquireix tals característiques en la mesura que es fa sentiment i emoció. Això és específicament vàlid en el terreny de la sexualitat. La sexualitat té justament la seva màxima expressió en la capacitat de produir reaccions i emocions. Si no es té aquesta possibilitat, aleshores s'està abortant la pròpia essència de la relació sexual. Quan he descrit el comportament d'en Josep Ma i la Núria, parlava de l'eficàcia de les seves relacions; aquesta eficàcia està directament renyida amb els sentiments i les emocions, amb la llibertat, l'espontaneïtat i la creativitat. La sexualitat pot i ha de ser creativa, imaginativa, personal i variable. I la sexualitat, com molts dels altres comportaments que emet l'ésser humà troba handicaps basats en la força del costum, de la permanència i en actituds mandroses que impideixen desenvolupaments personals diferents.

No sembla lògic que una conducta tan íntimament lligada a la realitat psicològica i emocional de l'individu, al que és més visceral, arribi a estar tan enormement condicionada pel sentit pràctic. Tanmateix, la realitat ens diu que són moltes les parelles que concreten en un mateix dia de la setmana les seves manifestacions d'afecte i sexualitat. La realitat ens diu també que les formes de relació de les parelles adquireixen tons habituals, repetitius, i monòtons, i ens mostra que existeixen una sèrie d'impediments objectius, que la parella coneix, però que, això no obstant, li resulta difícil trencar-los i eliminar-los.

Vegem quins podrien ser els principals enemics del canvi d'actituds a l'àrea de la sexualitat:

En primer lloc, i encara que sembli excessivament tòpic, haurem d'esmentar la televisió. La presència de la televisió, sobretot els vespres després de sopar, sol generar un estat de preensonyament complet, del que resulta difícil sortir-ne per tenir posteriorment una relació sexual creativa i rica. Aquella parella que, després de sopar, s'asseu davant del televisor i deixa que aquest l'ensopeixi, difícilment podrà tenir després l'energia i la imaginació suficients per estimar-se intensament.

Un altre enemic de la qualitat de la relació sexual és la manca d'igualtat de papers entre l'home i la dona. Moltes dones tenen el sentiment de ser les minyones dels seus marits, ja que aquests habitualment no comparteixen les tasques domèstiques: l'home pot estar assegut a la seva butaca, mentre ella encara està acabant d'arreglar la cuina, per posar un exemple. Sentir la distància de papers fa que existeixin petites actituds de revenja i allunyament, la qual cosa fa més difícil l'entrega posterior. No són poques les dones, i també homes, que utilitzen com a represàlies de les petites desavinences de la vida quotidiana la seva activitat sexual: «tu no m'ajudes en aquest camp, doncs ara t'aguantes».

Un element inhibidor de la creativitat sexual és la manca de sentit lúdic en la vida de parella. Estem vivint una vida excessivament trascendentalitzada, els diàlegs interpersonals abasten bàsicament temes conflictius, la comunicació es fa fonamentalment entorn del que l'un i l'altre viuen com a conflictiu. La comunicació dels conflictes més o menys importants d'ambdós membres de la parella suposa un clima tensional i la trascendència poc acord amb la diversió, el joc i l'erotisme. Sovint, pare i mare senten casa seva com el lloc més adient per dicutir els temes relacionats amb els seus fills, amb l'economia domèstica o amb les respectives activitats laborals. Aquesta forma de comunicació afavoreix l'aparició d'un tipus de relació amistosa entre la parella, però difícilment fomenta l'atracció i l'estímul a nivell lúdic i eròtic.

Un problema que gravita sobre la rutina sexual és la manca d'interès per agradar l'altre. Sovint, tant la dona com l'home s'arreglen i utilitzan la seva millor roba per anar a una festa, una reunió social, rebre amics o anar a un esdeveniment poc habitual a la seva esfera laboral, sense tenir en compte que, òbviament i com a motiu principal, on més important és ser atractiu és amb la pròpia parella. La pèrdua de certes normes d'urbanitat i de delicadesa, fins i tot certs abandonaments de la higiene, són motiu d'allunyament de la pràctica de la sexualitat. En alguns casos, malgrat que existeix afecte i amor, es viu la sexualitat amb una certa sensació de desgrat, per no dir de fàstic, per culpa de la despreocupació en aquest terreny. Tot acte d'atracció física, tot acte amorós necessita que els cossos siguin desitjables. Si en la cobertura d'un altre instint com, per exemple, el de l'alimentació sabem que és de notòria importància la presentació d'un menjar, no ho és menys en el terreny de la sexualitat. No vull dir que s'hagi d'estimar l'altra persona pels seus atributs ornamentals, però una presentació atractiva sempre serà un motiu de generació d'estímul, il·lusió i erotització de la relació.

Un altre factor que suposa moltes vegades un important esvoranc en el ritme eròtic de les parelles és la presència dels fills. Alguns pares són incapaços de fer prevaler els drets de la parella, en un intent de no fer minvar gens ni mica els drets de la família. Els fills envaeixen la casa i condicionen la vida de la parella, incidint ja des del seu naixement en la generació de dificultats en la relació sexual. Introdueixen un cansament suplementari als pares que han de cuidar del fill, a més de realitzar la seva pròpia feina; i quan dormen a la mateixa habitació, durant els primers mesos de vida, suposa vigilar de no fer soroll per temor a despertar-lo. La parella es troba davant d'una mena de carrera d'obstacles per a aconseguir no ensopegar amb els fills quan adopten una actitud lúdica.

La situació familiar pot ser estimulant per a la comunicació i la sensació d'afecte, respecte i companyonia entre els seus components, però, en aquest sentiment de companyonia pot diluir-se d'alguna manera la sensació d'atracció sexual en ambdós membres de la parella. En la mesura que sigui possible, la parella ha de tenir els seus propis espais, procurar sortir sola de tant en tant, passar alguns vespres a l'habitació, retirar-se a xerrar una estona sense que això sigui motiu d'interrogants o incomprensions per part dels fills. No és possible, si no es vol veure trencada la força afectiva de la parella, romandre sistemàticament al costat dels fills, perdent possibilitats de riquesa i matisos emocionals fonamentals en si mateixos.

Hem de comptar també amb el descens d'atractiu per acumulació d'estímuls. És obvi que les coses són atractives en la mesura que són novedoses, i que totes les coses que ens resulten molt conegudes perden interès. Tanmateix, amb una mica d'esforç, i sempre que els sentiments segueixin tenint un cert nivell de positivitat, un ésser humà, un cos, té possibilitats de presentar molts matisos diferents de l'altre. De no fer un esforç es pot entrar un cercle viciós: si no s'ofereixen noves perspectives, horitzons i formes d'entendre i fer l'acte amorós, es cau en la rutina; aquesta rutina, alhora, provoca una manca d'estímul per trencar-la. Quant més rutinària és una relació, menys capacitat té l'individu per sortir de la pròpia rutina.

Existeix també una permanent sensació de derrota respecte d'aquest tema. Els qui tenen un problema sexual concret, una disfunció o una inadequació en les demandes, solen caure en la sensació que és un problema completament irresoluble. Aquest estat de derrota prèvia suposa òbviament la manera més fàcil d'acceptar la dificultat de modificar-la. L'objectiu pel que hom deixa de lluitar mai no serà motiu d'un èxit personal.

Moltes persones, massa, estan insatisfetes de la seva vida sexual, però han dimitit de l'intent de solucionar-la. Són individus per als qui la vida sexual suposa una assignatura pendent tan inassolible, que ja no val la pena lluitar per resoldre-la: «La meva dona no té solució», «El meu marit mai no canviarà», «La meva dona és freda», «El meu marit sempre va a la seva, és incapaç de ser un home tendre i pensar en mi», etc. Existeix una sèrie de crítiques habituals, però moltes vegades resulta que l'individu que les formula és precisament el màxim responsable o, al menys, té també la seva part important de responsabilitat en el comportament criticat en l'altre. Quan un home es queixa de la manca de disponibilitat o d'iniciativa de la seva muller, faria bé en revisar quin és el seu comportament en el transcurs de la relació sexual: quines frustracions ha rebut la seva muller, o si, quan ella ha estat disposada, ell no ha sabut estimular-la i gratificar-la adequadament. Quan una dona es queixa que el seu marit sempre pensa en ell mateix, que va a la seva, que ella el que voldria és tenir una mica més de preàmbuls, de tendresa, i que se la tingués més en compte, també hauria de revisar la seva capacitat d'oferir tendresa. Correspon aquesta a la que és pròpia d'una parella o està fent una projecció maternal sobre el seu marit? Si realment sent aquesta tendresa envers ell, estaria disposada a acceptar-la si se li oferís?

Sovint, fins i tot funcionant bé la relació, es tenen assumides diferències per les quals una parella no està disposada a buscar cap solució, a fi d'evitar d'altres conflictes. D'aquesta manera, la parella situa la seva cota de felicitat molt per sota de la que realment podria assolir. Una actitud de claudicació i dimissió en la recerca de solucions eternitza els problemes i els converteix en irresolubles.

Aquestes actituds posen també en evidència la tendència que tenim els humans a veure els defectes en els altres, i la dificultat que suposa la recerca de les nostres pròpies limitacions. L'acte sexual, per naturalesa, és un acte dual, en el que dos no són un, sinó que, en la mesura que cada un és un mateix, s'aconsegueix ser una mateixa cosa durant una estona. Si cadascú aplica a ell mateix els criteris de jutjament que aplica a l'altre i revisa el seu propi comportament, possiblement serà menys crític amb el company.

Existeixen estímuls de l'atractiu sexual. Analitzar fredament el cos de la parella i arribar a la conclusió que ja no resulta tan desitjable és relativament fàcil, sobretot si el que es pretén és trobar una justificació per l'abandonament o la deixadesa. Però, si ben al contrari, el que es desitja es trobar l'aspecte positiu que estimuli, aquell mateix cos resultarà atractiu malgrat tenir els mateixos grams de grassa mal distribuïts, els defectes d'abans i els recentment adquirits. El grau d'atracció de cada cos està en funció dels ulls amb què es sigui capaç de mirar-lo. No poques vegades, individus que pretenen justificar un trencament degut al deteriorament físic de la seva parella han refet la seva vida amb una altra persona que, objectivament, no té més atractiu que la primera. La qüestió radica en la tendència al cansament del que es té ja molt vist, sobretot quan no s'està estimulant una resposta positiva d'interès per l'altre.

Una educació que ha volgut tractar el sexe com a un esdeveniment fútil, únicament reservat a la procreació, o com una cosa bruta i pecaminosa, més aviat motiu de conflictes que d'alegries, deixa les seves petjades repressives. Això explica, en part, la sensació que no val la pena fer esforços per millorar aquesta qüesció. El sexe és ben rebut si és gratuït i es presenta sense més, però hi ha una certa tendència a no admetre la necessitat de fer algun tipus d'esforç. Però, en canvi, surgeix la lamentació respecte que l'altre no s'esforça perquè la relació no sigui tan pobre i poc estimulant.

Finalment ens podríem preguntar: és possible una sexualitat estable i gratificant en una mateixa parella?, és possible la creativitat més o menys constant en una estabilitat emocional?, no tendeix més l'ésser humà a les relacions heterogènies?, no li resulta més fàcil mantenir l'estímul sexual amb vàries parelles, una darrera l'altra o simultàniament, en comptes de sempre amb la mateixa? Certament la variació de companys en la relació sexual resulta per ella mateixa més estimulant, però també pot trobar-se la força necessària per canalitzar energies i trobar creativitats dintre de la parella estable. En tota relació és lògic que es passin èpoques de certa davallada, de rutina i manca d'estímul, i d'altres de renovada il·lusió davant de nous horitzons. La parella que manté il·lusionades les seves relacions, que no deixa en cap moment passar a ser més amics que amants, que no permet que el seu paper de pares anul·li el paper d'home i dona, que no deixa que els esdeveniments de l'organització de la vida domèstica la privin dels seus jocs i l'activitat lúdica, podrà tenir temporades en les que la qualitat de la relació tingui menys atractiu o passió, però periòdicament trobarà la manera de trencar les successives rutines en les que anirà caient.

Quan hi ha veritable interès en potenciar la vida de parella, el resultat final demostra que la vida sexual no està limitada a uns actes monòtons, aburrits i rutinaris, sinó que està oberta a diferents possibilitats, emocions i sensacions, i, sobretot, que cap dia ha de ser igual a l'anterior. Això és factible perquè el comportament sexual és la cristal·lització d'una activitat humana en la que la llibertat és possible en grau màxim, i la seva limitació només està construïda sobre la base de tabús, vergonyes i pors: tabús respecte d'un mateix, vergonya respecte dels éssers estimats, pors a trencar seguretats i al descontrol, a no ser capaç de trobar en la relació sexual l'element vital que té el sentiment envers la persona amb qui es conviu. Alhora, i en la mesura que ha estat renovat amb la força del que és atractiu i passional, aquest sentiment anirà tenint també diversos graus d'influència en l'activitat psíquica de la persona i es renovarà amb més passió i intensitat.

Existeix la creença que, a la vida de parella, el sentiment afectiu té tendència a ser lineal i decreixent , a causa de la seva monotonia. Possiblement, la manera de mantenir-lo més estimulat, més ferotgement enemistat amb la rutina, sigui justament a través de la pèrdua de la por a la pròpia vida sexual, als impulsos i desitjos, i a la creativitat que cadascú porta en el seu jo, en la seva capacitat de respondre, actuar, imaginar, i portar-la a la pràctica. En aquest terreny, la imaginació sol anar molt més avançada que els actes. Aquesta situació de confiança mútua pot permetre que els actes s'assemblin en intensitat i creativitat a la imaginació.

La pèrdua de la por en tot el que està relacionat amb la sexualitat possiblement suposa el primer pas per a la pèrdua de la por a la llibertat íntima i individual. La sensació que tot està previst, que la vida està tan programada que difícilment podem evitar la llei de la monotonia, es podrà vèncer a través de la superació de la tendència a actuar de forma repetida i monòtona en el terreny de la sexualitat.

POR A LA SOLEDAT

En Jordi és un jove estudiant d'arquitectura que està obtenint bons resultats en una carrera amb un nivell d'exigència molt alt, que no ha hagut de repetir cap curs i només algun estiu ha hagut de dedicar-se intensament a estudiar. En Jordi té xicota, la Maria, una noia alegre, dinàmica, també bona estudiant de filologia anglesa. Ambdós pertanyen a la mateixa classe social; els seus pares els han proporcionat una educació i una cultura molt similars. Ambdues famílies veuen amb bons ulls aquesta relació. Es coneixen des de fa una mica més d'un any i en el transcurs d'aquest temps han tingut oportunitat d'aprofundir, saber com pensen i com són. En Jordi se sentia i se sent profundament enamorat de la Maria i, a més, té la certesa absoluta que ella el correspon.

La Maria és fonamentalment una noia vitalista, extrovertida, el tipus de persona que ho troba tot favorable i positiu. En Jordi és una mica més reconcentrat en les seves coses i analític, li agrada valorar els avantatges i els inconvenients, i és una mica més reservat i introvertit. Però ella accepta bé aquesta forma de ser i al Jordi li agrada que la seva xicota sigui extrovertida i alegre. S'avenen fonamentalment en els gustos, ja que a ambdós els agrada el mar a l'estiu i la muntanya a l'hivern. Mentre que, en alguns moments, en Jordi perferiria no estar tan actiu i adoptar costums i diversions més tranquil·les, la Maria necessita l'activitat i la diversió per sentir-se feliç: però cadascú sap cedir en els moments en què sembla haver desacord. S'han acostumat a ser promesos i a la pràctica s'ha produït un cert allunyament de les seves amistats habituals. Viuen l'un per l'altre i ambdós per estudiar. Es veuen sempre que els estudis ho permeten i, si tenen relacions amb amics, ho fan com a parella. Surten amb altres parelles per divetir-se, xerrar una estona o practicar els seus esport favorits.

Fa uns mesos que en Jordi està preocupat: sospita, i no sap perquè, que la seva relació amb la Maria no l'acaba de fer feliç. Pensa que la Maria no pot ser una dona més extraordinària del que és, però té un estrany pressentiment, una sensació de por; potser l'espanta que siguin massa diferents, potser ha notat que ha de fer un gran esforç per seguir el que fa ella, i el resultat final no és tot el desitjable que voldria. En Jordi porta una temporada que, en silenci, pensa que el millor seria trencar aquesta relació. No està sol, té pares, germans i companys d'estudis, i encara que ha perdut el contacte amb gran part dels seus amics, sap que podria retrobar-los fàcilment. Però pensa que no sabria viure sense la Maria.

La Maria no s'ha plantejat aquests temes i està convençuda que, quan els dos acabin la carrera, es casaran i tindran fills; pràcticament no se li ha ocorregut cap altra possibilitat. En Jordi pensa que no és capaç de donar-li un disgust a la seva xicota: ella no mereix ni tan sols saber que ell té un petit dubte. Tanmateix, va creixent en ell la sensació que aquesta és una mala història d'amor; no sap perquè, però podria trobar vàries raons si s'ho proposés, donat que és un home molt analític. A vegades té la sensació que no ha trobat el tipus de persona que realment volia i creia necessitar. En Jordi s'ha adormit vàries nits, després de donar-li moltes voltes al cap, havent pres la decisió de trencar el dia següent amb la Maria. Això no obstant, la sensació de buit que pensa que tindrà un cop ho hagi fet, el priva de donar el pas. Creu que no serà capaç de tornar-se a sentir sol, com estava abans de tenir xicota. S'ha acostumat a les trucades d'ella, a tenir solucionats els caps de setmana sortint junts, a la seva alegria, al seu cos i al seu dinamisme. En Jordi té por a la soledat, i per aquest motiu es casarà amb la Maria i probablement seran feliços. Encara que en alguna ocasió li passi pel cap que en un altre temps hagués hagut de trencar la relació, sabrà que si no ho va fer va ser per por a la soledat.

Possiblement el lector pensarà que aquest és un exemple poc representatiu per tractar de la por a la soledat. He de confessar que al damunt de la meva taula de treball hi havien molts exemples més o menys crus i dramàtics, tots ells reals, de comportaments lligats a la por a la soledat. Quants trencaments matrimonials no es produeixen a causa d'haver sucumbit a aquesta por anys enrera. Quantes veritats no diu una mare al seu fill per por que aquest deixi de visitar-la i quedar-se sola. Quantes amistats es conserven a base de falsejar una mica la relacció per por a la soledat. Quants homes i dones separats accepten qualsevol tipus d'invitació per tal de superar la insuportable soledat del dissabte per la nit, quan no tenen ningú amb qui sortir. Quanta hipocresia es dóna en tot tipus de relacions per no acabar immers en situacions de soledat. I no diguem la por a la soledat de qui realment està sol i sospira per tenir companyia.

He optat per en Jordi i la Maria perque crec que és un exemple que ajuda a desdramatitzar la soledat, i a més, la seva por pot relacionar-se amb una situació de llibertat. Hi ha pors a la soledat que obliguen a comportaments que serien molt difícils d'analitzar des d'aquesta perspectiva, ja que resulten tan comprensibles i reals que no servirien per ajudar a vèncer-los. Trobem persones que viuen immerses en una situació de soledat dramàtica, bé perque han estat abandonades per les seves parelles, pels seus fills o pels seus pares, o bé perque tenen una edat en la qual la soledat es viu com un d'aquests elements que condicionen definitivament la qualitat de vida i la realitat psicològica. Aquest és el cas de les persones grans que amb o sense la família, se senten, perquè ho estan, totalment soles, sense possibilitats de comunicar-se; la seva por a la soledat és la por a una realitat aclaparadora davant la qual no es té cap mena de recurs per superar-la.

No hi ha una por a la soledat que condueix a la recerca d'alternatives, sinó simplement hi ha terror a una realitat de la qual és impossible escapar. La soledat és creativa i possibilita la trobada personal amb un mateix en la mesura que és acceptable i lliure. Però quan és imposada per circumstàncies externes, com absències, trencaments, abandonaments, morts o desamor, constitueix un element alternador de la capacitat per encarar la realitat amb el mínim de necessitats vitals cobertes.

Defensava en «Por al silenci» que, en la majoria de les circumstàncies, l'ésser humà té la força interna suficient per superar la trobada amb un mateix i amb la soledat. Però aquesta afirmació pot tenir un caràcter tan proper a la demagògia quan més dramàtica sigui la situació de la soledat en que viu l'ésser humà. Existeixen situacions en les quals la soledat és raonablement insuportable. Si bé hem de procurar assumir i acceptar la soledat, es compren que aquesta obstinació és més difícil com més debilitades estan les opcions lliures i més reduïda està la capacitat d'elecció.

No es tracta, doncs, d'una elecció fortuïta la que he realitzat al posar com exemple aquesta parella aparentment feliç i en la qual una por subtil, una petita por a la soledat va condicionar una decisió vital, si bé en aquest cas és possible que no arribi a ser desafortunada. Aquesta història mostra com la por a la soledat pot fer prendre decisions que estan en clara contradicció amb el sentiment intern de l'individu.

La sensació de soledat està directament relacionada amb el caràcter afectiu que té la relació entre els éssers humans. En tota relació apareixen diversos tipus de sentiments: l'afecte, que sovint s'acompanya de dependència: el desig i la passió, variables segons les circumstàncies personals i ambientals, i el desamor, en el qual se sumen múltiples vectors d'intensitat variable i que produeixen una sensació de necessitat a l'apropament i d'enyorança a l'allunyament. En Jordi sembla que estima la seva xicota, i, tanmateix, en un excés d'anàlisi, troba motius per desitjar l'allunyament: sempre existeixen ambivalències i sentiments contradictoris que obliguen a efectuar opcions.

Un dels perills més grans de la por a la soledat és la tendència a produir sentiments poc autèntics amb la finalitat de pal·liarla. Qui s'inventa, en el més literal dels sentits, un sentiment, creu en ell, l'alimenta i el fomenta, perque representa la porta de fugida d'una situació insuportable de soledat. Sovint, es produeix una sèrie de fracassos sentimentals en cadena, justament per l'obstinació en fugir de la soledat i intentar establir una relació afectiva al preu que sigui amb la primera persona que aparenta ser una companyia. Aquest tipus de comportament produeix un encadenament de situacionns de tensió, desengany, pèrdua de l'autoestima, i, en definitiva, la sensació de ser un individu condemnat al fracàs. Això no és objectivament d'aquesta manera, sinó que és la pròpia persona la que es posa en situació de fracassar, en la mesura que es planteja objectius impossibles basats en sentiments irreals, encara que s'obstini en creure que no ho són.

Deia que la soledat en si mateixa pot constituir una font de descobriment i trobada personal, però també admetia que la soledat pot ser una de les més grans fonts de recança de l'ésser humà. Un cert nivell de capacitat per a la soledat pot ser imprescindible fins i tot per estimar. Qui no està disposat a estar sol, qui considera que no és capaç de suportar la soledat, no serà mai capaç d'establir una relació lliure amb un altre ésser humà. De la por a la soledat sorgeixen sempre relacions de dependència. Si per a un ésser humà el pitjor que li pot passar és quedar-se sol, es relacionarà sempre amb els altres en condicions de precarietat i d'inferioritat, es deixarà dominar per l'altre, i tot per no ser abandonat. Gran quantitat d'actituds, que estan vora el que podríem anomenar «el xantatge afectiu» es basen justament en la certesa que pot tenir una persona de la necessitat que té l'altre d'ella. Quan algú assumeix que és completament imprescindible per a un altre, es converteix en el seu amo absolut. Veiem, doncs, com la capacitat per encarar la soledat constitueix una condició indispensable per a l'afectivitat. Ser capaç de dir «adéu» és imprescindible per donar sentit al «aquí em quedo».

La por d'en Jordi estava envoltada d'elements de por social: els pares de la Maria, els seus propis pares, els amics, els companys d'estudis, fins i tot els projectes o alguna inversió realitzada pensant en un futur casament, el tenien atrapat en aquesta relació. Poc a poc, quan dues persones van cremant etapes, estableixen punts de referència que van assegurant la seva continuïtat. En el cas d'aquesta jove parella, feliç en el present i possiblement en el futur, tot això sembla lògic: tota situació afectiva gratificant tendeix a generar en els seus components desitjos de permanència. Encara que apareixin dubtes com els que té en Jordi, és lògic pensar que la força dels sentiments centrípets serà superior a la dels centrífugs. Finalment, s'opta per continuar la relació; si a més es troba el grau d'independència adequat, és molt possible que no s'arribi a produir un penediment.

En les parelles que estan plantejant-se una possible separació, en la seva decisió incideix el problema dels fills, la pèrdua de bens materials, el repartiment de les pertinences, la pressió social del què diran els familiars, els companys de feina, etc. Aquests són punts de refugi utilitzats per l'individu per no haver de reconèixer implícitament que no dóna aquest pas per por a quedar-se sol.

És possible sentir-se viu estant sol? Únicament podem considerar la soledat com a un element positiu i de vitalitat quan reuneix aquestes dues condicions: que sigui lliure i transitori, encara que sigui repetible. Serà lliure en la mesura que s'hagi pogut optar per la soledat, sinó d'una manera directa, sí al menys de manera indirecta. Vull dir amb això que s'hagi fet l'opció de la soledat, s'hagi acceptat realitzar un determinat tipus d'acte o prendre una decisió que indirectament implica el quedar-se sol. Si la soledat ve imposada per les circumstàncies i no és possible assumir-la amb llibertat, aleshores serà viscuda inevitablement com a un càstig o recança i serà difícil donar-li valors positius. També serà així si la soledat no és com un graó per accedir després a noves companyies o tornar a la companyia anterior. A vegades es presenta una por a soledats concretes i molt transitòries, en comparació a d'altres molt més profundes i dramàtiques. Per exemple, fills que temen quedar-se un dia sols a casa, components d'una parella als qui no agrada estar sols quan l'altre està de viatge o de vacances. Aquests serien alguns exemples de soledats que poden ser útils per a la creativitat i per tornar a estar amb els altres més enriquit. En la soledat poden trobar-se elements alimentadors de la creativitat i del descobriment del silenci personal per tornar als altres més ric, més individualitzat, menys dissolt en la col·lectivitat.

Sovint, les situacions de soledat són tan escasses en la vida de l'individu que pràcticament no les coneix. Desconeix la sensació de desemparament que produeix la soledat, el fet d'estar sol sense possibilitat d'evitar-ho i, en conseqüència, desconeix també la seva manera de reaccionar enfront d'ella. En aquestes condicions, el seu comportament respecte de les relacions estarà esbiaixat en la mesura que visqui dissolt en un conjunt social. No estarà sol ni assumirà la seva pròpia identitat més que com a col·lectivitat en el treball, o sent un més de la família o entre els seus amics; té poques possibilitats de reconèixer-se a ell mateix com a un jo individual. Quan lliurement té l'oportunitat de prendre una opció temporal i passatgera de soledat, el subjecte pot beneficiar-se de la pròpia trobada en descobrir ell mateix riqueses, matisos i estructures personals que, d'altra manera, no li hauria estat possible detectar. Per exemple, la soledat vessada en una parella és sempre alimentadora d'entusiasme en la relació; freqüentment resultarà subministradora d'elements efectius i enriquidora en el terreny amorós. Després d'una curta o llarga separació, la trobada sol ser molt més fructifera i rica que sí es continua en la repetida rutina quotidiana. Resulta lògic tenir respecte i por a la soledat segons quines circumstàncies, però no és adequat romandre atemoridament allunyat d'ella en moltes altres ocasions.

Potser en Jordi, el protagonista de la nostra història, s'hauria adonat de la importància de la seva parella i de quan equivocat estava en el seu plantejament si hagués estat capaç de portar a la pràctica el seu desig: trencar la relació durant uns dies i haver tingut l'oportunitat de sentir en la seva resposta emocional la importància de la Maria. La insuportable absència de la persona estimada es capta en la soledat, i la seva intensitat delimita clarament la força dels sentiments. Evidentment, donar aquest pas hagués suposat generar un cert nivell de conflictivitat, però s'ha de tenir en compte que els conflictes són inherents a la vida humana, i evitar-los sistemàticament, com veurem en el seu moment, només serveix per amagar-se i autoenganyar-se.

D'haver estat capaç de ser sincer amb els seus sentiments i haver-los exposat, s'hagués produït un cert trencament i una certa convulsió: la Maria hauria patit, però al mateix temps hauria alleugerit per sempre els seus dubtes. Potser aquesta mesura li hauria permès la possibilitat d'encarar la seva vida afectiva amb unes conviccions més fermes, i li hauria conferit el desig d'esforçar-se per aconseguir l'estabilitat. Tanmateix, per haver tingut por a provocar la crisi i estar sols uns dies, possiblement l'ombra del dubte reapareixerà de tant en tant possibilitant desànims, inseguretats i crisis a la parella. Enfront de dificultats o situacions de tensió inevitables podrà reaparèixer l'ombra del desig d'escapar; tornarà a aparèixer el record de les nits negres, en les quals havia estat pensant que el millor camí podia ser el trencament, i tindria sempre la sensació d'haver deixat una assignatura pendent: no haver estat capaç de ser fidel al que pensava i sentia.

Hi ha molts exemples de la vida quotidiana en els quals es fa palés el dramatisme de la soledat. No podem deixar de tractar en aquest capítol la responsabilitat col·lectiva i individual que tots nosaltres tenim respecte de les persones que estan soles. Sempre és possible acompanyar i proporcionar afecte a qui ho necessita. Una dona vidua pot estar vivint sola pel seu propi desig i voluntat; mentre, els seus fills espaien les seves visites i contactes perquè veuen que està sana i en bones condicions físiques i perquè creuen que no els necessita. A aquesta dona, que en principi desitja estar sola, si els seus fills se'n desentenen massa, la soledat se li pot arribar a fer insuportable. Fins i tot en el cas que tingui amistats, i faci sortides i excursions, necessita també la companyia dels seus fills; i si ella no és persona que tingui fàcil accès a les relacions socials, encara li serà més important. En qualsevol cas, es tracta de responsabilitat en l'exercici de la companyia o l'atenció, de saber que no és possible estar tranquil·lament instal·lat en la teva pròpia casa, sabent que una persona més o menys estimada pot estar patint una malaltia que s'anomena soledat, i l'única medicina de la qual ets tu mateix.

La soledat, component d'un estat d'ànim semblant a la depressió, ja rep tractament mèdic com a tal en alguns països, però no pot ser sistemàticament alleugerida només amb medicació, encara que la medicina i la psiquiatria arribessin al consens científic que s'ha de fer així. Tot el qui tingui una certa possibilitat d'alleugerir la soledat d'una persona estimada, té una immensa responsabilitat personal en el compliment d'aquest deure. Enfront d'aquest sovint sentim una certa por, perquè escometre'l ens donarà un cert grau de responsabilitat en la mesura que s'estableixi un costum que després derivi en un compromís. La dita popular castellana (ojos que no ven corazón que no siente) sembla dictar algunes actituds en persones que prefereixen no sotmetre la seva consciència a impactes que poguessin produir males consciències, i, per això, comportaments més compromesos amb els altres. Si no t'adones de la soledat, del patiment, la tensió o la necessitat que té una persona de tu, vius més tranquil i sense necessitat d'atendre-la.

Normalment, davant la possibilitat de fer companyia, existeix l'oportunitat d'una correspondència afectiva de qui és acompanyat. La resposta personal produeix un enriquiment no només en la relació, sinó també en la persona que proporciona la companyia. En l'exercici i compliment d'aquest deure es poden veure reflexats elements emocionals i sentimentals de la pròpia realitat personal i, per tant, pot resultar enriquidor. Quedar-se un diumenge a la tarde assegut en un sofà, avorrit pel tedi i sense cap altre horitzó que veure passar les hores, té per si mateix característiques molt més empobridores que la visita a un familiar que se sent sol. Desensonyar-se una mica pot alleugerir qui pateix la soledat, però a més no només beneficiarà la persona solitària, sinó també l'individu que decideix acompanyar-la: canviarà unes hores d'avorriment i descontentament per la satisfacció d'haver fet quelcom pels altres, i enriquirà al mateix temps la seva pròpia experiència.

El contacte interpersonal és sempre enriquidor, si bé algunes persones, com hem vist en altres capítols, senten por a la vida com a producte de la por al contacte i a la relació amb els altres. Aquesta por consisteix justament en el fet contrari, en l'antagonisme a la por a la soledat: a la paraula, a la comunicació, a la sinceritat, a obrir-se a l'amistat i a l'amor. La persona que té por a estimar desitjaria estar sola, igual que qui té por a la soledat desitja estimar. Sol passar que la persona té por que les coses que preveu li seran més negatives, però, en l'un i l'altre cas, l'eix és el mateix: qui està sol, qui té por a la soledat, sospira per estimar, però és possible que, si no ha estat capaç de superar la soledat, li serà difícil superar els conflictes, tensions i problemes que suposa estimar. Estar sol o en companyia suposa un compromís, en el primer cas, amb un mateix, i en el segon cas, amb un mateix i amb la persona que s'estima. Qui evita el compromís de l'amistat, evita viure; perquè viure implica sempre un compromís, una tensió que priva de baixar la guàrdia i obliga a romandre amb l'impuls ferm i la voluntat tensa. *Viure és acceptar-se un mateix —si s'està sol—, i els altres —si s'està en companyia—: una vida plena es constitueix entorn d'aquestes dues realitats adequadament entremesclades.*

Segons els moments i les circumstàncies existeix la necessitat de fugir de la soledat, perquè pot no ser gens grata per si mateixa. L'ésser humà fuig moltes vegades sense plantejar-se si ha de fugir, i si, en la fugida, trobarà realment la solució a l'angoixa que aquesta li produeix. Persones que estan soles pensen que les seves dificultats són degudes exclusivament a aquest fet. En conseqüència, es dediquen a cercar companyia i, quan la troben, s'adonen que continuen els seus problemes de relació, d'afectivitat, d'estabilitat i de trobada amb un mateix.

Crec que és oportú diferenciar dues actituds respecte de la por a la soledat: la por a l'absència temporal i la por a l'absència d'afectivitat o de llaços afectius, o sigui, la soledat en el sentit emocional. La por a estar sol, encara que sigui per breus espais de temps o en determinats llocs o circumstàncies, pot ser una por similar a la fòbica, si és molt intensa, o a la por al silenci, quan és aquesta por a la soledat que suposa la trobada amb un mateix. En aquesta obra dedico moltes pàgines a analitzar el motiu pel qual l'individu fuig d'ell mateix; com cerca sempre elements que omplin la seva soledat per disminuir els seus efectes. Aquesta recerca l'impossibilita d'escoltar el seu silenci i, en conseqüència, de trobar-se a si mateix. És la por a la soledat de la trobada, a la soledat d'un mateix, a l interiorització de les pròpies actituds.

Hi ha una altra por: la por a la trobada en soledat amb l'altra persona. No és gaire freqüent, però hi ha pares que tenen por a estar sols amb els seus fills; la situació d'intimitat els provoca una reacció d'interpel·lació, senten que han de donar una mena de «do de pit» i parlar de veritat: se senten sols davant del perill. Una situació que podria ser d'una gran riquesa de matisos personals es converteix en aversiva, incòmoda i pràcticament no desitjable. També existeixen parelles que no saben estar a soles, que no troben la manera de divertir-se sense estar acompanyades; per aquest motiu, totes les seves activitats lúdiques de cap de setmana o vacances han de ser realitzades inevitablement amb amics o familiars. Si estan a soles tenen la sensació que s'ha d'avorrir i, en el fons, la possibilitat de descobrir que no hi ha la força d'atracció mútua que hi va haver en un altre temps. Han perdut la capacitat de «passar-ho bé» estant sols.

Queda finalment la por a la soledat que és inevitable i no es veu la manera de sortir-ne, quan les perspectives de relació són inexistents i s'endevina un futur ple de dificultats per trobar companyia. Existeixen persones que s'autosituen a la vora de l'abisme i pensen que, en prendre determinades decisions, la seva vida va ser condemnada a una soledat inevitable; per exemple, la persona que, en separar-se, creu que ja no tindrà possibilitat d'establir una nova relació. Sovint aquestes soledats també estan organitzades entorn d'actituds pusil·lànimes que eviten la relació. Existeixen soledats que són fruit de caràcters excessivament selectius, que no admeten que entrin en el terreny de la seva intimitat persones que no els agraden prou. Òbviament, això suposa una actitud molt restrictiva amb les possibilitats de relació. Existeixen separats, vidus, persones que estan soles en la mesura que es rebutgen moltes possibilitats de relació.

A l'altre extrem trobem moltes persones la por de les quals a la soledat és tan forta i tan precària la seva situació psicològica, que accepten qualsevol tipus de companyies. Podria haver explicat aquí la història commovedora d'una dona, encara jove, que va veure trencat el seu matrimoni a causa d'un conflicte relativament freqüent en el seu medi social: el seu marit va anar-se'n a viure amb una de les seves amigues. Va passar un període depressiu considerable, però, a poc a poc, va anar remuntant-se i trobant-se a ella mateixa; va refer la seva vida a nivell laboral i va assumir amb coratge l'educació dels seus fills. Es va adonar que tenia molts anys per davant en el terreny afectiu i es va plantejar no tan la recerca d'una parella com la possibilitat de tenir una relació amb algun home que li donés la possibilitat d'establir una nova vida de parella. Ben aviat es va desenganyar, ja que es va trobar que les relacions que li oferien estaven descaradament dirigides a obtenir només beneficis sexuals, i completament desproveïdes de qualitat afectiva.

En aquesta situació la dona entra en aquest joc maquiavèl·lic de no poder suportar la soledat i, en conseqüència, acceptar la companyia d'una persona que no desitjava. El preu d'estar acompanyat sol ser una relació que deixa buit, fins i tot fastiguejat, la qual cosa incrementa més la sensació de fàstic que la persona sent envers la seva pròpia soledat; augmenta la seva autocompassió i la necessitat de fugir de la soledat, la qual cosa el fa caure novament en el mateix error. El subjecte va assumint aquest paper i acaba sentint-se com una prostituta que compra unes hores de companyia a canvi del seu sexe. En aquests contexts, la soledat pot tenir característiques específiques en relació als dies de la setmana i a situacions concretes. Una dona o un home separats poden suportar més o menys bé la soledat durant els dies laborals, a la sortida de la feina, però els resulta especialment dur el cap de setmana, sobretot aquells que no tenen fills, així com les vacances d'estiu o les festes nadalenques. És justament en aquestes dates quan es vol cercar sigui com sigui una companyia que, en la mesura que sorgeix la fugida de la soledat, no sol donar els resultats desitjats.

Arribar a aquesta situació suposa una manca de capacitat per actuar lliurement enfront de la soledat i enfront dels desitjos sexuals que adquireixen una dimensió aliena a la seva pròpia naturalesa. Quan una persona no se sent a gust amb la companyia que té en aquell moment, ha de perdre la por a les conseqüències que suposa exercir lliurement la llibertat de rebutjar-la; tal vegada no vulgui tornar a sortir amb ella, però això mai no justifica que es doblegui a comportaments que no sorgeixen d'un desig personal. Si la relació no és satisfactòria, per què repetir-la? És precís perdre la por a ser autèntic i fer el que realment es desitja. Aquest darrer exemple delimita molt bé el que un ésser humà és capaç de fer en una situació d'aclarament, per tal d'obtenir unes petites porcions de companyia.

La soledat, que sorgeix de molt diverses i a vegades complexes causes, necessita una anàlisi individual i un coneixement de les circumstàncies que l'han causada. Moltes vegades, la soledat és una circumstància temporal, però, d'altres vegades, és una situació concreta i estable, la solució de la qual no és gens fàcil. La fugida, és a dir, la recerca momentània de companyia, pot ser una solució per a un moment concret, però difícilment ho serà per al problema en el seu conjunt. Probablement no hi ha cap altra alternativa que ser capaç, en un primer estadi, d'acceptar-la com a tal i desenvolupar la vida amb independència. Aquesta actitud, justament, serveix per situar-se amb un grau suficient com per poder encarar després les possibles relacions interpersonals que sorgeixin sent independent. Aquest serà el primer pas per obrir les portes a trobades que aminorin la soledat i per establir relacions amb altres persones. Estar sol, ser un individu condemnat a tenir un nivell de soledat important, implica acceptar aquesta condició; serà possible posteriorment relacionar-se amb qui es tingui l'oportunitat de compartir alguns aspectes de la vida.

El pitjor enemic del solitari és ell mateix, la seva incapacitat per fer-se companyia, la seva dificultat per omplir els forats que deixa l'absència d'altres persones estimades. La soledat fa paleses, amb una gran contundència, les limitacions personals de cadascú; limitacions que, en la mesura que són descobertes o induïdes per la persona que queda sola, es tradueixen en por a la soledat. Però, això també ha de possibilitar, alhora, actuar per corregir aquests impediments, per ser un mateix amb independència d'amb qui s'està.

Existeix també certa classe de subjectes que guarneixen la seva soledat de petits esdeveniments que suavitzen les seves arestes. Obviament és lícit que una persona que està sola es beneficiï d'un bon llibre, una pel·lícula, un programa de ràdio o de música; però si es planteja sistemàticament la vida fugint a través d'aquests mitjans, acabarà per dependre fortament d'ells. Això significa que, d'una banda, mai no li pot mancar alguna cosa per sentir-se bé, i de l'altra, que tampoc no es permetrà la riquesa de trobada amb un mateix. Aquesta trobada implica assumir una realitat i encarar-la des de la perspectiva del creixement d'un mateix, per sentir de forma autèntica i sense cap altre obstacle que les limitacions pròpies de l'ésser humà.

El solitari té, en ell mateix, la possibilitat d'integrar-se a la col·lectivitat. Algunes persones, amb una manca afectiva deguda a que en aquell moment de la seva vida no hi ha qui sigui capaç d'omplir aquest forat, poden ser capaces d'integrar-se en la col·lectivitat i participar del fet col·lectiu. Tot ésser humà té un sentiment, més o menys desenvolupat, de solidaritat respecte dels altres, bé sigui a través de la pertinença a una col·lectivitat o simplement per ser ciutadà del món. Per desenvolupar aquesta capacitat humana i tenir un contacte amb el que esdevé en el món, és suficient un informatiu de la televisió o d'un diari.

Aquesta informació permet l'individu barrejar la seva identitat amb la del col·lectiu, a l'interior del qual està desenvolupant la seva vida, i tenir les portes obertes per a la compensació d'aquest element difícilment superable com és la soledat.

Els estats de soledat poden produir respostes depressives que instauren un cercle viciós. L'individu que, a través de la soledat cau en els abismes de la repressió, perdrà la capacitat de gaudir o treure conclusions positives de la seva soledat, i també beneficiar-se amb la possibilitat de la trobada amb ell mateix; també perdrà la facultat d'augmentar la seva capacitat de relació amb els altres. De fet, quan l'individu queda atrapat per aquest sentiment, pràcticament no li queda més remei que el tractament psiquiàtric. Encara que pugui comprendre que la solució per sortir d'aquests problemes parteix d'acceptar la soledat i referse a través de la connexió a diferents nivells amb la gent, no és capaç de fer-ho per ell mateix.

Sovint, la depressió que té les seves arrels en la soledat deixa l'individu sense les forces necessàries per començar la lluita per superar les circumstàncies que la van provocar. En ocasions, és imprescindible trencar aquest cercle viciós d'una manera terapèutica. És necessari que qui vulgui alleugerir la soledat d'alguna persona en aquest estat tingui present aquesta circumstància en el seu intent d'aproximació. Sovint, la persona que vol ajudar donant companyia es troba que no és acceptada: el malalt està de pitjor humor quan la veu. En aquest cas, és necessari conscienciar la persona solitària de la seva realitat psicopatològica perquè cerqui ajuda especialitzada.

POR A LA PÈRDUA DELS RECORDS

Alguns esdeveniments tenen tant impacte a les nostres vides i, ens sembla tant important no perdre el seu record, que ancorem la nostra memòria en ells, i fins i tot el nostre estat d'ànim, i a partir d'aquest moment fem veritables esforços perquè no perdin la seva trascendència al nostre pensament. En el cas que ens ocupa existeix un dramatisme especial, però hi ha moltes altres situacions més anecdòtiques, en les quals l'individu s'instal·la en el passat, en una època que considera daurada, i obstaculitza tota possibilitat de viure les emocions que li proporciona el present. Tal com anirem veient, instal·lar-se en el passat suposa una incapacitat per viure el present.

En Jaume i la Pilar van tenir la desgràcia de perdre el seu segon fill, de 16 anys, en un tràgic accident. Aquest fill era especialment estimat per ser l'únic noi entre les dues noies. Era, a més a més, una d'aquelles persones que omplen un espai important a la vida de casa, donada la seva capacitat per estimar, comunicar-se, aportar alegria i entusiasme, i generar pocs problemes. Va morir quan anava d'acompanyant a la moto d'un amic. Precisament els seu pares sempre s'havien negat a comprar-li una, malgrat la seva insistència, perque ho consideraven perillós. Res no podia fer pensar a aquella família que un dia canviaria tan sobtadament la seva realitat vital. La reacció dels pares va ser l'esperable en aquests casos: desesperació, angoixa, desfici i sensació d'estar vivint una experiència impossible; però en conjunt van saber tenir la fermesa necessària fins i tot per consolar els amics del seu fill, i tenir unes paraules d'agraïment a les mostres de consol que varen rebre. Seguint els desitjos del seu fill i les pròpies creences, que havien comentat en alguna ocasió, varen fer incinerar el cadàver i varen dipositar les cendres en el lloc d'estiueig.

Per en Jaume fou una mica més fàcil anar superant el profund desànim i desesperació que produeix aquest tipus d'esdeveniments, ja que la seva realitat concreta el portava a complir amb les seves obligacions laborals inevitables, i no tenia més remei que dedicar-se a la feina, encara que, com és lògic, va baixar considerablement el seu rendiment. La Pilar sentia la casa molt més buida del que podia suposar, i la va sorprendre una reacció psicològica freqüent en aquests casos: sentir-se poc atreta i entusiasmada per les seves filles, i també deslligada de les persones que estimava. Passava moltes hores plorant, no s'ocupava de les seves obligacions, excepte les més indispensables, i gairebé no parlava amb ningú. En una paraula: estava produint els símptomes d'una profunda depressió. La seva família i els seus amics en van adonar de la seva realitat depressiva i van intentar ajudarla, proporcionant-li distraccions; com, a més, va rebre ajuda farmacològica per conciliar el son per les nits, lentament es va anar recuperant.

Poc a poc va reprendre certs desitjos de viure, de fer alguna cosa que la privés de seguir agafada al record del seu fill, però interiorment notava la necessitat de sentir-se trista. Va elaborar un pensament que no va arribar a verbalitzar perque li produia una sensació d'estranyesa: tendia a reprimir qualsevol moment de certa tranquil·litat o pau interior perque considerava que tal estat d'ànim suposava una traïció al record del seu fill. Quan, al veure la televisió o escoltar la ràdio, es distreia i allunyava de la seva ment la profunda pena que l'envaia, se sentia molesta amb ella mateixa ja que creia trair una mena de fidelitat al seu fill mort. Podria dir-se que només trobava un cert consol si aconseguia estar trista; per aquest motiu, sentia gairebé de forma obsessiva la necessitat de romandre en aquest estat, arribant a recriminar-se qualsevol actitud que l'allunyés de les sensacions de tristesa i recança.

Amb el pas dels mesos va anar connectant amb amigues, va rebre ofertes de treball, el seu marit li va proposar activitats que l'allunyesin de la situació de dol familiar, i tots l'aconsellaven, amb la millor intenció, que era convenient distreure's i procurar no pensar tant en el fill mort. La Pilar entenia i assumia com a correctes els consells dels seus parents i amics, però se sentia incapaç de portar-los a terme: bloquejava les decisions que prenia el seu marit al respecte i trobava diverses excuses per no allunyar-se de casa. Malgrat saber que la contemplació de l'àlbum de fotografies i dels objectes personals del seu fill la submergien en un considerable estat de tristesa i enyorança, poc aconsellable per recuperar-se del seu estat d'ànim, se sentia inevitablement inclinada a realitzar aquest tipus d'actes. Al principi ho feia davant de tots, però, donat que tots li recomenaven no fer-ho, va passar a realitzar-los d'amagat. Durant el cap de setmana procurava dissimular, però els dies laborables, quan tots estaven ocupats, tornava a ficar-se al túnel dels records, al darrer altar que havia muntat en memòria del seu fill. En un racó de casa tenia un nombre de fotos, objectes i records suficients com per poder considerar que allà realitzava una cerimònia al record d'aquell fill que tant havia suposat per a ella.

És comprensible que la mort d'un fill suposi una agressió importantíssima en la vida d'una persona; és lògic que produeixi un profund estat de depressió, angoixa i fins i tot de ràbia, al ser impossible trobar una explicació a aquesta pèrdua. La primera reacció és de rebeldia i impotència. La mort d'un fill és, sens dubte, un dels conflictes psicològics més difícils de superar, i per a una mare possiblement més. Això no vol dir que no afecti un pare també profundament, però a la nostra societat, habitualment el vincle afectiu que s'estableix entre mare i fill és més estret i, per tant, el seu trencament tindrà més repercusions per a ella. En aquest cas, qualsevol actuació que intenti alleugerir ràpidament la reacció de recança, i provocar una fugida a través de la distracció, la dedicació obsessiva a la feina o fins i tot un tractament psiquiàtric o psicològic. serà inadequada; a més, difícilment aquests recursos poden tenir èxit, donat que el dol natural respecte d'un ésser tan estimat, i amb una vinculació afectiva tan específica, és inevitable. La tristesa, l'enyorança i el desfici són algunes de les reaccions humanes que no té sentit alleugerar quan existeix un motiu que les justifiqui amb escreix.

L'ésser humà té recursos, moltes vegades indesxifrables, que permeten al temps generar una progressiva resistència a les emocions i els estats d'ànim, i una adaptació a les situacions noves que ajuden a superar lentament, i amb daltabaixos, les circumstàncies conflictives. En alguns casos observem una mena de rebuig a l'evolució normal cap a la superació. Un dia, sense saber perquè i d'una manera immotivada, la Pilar es va trobar cantussejant mentre cuinava o rient en escoltar un acudit. Enfront d'aquest estat puntual, concret i breu de bon humor i de pau interior, va reaccionar amb sorpresa i rebeldia que va provocar un bloquejament contundent de la seva reacció adaptativa. Una mena de vinculació obsessiva i voluntària al record del seu fill li feia sentir que qualsevol pas envers l'alliberament d'aquest suposava com una traïció a la recança per la pèrdua i a la tristesa que havia de sentir. La mort del fill va suposar una fita tan important a la vida de la Pilar que, sens dubte, la seva existència es va dividir en un abans i un després completament diferents.

Quan se segueix la pròpia inèrcia vital, fins i tot sense prendre mesures terapèutiques o adopatr mesures voluntàries encaminades a superar l'estat de tristesa, el propi procés personal porta paulatinament a anar trobant les condicions de desfogament i superació que produeixen un estat de progressiva adaptació a la nova situació. En alguns casos, tanmateix, apareix una tendència limitadora de la pròpia capacitat de reacció, consistent en fer tot el possible per allargar el temps de dol i d'enyorança; d'aquesta manera s'evita la sortida de l'estat de tristesa. Hi ha una por a la pèrdua dels records, un temor a l'oblit —com si aquest fos possible—, que fa buscar la desesperació o l'enyorança com a refugi d'un sentiment que es vol mantenir.

En llegir aquesta història, algú podrà dir que amb determinades actituds religioses que suposin una visió diferent de la mort, aquest tipus de problemes queden pal·liats ja que s'obren d'altres horitzons. Sens dubte, això és cert, i el consol que en aquests casos pot oferir la religió és de gran importància, però és necessari saber que no totes les persones tenen accés a aquesta fe, i que fins i tot algunes d'especialment religioses no troben consol en situacions d'aquesta mena.

Observant l'evolució de la Pilar al llarg del temps, i contemplant-la des d'una certa distància, veiem que no només ha incidit en el seu estat d'ànim la por a perdre el record, sinó que ha suposat un rotund canvi en totes les seves actituds. La seva biografia es veurà totalment alterada per la mort del seu fill: anteriorment tenia projectes, esperances i objectius, però ara viu enfonsada en el seu record que no li aporta cap possibilitat de consol. El que és cert és que un esdeveniment tan impactant, i davant les seves posteriors conseqüències, l'ésser humà pot tenir capacitat per regenerar noves actituds i extreure de la situació elements de valoració personal i vital diferents. Quan algú s'aferrissa obstinadament en els records i es veu incapaç de superar determinas estats d'ànim, està bloquejant la seva capacitat per respondre amb un altre tipus d'alternativa personal, extreure conclusions o generar noves actituds.

Tot esdeveniment, fins i tot un tan tremendament dramàtic com aquest, suposa l'oportunitat de viure una experiència vital intensa que provoca a l'interior reaccions que, alhora, promouen un altre tipus de sentiment. Es diria que, si es deixa l'individu produir els seus propis sentiments i reaccions, la recança serà segurament molt intensa, però també ho serà la seva capacitat de reacció, degut a l'energia que pot desprendre's d'un esdeveniment d'aquest tipus.

El sentiment que «l'abans» era molt millor perquè estava present l'ésser estimat, no vol dir que el després hagi de ser obligatòriament infeliç; serà diferent i segurament pitjor en la mesura que haurà espai per a l'enyorança; però és necessari conscienciar-se, encara que sigui difícil, que la vida seguirà oferint l'emoció de ser viscuda (ja que en ella mateixa existeix la raó per donar-se impuls). Un esdeveniment d'aquest tipus és en si mateix tràgic, però existeix en l'ésser humà una tendència interna per la qual és possible treure conseqüències positives de totes les circumstàncies, per dramàtiques i tristes que siguin. Per aquest motiu és precís donar pas a la vida per poder superar els seus efectes.

Quan esdevé alguna cosa que suposa un canvi de vida seriós, l'obsessió de pensar que qualsevol situació anterior va ser millor bloqueja la possibilitat d'estreure vivències favorables del present. Quan una persona ha sofert una malaltia que li ha produït alguna mena d'invalidesa o limitació, pot passar a viure fixada en el passat, en el record de quan estava sana i disposava de totes les seves facultats. Aquesta actitud suposa la pèrdua de la capacitat necessària per aprofitar la realitat present, i cercar la màxima quantitat d'estímuls positius per viure el present el millor possible. Algunes persones s'obstinen en recordar la infantesa o la joventud com l'única època en què van ser felices. D'altres, que van tenir una experiència emocionant o una vivència intensa i gratificant, consideren que la resta de la vida ja no pot tenir cap atractiu, i qualsevol esdeveniment posterior és menys apreciat en el record d'aquell.

L'exemple que he posat permet una certa reflexió sobre la

mort dels éssers estimats. La seva repercussió està directament vinculada a dos eixos: la dependència i la capacitat d'afecte. Quan una persona resulta molt important per a una altra, s'estableix una relació de dependència: el fill que va predre la Pilar era tan atractiu per a la convivència que els seus pares depenien, favorablement, d'ell. La capacitat d'afecte, amor o estimació també incideix en l'enyorança de la pèrdua. Tenen menys posibilitas de sentir melanconia o recança les persones que posseeixen una actitud vital centrada en si mateixa, amb un predominant esperit pràctic o enganxades per l'utilitarisme, i per tant, amb poques possibilitats de sentir afecte o deixar-se enxampar per un món emocional que consideren productor de sentiments inútils. També incideix en la vivència d'un «dol» l'edat del mort. Davant de la mort d'una persona vella hi ha una major capacitat natural per admetre-ho, perquè forma part d'un esdeveniment més previsible. Ben al contrari, la mort d'un jove sempre resulta sorprenent i inexplicable.

L'ésser humà té una capacitat d'adaptació més gran del que podria suposar-se, especialment davant l'absència. Una situació aversiva present resulta molt més difícil de superar en la mesura que ofereix continuament estímuls negatius, com és el cas d'una malaltia o un d'algú estimat que provoca un sofriment continuat. L'absència, per definició, parla de quelcom que no està present, i, al no estar-ho, queda només el record i l'evocació com a únic vincle. L'absència és una condició superable, si bé amb més o menys facilitat segons la dependència i l'estimació que se sentia envers de l'absent. Però no s'ha de confondre aquesta superació amb l'oblit. És necessari recordar qui es va estimar en la mesura que l'amor trascendeix el temps i la presència, però sempre que no es bloquegi la possibilitat de viure el present i estimar altres persones. No s'ha de donar a l'absent tota la capacitat d'amor pel fet que faci mal la seva absència.

Tota vivència de la mort fa reflexionar sobre l'edat i la pròpia trajectòria vital. Respecte de l'edat, existeix una interrelació entre el que l'individu sent com el seu present vital i el que la societat atribueix com a propi a cada edat. Les modes, les actituds socials, els comportaments d'aparença davant els altres, arriben a provocar un estat psicològic en relació amb l'edat que condiciona estats d'ànim, capacitat per a la iniciativa i la influència, segons sigui viscuda de manera positiva o negativa.

Les condicions ambientals també tenen una influència important en aquesta problemàtica. No serà el mateix superar la mort d'un ésser estimat si es viu en una situació de soledat que si es viu acompanyat d'altres persones amb les quals es manté una afectivitat enriquidora. Una vídua podrà enyorar intensament el seu marit, però, si té fills als quals atendre, amistats i obligacions, li serà més fàcil superar la recança, que no el record, ja que he dit que superar mai no ha d'entendre's com un oblit: no s'oblidarà mai una persona estimada, però la seva absència deixarà d'afectar amb tanta intensitat.

Hi ha esdeveniments que fan tan absolutament atractiva una època de la vida, que l'individu construeix al seu voltant tota la seva seguretat personal, la seva capacitat d'entusiasme, afecte i autoestima. Aquests solen ser els moments que s'han viscut amb la màxima capacitat de sentir-se viu i en la plenitud de la capacitat vital. Amb relativa facilitat pot arribar a constituir un passat tan apassionant que faci impossible la vivència del present amb la mateixa passió i intensitat. Aquesta por a deixar de «viure» el passat implica quelcom fonamental des del punt de vista vital: la incapacitat de la vivència del present. Hi ha una etapa de la vida en la qual aquest fet és inevitable i, per tant, més justificable: la vellesa. És molt possible que per a una persona de 80 anys el seu present sigui ple d'impediments i ofereixi pocs atractius, per la qual cosa sorgeix espontàniament la tendència al record, a viure enyoradament i intensa els fets que es van viure molts anys enrera. Aquesta acitud és comprensible.

Tanmateix, hem de relacionar-nos amb els vells, procurant valorar el seu present i animant-los a trobar estímuls suficients per gaudir-lo. Resulta un frau suposar que l'edat és un impediment per a la vivència del present.

Tota realitat humana té la seva temporalitat: el present que seguix el passat i precedeix el futur. La capacitat d'il·lusionar-se està més vinculada amb el futur que amb el present i, donat que la felicitat està directament relacionada amb la capacitat d'il·lusió, ho està més amb el futur que amb el passat. Qualsevol prepotència i dominància del passat suposa una minvada en la intensitat de la il·lusió i en la capacitat vital per a la felicitat. Aquests conceptes ens permeten fer una breu reflexió sobre la importància del que és temporal en les actituds humanes. El passat suposa un període imprescindible per a l'estructuració de la seguretat personal i l'autoestima. En ell s'arrelen totes les experiències que ha suposat un aprenentatge i que han encunyat la nostra forma de fer i de ser, i s'inicia i consolida l'estructura afectiva: el que s'és en el present ve sempre del passat. Qui vol oblidarho, o viure d'esquena al mateix per la causa que sigui, està eliminant una part del seu jo. Aquest és el cas de qui s'obstina en oblidar algun esdeveniment trist o negatiu del seu passat, o la seva procedència social, com si fos un mal son.

D'igual manera que existeix el temor a perdre el record, també trobem el temor a recordar el passat. Quan algú ha estat a la presó, ha patit una greu malaltia, una fallida, una crisi sentimental o qualsevol altre tipus d'esdeveniment especialment aversiu, pot adoptar l'actitud, possiblement ingènua i inútil, de voler oblidar i arraconar-ho tot en el món dels records, com si no hagués passat res. Aquest comportament suposa una mutació de la pròpia realitat i en l'estructuració del seu present vital. Per això li faltaran elements de jutjament per entendre la seva manera de ser i d'actuar. Si vol oblidar el que ha viscut, més endavant el subjecte es trobarà actuant, i sobretot, manifestat reaccions per a les que no trobarà explicació i que, en conseqüència, li serà difícil d'assumir. El passat és, doncs, un element important per tenir en compte, i del qual sempre és possible extreure conclusions de cara al present i al futur. Del passat no s'ha de fugir, renunciar-hi ni rebutjar-lo, però tampoc no és aconsellable voler instal·lar-se en ell. Negar l'evolució del temps i voler recordar permanentment el passat produeix una incapacitat per a la vivència del present i per il·lusionar-se amb el futur.

Algunes vegades es postula com a norma de bona higiene psíquica la importància de ser capaç de viure el present. Si bé això no és correcte, el present, el moment en el qual hom està sent i fent, no té sentit si no està situat en la línia de continuïtat que va del passat al futur. Hom és en el present en funció dels incidents que van incidir en el seu ser i en el seu sentir en el passat, llunyà i pròxim, i fins i tot en el passat ancestral, personal i col·lectiu. Això implica la importància de com varen ser educats els nostres avis i en quina cultura es van desenvolupar, ja que aquells fets va marcar la forma de ser i d'actuar dels nostres pares, i alhora la forma com ens van educar a nosaltres. La història i la cultura en la qual vivim és quelcom que ve de lluny i deixa una petjada important en el nostre present. Ignorar el passat i creure que es pot començar de nou en qualsevol moment és antinatural i una aberració. Per iniciar qualsevol cosa s'ha de partir del que es té, i això sempre prové de quelcom, l'origen del qual se situa en el passat; per tant, el passat té sempre una gran influència en el present.

El passat té la seva trascendència, però no pot ser l'única dimensió a tenir en compte. No podem recomenar que s'oblidi el passat perquè seria, a més d'inútil i injust, poc convenient per integrar els nostres aprenentatges, tant a l'àrea del comportament com a la de les reaccions afectives. Però tampoc no podem recomenar d'obsessionar-se en el passat, perque suposa, com ja he dit, incapacitat de projecció en el present i en el futur.

El futur i la capacitat de previsió constitueixen una de les angoixes fonamentals de l'ésser humà. No resulta fàcil poder centrar-se en el que s'està fent i en el que esdevè al voltant, quan el futur es converteix en un element imprevisible i, per tant, generador d'angoixa. És obvi que en molts moments no és possible gaudir de la realitat concreta, perquè la dimensió de futur, la angoixa i el temor d'un futur incert produeixen una sensació de desfici, inquietud i malestar. En gran mesura, la possibilitat que té l'ésser humà de ser feliç es basa en la seva capacitat d'anar aprofitant cadascun del moments que viu en temps present; però el present com a tal és gairebé inexistent, ja que està constituït d'una solució de continuïtat entre l'immediat passat i l'immediat futur. Per aquest motiu, és absolutament imprescindible tenir la capacitat d'integrar el present en una temporalitat que inclogui l'acceptació i integració del passat, i la capacitat d'il·lusionar-se pel futur.

Qualsevol moment de plaer o displaer, qualsevol circumstància, està constituïda bàsicament per aquesta proximitat de passat i futur. El present com a tal i la possibilitat de viure'l implica la capacitat d'actuar, sentir i integrar el que s'està vivint. *Viure el present suposa no fugir cap el record ni obsessionar-se per prevenir el futur, objectiu d'altra banda va per impossible.* Viure el present suposa un compromís amb la realitat immediata, un ser capaç de concienciar, assumir, acceptar i integrar aquells esdeveniments que s'estan vivint puntualment en plenitud i intensitat, i també fer el mateix amb el passat i el futur, immediats i llunyans. Qualsevol moment concret té la possibilitat d'incidir en l'estat d'ànim i en la concentració i atenció d'un futur immediat. Sembla inimaginable que algú pugui sentir-se joiós si sap que mitja hora més tard ha de passar per una experiència difícil o angoixant. Qualsevol moment de felicitat estarà sempre construït d'una certa capacitat de preveure un futur no agressiu, però això no vol dir que sistemàticament els fets que han d'esdevenir, sobretot si és inconcret, hagin d'incidir decisivament en l'estat d'ànim present.

El futur és fonamental en l'estructuració de qualsevol estat d'ànim. És impensable, com deia, la possibilitat de sentir-se joiós, feliç i tranquil, sense ansietat, si a l'horitzó immediat s'albira una amenaça, un risc o una complexitat. El futur juga un paper decisiu en l'estat d'ànim des del punt de vista de la producció d'un estat d'alerta. De la mateixa manera, el futur incideix en un sentit global en la capacitat de tenir il·lusions, aspiracions i ideals, fins i tot com a element fonamental en el vector direccional. La tensió vital està formada en essència per la capacitat d'acceptar i integrar el passat en la forma de ser i de fer, i per la capacitat de viure el present amb una dimensió de futur. Tota vida és sempre un projecte, i mentre hi ha projecte hi ha vida. En el moment que es perd aquesta dimensió es produeix una pèrdua d'esperança, sigui trascendent o no: el vector direccional marca el grau d'entusiasme amb el qual es pot viure la realitat.

Des del punt de vista de la tensió vital, el grau d'integració dels ideals, de potencialitat per il·lusionar i estimular, determina la capacitat de viure intensament la realitat vital. A l'hora de valorar l'estat d'ànim i la tensió vital, tanta importància tenen els ideals trascendentals —socials, personals, polítics, afectius o sentimentals—, com aquells altres de menor trascendència però igualment capaços d'il·lusionar. Per a mantenir un adequat grau de tensió vital i un estat de profunditat creativa, no és suficient establir uns objectius vitals en funció de la seva trascendència; és també necessari il·lusionar-se per aquells elements, potser menys justificables teòricament, però capaços d'omplir el fer quotidià i produir un present-futur feliç. Existeixen certs horitzons en la vida quotidiana, com els plans pel cap de setmana, un sopar amb els amics, una experiència lúdica, que, adequadament assaonats i distribuïts al llarg d'una existència, constitueixen un important índex de la qualitat de vida.

Res no és millor indicador del que un individu és capaç'd'entusiasmar-se per la seva realitat que la diversitat d'elements il·lusionadors. Aquests, per pròpia definició, se situen en el futur; qualsevol cosa que fa il·lusió no pot estar situada només en el passat, com a màxim serà alguna cosa que va fer il·lusió i es va viure amb satisfacció. Les il·lusions a vegades cristal·litzen en desil·lusions, i aquesta és una realitat que s'ha d'admetre. Els desenganys poden produir-se per incompliment del que era esperat o per no haver assolit el nivell de gaudi que es preveia. El present pot ser joiós, indiferent o agressiu, però el futur ha de ser sempre aportador d'il·lusió.

L'individu que viu amb projecció de futur, que desitja que arribi un determinat dia per fer alguna cosa que l'il·lusiona, n'obté una sensació de benestar que no és simplement la manca d'angoixa, sinó l'estat de tensió vital que proporciona la il·lusió. Quan l'ésser humà mira el seu futur i troba fites per les quals val la pena esperar, que sense ser trascendents produeixen satisfacció, viu en una confortable sensació de ser en el bon camí de trobar agradable el pas del temps, ja que aquest apropa el destí desitjat. El present produeix gaudi en ell mateix com a camí que condueix a un futur que il·lusiona.

Això no està en contadicció amb la capacitat de viure el present, donat que enriqueix i augmenta la possibilitat de produir satisfacció en la mesura que, si és feliç, té la possibilitat de prolongar-se en el futur, i si no ho és, es veu compensat per l'esperança d'una millora. El futur és, doncs, un element fonamental per recuperar l'ésser humà del perill de lligar-se al passat. A la mare que va perdre el seu fill li va resultar tremendament útil ser capaç de trobar elements que l'il·lusionessin de manera més o menys immediata. Potser li sembla que li serà impossible tornar a tenir il·lusions, però, fins i tot malgrat ella mateixa, poc a poc anirà trobant circumstàncies de la seva vida quotidiana capaces de fer-li sentir cert desig esperançador. Tota situació vital té la seva temporalitat: el passat queda en el record, el present viu en la permanència del moment i amb la intensitat del propòsit, i el futur il·lumina un camí d'il·lusions i esforços. No renunciarem a cap de les tres dimensions temporals.

POR A LA POBRESA

En Pere, un venedor que ja havia complert els cinquanta anys, acabava de viure una experiència insòlita en el transcurs de la seva vida professional. En una xerrada amb el seu immediat superior, s'havia adonat que no tenia tan segur el seu lloc de treball com ell havia cregut fins aleshores. De fet, va tenir el primer senyal d'alerta al saber que un venedor veterà de l'empresa havia disminuït el seu nivell de rendiment a partir d'una certa edat, però no se li havia ocorregut pensar -o evitava de fer-ho- que a ell també li podia passar el mateix. Al sortir de la feina es va aturar en un bar, com feia habitualment, i es va beure una cervesa, i metre bebia lentament, més capficat que de costum, va sentir com una opressió al pit; una estranya pressió atrapava el seu cor i l'arrossegava fins l'estómac; el seu cos es va inundar de suor i els múltiples símptomes de l'angoixa van aperèixer com si fossin reclamats per una ordre sobtada i imperiosa. En el seu cap s'amuntegaven idees i pensaments fugaços, tots ells relacionats amb la por a perdre el nivell de vida del que gaudia en aquest moment.

Era un home treballador i tenaç que, amb el seu esforç, havia aconseguit bones comissions i el respecte dels seus companys. La seva famíla també valorava la seva dedicació i entrega a la feina. La seva muller estava orgullosa d'ell, o això és el que ell pensava, perquè proporcionava a la seva família uns bons ingressos que permetien pagar els estudis dels fills i gaudir d'un nivell de vida considerablement alt, molt superior al que havia suposat cinc anys enrera, quan va deixar el despatx d'administració per dedicar-se a les vendes. Ara el món li queia al damunt, es veia dient als seus fills que deixessin d'estudiar i a la seva muller que hauria de reduir les despeses domèstiques. La seva autoestimació decreixia ràpidament, perque creia que el considerarien un fracassat. Tenia el cor en un puny, els ulls humits i gairebé no podia contenir les llàgrimes, que volien brollar.

Què és el que havia dit el seu superior? No sabia explicar-ho encertadament, però li donava voltes i més voltes i semblava haver-se tornat incapaç de sobte. Des d'aquell vespre, la seva muller el veia absent, li costava dormir per les nits, i encara li resultava més difícil llevar-se de bon matí per anar a treballar. Havia perdut tota la il·lusió per divertir-se durant els caps de setmana; la seva muller i els seus amics començaven a preocupar-se. Donat que el seu rendiment professional va baixar aparatosament, el seu superior també es va alarmar i va mirar de parlar amb ell i donar-li ànims, però el nostre home ho va interpretar com una confirmació de la seva situació de fracàs pròxim.

Un amic personal i de la família va decidir parlar directament amb el cap de vendes. Ambdós estaven sorpresos de la reacció d'en Pere i van intentar recordar la xerrada del dia que va iniciar-se la seva transformació, arribant a la conclusió que no s'havia dit res especialment agressiu. El superior d'en Pere, uns deu anys més gran que ell, li havia comentat que aviat arribaria el moment de jubilar-se i que l'empresa volia comptar amb executius joves. No es va parlar de rendiment ni de res que l'afectés directament. El problema estava en què la seva sensibilitat envers la seguretat de la seva feina era tal que, a partir del comentari del seu superior, va començar a obstinar-se amb la idea de ser retirat: l'angoixa i la por van fer la resta.

Quan en Pere explicava el problema als seus amics mostrava una clara obstinació: si deixava de ser venedor, els seus ingressos disminuirien. Era un home meticulós, durant anys comptava vàries vegades el que li corresponia de comissió, portava un estudi dels progressos efectuats, anotava les despeses detalladament per no enganyar-se i basava el seu estat d'humor en el nombre de comandes aconseguides. Però ara, veure's obligat a organitzar la seva economia personal d'altra manera li suposava perdre els seus punts de referència. Els diners havien estat sempre l'eix de la seva vida. El treball, l'esforç i el cansament els havia donat per ben invertits, ja que pensava que amb els diners aconseguia l'estimació dels seus i es convertia en un ciutadà respectable i fins i tot envejat.

Segurament li va costar molt de convèncer-se que el seu lloc de treball no corria cap perill, i si ho va aconseguir va ser gràcies al tractament que li va prescriure un psiquiatra, tractament que va resultar incomplet, ja que no va aconseguir -era probablement impossible- fer-li contemplar la seva realitat professional des d'un altre prisma i variar la seva relació amb els diners i la feina. Per això, qualsevol dia, quan un altre missatge sigui mal interpretat, la por es descompensarà i la angoixa apareixerà novament. Aquest venedor, que està lluny de la pobresa pels seus ingressos i pel patrimoni que li podem suposar, està torturat per la dependència absoluta que té de la seva economia, per la por a la pobresa, pel seu pànic a l'empobriment. En els paràmetres que regeixen la seva escala de valors, la felicitat està directament supeditada als diners.

No puc cometre la ingenuïtat de considerar els diners com a un element superficial o aliè al grau de felicitat que permet assolir. Té la seva importància, i crec que és impossible encarar els temors que angoixen l'ésser humà sense analitzar la incidència dels diners en el contingut estricte de la felicitat que permet assolir, o a la que arriba. La felicitat constitueix un objectiu personal generalitzat, acceptat de forma tàcita o sublimada a través de diversos mecanismes, però, en qualsevol cas, podem afirmar que, quan fem i projectem té com a finalitat proporcionar-nos la sensació de felicitat. Habitualment, l'obtenció de la pretesa felicitat es produeix de manera indirecta. L'exemple més clar el constitueix l'afany de diners; tots sabem la quantitat d'impulsos, aspiracions, esforç i ingeni que es desenvolupa per tal d'obtenir-lo. L'economia mou el món, i els diners en concret mobilitzen les persones, si bé no proporciona en si mateix cap altre satisfacció que la de ser el mitjà per aconseguir altres objectius: amb diners comprem objectes, a vegades voluntats, i, fonamentalment, amb ell pensem accedir, i de fet ho fem, a cotes més elevades de seguretat, llibertat i poder.

Els diners solen ocupar un lloc de consideració preferent a l'hora de plantejar-se qualsevol forma d'accés a la felicitat. Per a molts constitueix el gran objectiu i l'únic real, que mou la voluntat i fomenta la iniciativa personal. En relació al plantejament econòmic individual es produeix una doble moral o un apropament contradictori a l'escala de valors. És freqüent que no s'accepti la importància dels diners com a reforç personal fonamental i, en conseqüència, s'obviï la seva trascendència en les converses entre amics o a l'hora de justificar el propi comportament. Tanmateix, una observació mínimament detallada de les conductes individuals, de les seves motivacions, i dels elements que les modifiquen, ens permetrà de concluir que l'economia personal figura entre els mecanismes de satisfacció o de recança.

La situació econòmica de la majoria dels individus depèn de la feina que fan, i en ella empren el major espai de temps i quantitat d'energia. Es treballa per viure o, millor dit, es treballa per obtenir els diners per viure; de la quantitat que s'obté depèn (en principi, ja que després veurem que no és ben bé així) la qualitat de vida que es pot desenvolupar. Els diners, vistos des d'aquesta perspectiva, són l'instrument mitjador entre l'esforç —treball— i el consum o suposada felicitat—. Malgrat que s'ha atacat àmpliament el consumisme, i que se li han atribuït elements alienadors totalment inqüestionables, no es pot negar que el consum està inequívocament en el punt de mira de les aspiracions de tots els humans. Aquest podria tenir matisos diferenciats, i els seus estímuls, més o menys singulars, però ningú no podrà negar que en els diners es troben clars mecanismes de satisfacció que s'assemblen a la sensació de felicitat. No em sembla, doncs, possible intentar un apropament a la felicitat sense considerar la necessitat de tenir resolta la relació personal amb els diners, la qual cosa no equival a dir que el grau de felicitat està en funció directa a la quantitat que es posseeix. Existeix una «relació personal amb els diners» o, el que és igual, un plantejament econòmic individual, que es construeix en base a la suma de factors objectius i subjectius que un individu té en relació amb «els» diners en general i amb els «seus» diners en particular. Un balanç simplificat es pot xifrar entre el que un individu guanya, el que consumeix, i el que estalvia o deu, segons el resultat de la primera operació. Tanmateix, tot això resulta molt més complex quan l'anàlisi es complementa amb les aspiracions, les necessitats i els símbols econòmics; quan els factors residuals de la cadena econòmica —l'estalvi o l'endeutament— passen a ocupar un nivell de protagonisme superior als elements bàsics —ingressos i despeses—. En el cas de l'estalvi o diners residuals, quan aquest es planteja com un problema, el capital i el seu rendiment poden esdevenir, en el món psíquic personal, en obsessions de primer ordre i, per tant, en motivacions fonamentals que solen alterar la relació amb el anomenat plantejament econòmic personal.

No voldria semblar massa demagògic en afirmar que els diners causen tantes dissorts per excés com per defecte. La diferència rau en què, en el primer cas, el subjecte és dissortat per la seva incapacitat de resoldre les seves circumstàncies i, en el segon, ho és malgrat tot. L'avarícia com a valoració ètica de l'acumulador de diners, i al seu costat una sèrie de comportaments i actituds de qui viu obsessionat en rendibilitzar el seu capital, constitueixen elements generadors d'angoixa de primer ordre. L'endeutament, sia per uns escassos ingressos, per una pobre capacitat de previssió o fins i tot per precarietat en els continguts morals, també situa l'individu en una circumstància provocadora d'angoixa. Són moltes les situacions econòmiques individuals que venen marcades per un endeutament. Les lletres i els terminis de determinades compres hipotequen l'economia personal i familiar per un temps prolongat, amb la lògica repercusió en la pèrdua de llibertat per modificar la despesa o produir estalvi. La compra d'un pis, un cotxe o una segona vivenda solen ser el principi d'un comportament estressat que tindrà la seva repercussió en el comportament professional i familiar de qui es troba atrapat en aquesta situació. L'angoixa davant l'aparició de despeses imprevistes i la necessitat d'ajustar el pressupost de forma rigurosa suposa una lògica font d'ansietat.

Els quatre factors que condicionen l'economia personal o familiar —ingressos, despeses, estalvi, endeutament— han de ser valorats en primer lloc independentment i després en funció dels altres, fins aconseguir un equilibri més o menys estable i desitjable, segons les possibilitats concretes de cada realitat econòmica. Resultaria tan desitjable com utòpic que es puguessin plantejar els ingressos en funció de les necessitats de despesa i del desig d'estalviar. En aquest cas, l'individu dominaria la seva economia, però gairebé mai no és així. Habitualment, els ingressos condicionen les altres variables; la majoria de les situacions econòmiques es resolen després d'haver intentat obtenir els ingressos més alts possibles, i, a partir del que s'ha aconseguit, establir els plans de despesa. Si s'efectuen compres a terminis, aleshores es produeix l'endeutament, i quan és possible, l'estalvi. La major part de la població depèn dels ingressos derivats de la feina; només una minoria aconsegueix un patrimoni al marge del seu salari, a través de les herències, especulació o joc.

La resposta econòmica que tenim de la nostra feina suposa un element bàsic en el moment de viure amb satisfacció o amb recança la realitat econòmica, de la mateixa manera que també ho és la capacitat d'adaptar la despesa a la mateixa; tot això implica un grau d'acceptació de les circumstàncies de cadascú. He escrit ja en «Por al silenci» que l'home és per naturalesa inconformista i ambiciós, que una vegada ha assolit el seu objectiu deixa de sentir-se atret per ell i tendeix a cercar-ne un altre. A l'economia no succeeix, lògicament, de manera diferent, i la tendència a «no conformar-se» pot arrelar-se de tal forma que constitueixi l'eix fonamental de la insatisfacció vital en la qual es viu de forma permanent.

El que és ben cert és que, en situacions econòmiques objectivament precàries, resulta impossible pensar en la seva acceptació com a pas previ per aconseguir la felicitat. Existeixen circumstàncies en les quals no només està justificat el desànim sinó que és necessària la ràbia, com a quelcom imprescindible per exigir una justícia que permeti cobrir els mínims indispensables, als quals tenen dret tots els membres d'una societat. Aquest mínims canvien amb el desenvolupament, ja que ningú no pot tolerar el sentir-se «al marge» de la resta del col·lectiu: fa un segle, l'escola era un luxe minoritari; avui és una necessitat fonamental. El mateix succeeix amb el dret a descansar o amb la qualitat de l'alimentació. Cap plantejament psicològic té cabuda en una família en males condicions. Malgrat el que es digui, la pobresa priva l'accés a la felicitat, o al menys, el limita molt greument.

Al marge de les situacions de pobresa, moltes són les persones que viuen amargades per la seva realitat econòmica. Penso que la causa d'això és la seva incapacitat per relativitzar aquest tema, per contamplar-lo de forma personalitzada i obrar després en conseqüència. Deia anteriorment que, sovint, la realitat econòmica s'introdueix tant en el món personal que acaba per convertir-se en el mòbil i motor de la majoria de les accions:

treballar per guanyar, consumir per gaudir, estalviar per tenir una seguretat o per transmetre el dia de demà un patrimoni, signe de riquesa i d'èxit, si bé també podria destinar-se al consum. La roda d'aquest plantejament pot, i de fet molt sovint ho fa, portar a la necessitat de «voler més» des de qualsevol realitat: més per gastar, més per estalviar, més pel que sigui, però, sobretot, més fins a perdre de vista que, amb aquest desig, poden trencar-se moltes possibilitats d'assolir la felicitat.

L'ambició en si mateixa no ha de ser causa d'infelicitat. En ella, l'individu pot trobar el mòbil per millorar la seva capacitat econòmica i, per tant, els beneficis que d'ella se'n desprenen. Però, quan l'ambició limita el seu objectiu als diners en si mateixos i no al que amb ells s'obté, quan es perd la capacitat de gaudi i l'economia centra tota l'activitat personal fins a convertir-se en l'element inspirador de l'escala de valors, el «tenir més» es completa amb el «tenir més que els altres». Això situa l'ésser humà en una permanent disconformitat, ja que tendirà a buscar altres persones més afortunades per establir-ne la comparació, malgrat que mai no aconseguirà una emulació amb èxit suficient, donat que està condemnada per definició a no ser satisfactòria.

La majoria dels individus es mou en un marc econòmic tancat: els ingressos venen marcats per un salari que es modifica només molt ocasionalment, o pels resultats de la gestió de comerços, petites empreses i despatxos professionals, tots ells amb escàs marge per a la variació. Això vol dir que es por fer una fàcil predicció dels ingressos, i en base a ells organitzar la resta de la situació econòmica. El fet que un individu sigui capaç d'acceptar la seva realitat i «conformar-se» amb el seu poder adquisitiu li oferirà la possibilitat de ser feliç; ben al contrari, si lamenta permanentment la seva limitació i situa el condicionament de la seva felicitat en un enriquiment poc probable, estarà posant un mur de difícil superació per arribar a sentir-se feliç.

No són poques les persones, i fins i tot famílies, que hipotequen el seu estat d'ànim a causa d'un endeutament superior al que poden satisfer raonablement amb el seu nivell d'ingressos. Les vendes a terminis i l'obtenció de crèdits personals han possibilitat una despesa prèvia a la consecució dels diners, és a dir, es consumeix abans de tenir la possibilitat de fer-ho. Amb això es contreuen uns compromisos que trenquen tot plantejament posterior, limiten la llibertat de nous consums i provoquen una falsa sensació de pobresa. Les conseqüències d'una planificació econòmica adequada condicionen, més del que tendeix a admetre's, l'estat d'ànim i, per tant, el possible accés a la felicitat. Tots haurem tingut ocasió de comprovar com persones o famílies amb un mateix potencial d'ingressos inicial viuen amb molt diferents graus d'ansietat la seva realitat econòmica. La diferència rau fonamentalment en aquests dos factors: la capacitat per acceptar la seva realitat i l'adequada planificació de despeses, estalvis i endeutaments en funció dels ingressos.

La riquesa, ser més o menys ric, mai no pot constituir un únic objectiu prioritari en qui aspira a ser feliç. Tenir prou coses per a un projecte de vida, sí. La riquesa és un concepte relatiu que l'ambició situa sempre uns graons més enllà del que és assolible. Per tant, molt difícilment s'arriba a gaudir d'ella. Existeix, això sí, la riquesa de qui, assenyadament objectiu, pot contemplar la seva realitat econòmica sense angoixa. Aquesta és la més autèntica de les riqueses, aquesta és la que sí que obre la porta de la felicitat.

Algunes postulacions pretenen considerar que l'únic reforç gratificant que actua sobre l'ésser humà són els diners, i a ells li atribueixen la capacitat de moure voluntats i modificar actituds i comportaments. Ningú no podrà negar que això és cert, però tampoc ningú no podrà assegurar que sigui únicament així. No podem evitar el seu poder, però sí podem alliberar-nos de la seva dependència. Quan en «Por al silenci» em refereixo al repte personal de ser autònoms, i situo en aquesta obstinació la necessitat de ser independents respecte de les «necessitats» i els «condicionants» externs, estic fent referència també als diners com a element alienador i generador de dependències de primer ordre.

Quan una determinada realitat econòmica és comparable amb la riquesa personal d'un individu, els seus sentiments i les seves potencialitats, el seu entusiasme i la seva necessitat de sentir-se i veure's a si mateix, perd importància i trascendència. Sovint, es viu d'esquena a la força d'un mateix, s'ignora qui s'és, i es depèn exclusivament del que es té. Tals conceptes els he desenvolupat extensament en l'obra abans citada. En ella intento explicar com els diners ocupen un lloc entre el que anomeno «fantasmes», factors que distancien el subjecte d'ell mateix i de la disponibilitat d'atenció al silenci anterior.

No puc donar per acabat el tema dels diners sense reconèixer que, tanmateix, adequadament integrats, suposen un al·licient a l'esforç i que d'ells es desprenen satisfaccions al marge de la possibilitat de consum. En la societat actual, els diners s'han convertit en el mecanisme gratificador per excel·lència, la qual cosa els confereix diversos significats segons les circumstàncies: el jove que disposa de l'import del seu primer salari, els diners que li permetran a una parella comprar el pis per al seu projecte de vida en comú, l'increment salarial com a conseqüència de l'entusiasme a la feina, són alguns exemples en els quals els diners tenen un significat afegit d'estímul diferent a l'inicial. En aquest sentit, més que en d'altres, poden entendre's els diners com a portadors de felicitat.

Queda per al final l'anàlisi dels diners com a aspiració fortuïta. Ningú no escapa a la temptació d'aspirar a millorar de forma sobtada la seva realitat econòmica. Tots hem pensat alguna vegada en un «cop de sort», però algunes persones viuen obsessionades perquè això es produeixi: el fenomen del joc suposa una seriosa patologia individual i col·lectiva de la societat actual. Existeix una mentalitat de jugador que fa hipotecar totes les aspiracions de futur en la fortuna d'alguns dels jocs d'atzar en els que participa. Al marge de la patologia compulsiva del jugador obsessiu, les característiques psicològiques del qual entren plenament en la psicopatologia, existeix un nombre cada vegada més significatiu de persones que situen la seva màxima aspiració en la fortuna. Res no puc objectar, sinó només advertir que de forma sistemàtica, com indiquen les estadístiques, es cau en la lògica frustració. El problema adquireix tot el seu dramatisme quan aquestes persones condicionen el seu pensament al fet que res no podrà fer-les més felices a la vida que un premi amb una dotació econòmica suficient com per poder «canviar de vida». Aquesta és una aspiració que comporta el despreci pel tipus de vida que es desenvolupa. Davant del fenomen dels jocs d'atzar, existeixen múltiples actituds intermitjes que resulten perincioses solament en la mesura que magnifiquen les conseqüències que en la vida tindria un premi important.

Els diners són, doncs, un element de trascendència inqüestionable i el temor a la pobresa n'és la seva conseqüència lògica. Existeix una por a la pobresa present i real que senten els qui tenen una vida econòmica en els límits dels risc: feines inestables o depenent del subsidi d'atur, empreses o comerços amb amenaça de crisi, etc. També hi ha individus que viuen obsessionats pel temor a perdre les seves fonts d'ingressos o patrimoni, sense cap mena de raó. En determinats quadres depressius, el símptoma principal i de més arrelament temàtic s'estructura en torn del temor a la ruïna. D'altra banda, existeix un temor a la pobresa situada en un temps futur, que sol presentar-se acompanyada d'actituds temeroses referides també a la pèrdua de facultats i al fracàs implícit en l'envelliment. De fet, s'uneixen la por a la pobresa i la por a la vellesa amb les limitacions que aquesta suposa per a la possibilitat d'aconseguir beneficis econòmics.

La por a la pobresa, o la seva versió més matisada de la por a perdre poder adquisitiu, constitueix un dels eixos d'ansietat reals més freqüents en l'home que s'afanya en aconseguir elements de consum que li garanteixin el futur. Des de la Seguretat Social, amb les pensions i tot el que elles condicionen l'activitat laboral, fins les assegurances i els plans de jubilació, no són més que reconeixements tàcits de tal preocupació i de la importància que aquesta té en la vivència individual. Possiblement ningú no deixi de tenir aquest tipus de por en alguna mesura; l'única possibilitat que aquesta por no trenqui voluntats i condicioni comportaments és donant als diners la importància relativa que hem proposat.

Els diners són la simbolització màxima del «tenir» enfront de la necessitat del «ser» per accedir al fet vital. Si en qüestió de prioritats s'aconsegueix que la naturalesa d'un mateix assoleixi un nivell de preferència sobre l'obtenció de bens, la situació econòmica estarà al servei de l'individu, i no aquest al servei de superar-la . Ja he plantejat al principi d'aquest llibre el lloc que correspon al «tenir», i com aquest pot repercutir en l'enriquiment del ser o constituir-se en un ideal per ell mateix. Quan passa això segon, pot dir-se que qualsevol que sigui la condició econòmica, serà inevitable sucumbir o deixar-se condicionar per una permanent por a la pobresa. En aquest cas, més que un element a superar, constitueix un índex, la presència del qual vol dir que el projecte vital s'ha distorsionat: el «ser» ha perdut la seva importància i s'ha rendit a la imperiosa exigència del «tenir».

Qui basa la seva seguretat personal en una situació econòmica, limita la possibilitat de viure ideals, il·lusions i sentiments més enllà de l'obtenció de bens. Darrera d'ells serà molt fàcil que apareixin comportaments estressats, reaccions d'ansietat i estats d'ànim en una permanent situació d'insatisfcció. Per contra, si el que es posseeix s'utilitza en l'obtenció de gaudi, més enllà del que pugui produir tenir-ho, s'està invertint en el desenvolupament d'estímuls personals, en la trobada d'al·licients i emocions. El «ser» s'enriqueix i el sentit dels objectius vitals fan possible un apropament a una sensació de plenitud vital, inassolible quan se sucumbeix a la simple ambició d'augmentar el que es té.

POR A L'IMPREVIST

La Carme acaba de casar les seves dues filles, l'Anna i la Sílvia, i sentia emocions contraposades respecte dels seus casaments: una sensació de pena, produïda perque s'havien allunyat de casa, i, alhora, una sensació d'alegria perque pensava que ambdues havien fet un bon matrimoni. La Carme havia viscut fonamentalment per les seves filles i estava satisfeta que s'haguessin casat amb dos homes bons, treballadors i enamorats d'elles; a més, li agradava la procedència social de les dues famílies. Però una petita diferència aparentment imperceptible torbava l'estat d'ànim de la Carme: no sentia la mateixa tranquil·litat i assossegament quan pensava en cadascuna de les seves filles. L'Anna s'havia casat amb un advocat, fill d'advocat, i incorporat al bufet professional del seu pare; el seu nivell econòmic era molt alt i es podia permetre tot tipus de luxes. La família del marit de l'Anna l'havia acollida esplèndidament, cap tipus d'ombra flotava entre els nuvis, se'ls veia enamorats, contents i sans. Això no obstant, la Carme sentia un subtil temor per la felicitat de la seva filla: tot havia estat massa fàcil.

La Sílvia treballava en una multinacional i el seu marit en una entitat bancària, també com a advocat. Tot anava bé, però el seu nivell de vida no arribava al de la seva germana; a més la mare del marit era vídua i se l'havia de cuidar una mica, encara que era una dona sana i independent. La Carme sentia una sensació de pau quan pensava amb la Sílvia; la seva situació li semblava més humana, aparentment no tot era tan fàcil, i això sense saber per què, la tranquil·litzava.

La Carme intuia que un excés de facilitats proporciona una falsa percepció de la realitat: la felicitat fàcil fa perdre la seguretat i es trenca a la menor contrarietat. Tenia por que la seva filla pugués perdre alguns dels seus punts de referència en els quals recolzava la seva felicitat, sense tenir prou capacitat per a superar-los.

Tant l'Anna com la Sílvia vivien alienes a la preocupació de la seva mare, encara que eren conscients dels avantatges i inconvenients que hi havia a les seves vides respectives. En els primers mesos de casades se sentien felices per la seva nova forma de vida i la possibilitat de compartir-la amb la persona escollida. En alguna reunió familiar apareixien certes comparacions, sobretot en relació a la seva situació laboral. L'Anna es mostrava satisfeta de no haver de treballar i poder-se dedicar íntegrament a la casa, si bé reconeixia que li agradaria tenir independència econòmica i una activitat professional. La Sílvia comentava els avantatges que suposava treballar, però, sovint, també reconeixia que se sentia cansada i preocupada per com ho faria quan tinguessin fills.

De tota manera, hi havia quelcom a l'ambient sempre que parlaven amb la seva mare. Aquesta sentia la necessitat d'advertirles sobre quines coses podrien no anar tan bé o no tan fàcilment com fins aleshores: l'aparició dels fills, la possibilitat que la situació econòmica o la relació amb el marit pugués no ser tan feliç, o que sorgís algun imprevist que alterés la felicitat actual. La Carme era una dona patidora, sempre temerosa que algun infortuni trenqués el fil del qual depenia la felicitat, i que, segons ella, sempre és fràgil. L'Anna i la Sílvia estaven sent tan felices que provocaven en la seva mare una sensació d'inseguretat i de por.

Sortosament per a ella no va passar res que justifiqués els seus temors. Podria dir-se que durant molt temps les seves filles no van tenir cap tipus de tropell que justifiqués la seva preocupació. Tanmateix, cada vegada que la Carme rebia la trucada d'una de les seves filles, comentant-li que sortirien el cap de setmana o que tenien projectat un viatge, no podia evitar entrar en un estat d'alerta i inquietud que només es dissipava quan ja havien tornat. Algunes vegades havia comentat que el més bonic del cap de setmana, des que s'havien casat les seves filles, era la trucada que rebia de cadascuna d'elles el diumenge al vespre, dient-li que ja eren a casa. Vivia en especial alerta per la felicitat de les seves filles, en més o menys intensitat segons el suposat risc que tenien en les seves activitats. Les dues parelles eren afeccionades a l'esquí a l'hivern, i a la platja a l'estiu, i anaven a aquests llocs sempre que podien. La Carme patia molt més els diumenges d'hivern ja que la pràctica de l'esquí li semblava més perillosa. Seguia amb atenció les notícies sobre el temps, l'estat de les carreteres, i pensava en qualsevol imprevist que pugués atemptar contra la felicitat de les seves filles. En el seu cor hi havia un despreniment de la seva realitat personal i una projecció envers el tipus de vida de les seves filles, sobretot per aquells imprevistos que puguessin trencar una felicitat que vivia com a pròpia.

Havien transcorregut més de dos anys des del darrer casament i la Carme encara no era àvia. De bon principi no li preocupava aquesta qüestió, ja que sabia que no volien tenir fills en els primers anys de matrimoni, però ara li semblava que ja havia passat un temps prudencial. A partir d'aquest moment va començar a esperar una trucada donant la notícia d'un embaraç, la qual cosa va suposar la introducció en el seu camp de preocupacions d'una nova obsessió: alguna de les seves filles potser no podia ser mare. Un nou problema podia entelar la felicitat de les seves filles, i la seva pròpia, donat que aquesta última estava absolutament vinculada a la d'aquelles. Poc a poc va anar fent preguntes indirectes al respecte, i es tranquil·litzava momentàniament quan li deien que encara no desitjaven un embaraç, però, passades algunes setmanes, tornava el temor a que: «Potser no em volen explicar la veritat i, donat que saben que sóc patidora, volen tanquil·litzar-me».

En tot aquest temps, la Sílvia i l'Anna no van donar mostres d'infelicitat. Tot semblava indicar que la sava vida funcionava adequadament. Això no obstant, la Carme seguia més preocupada per la segona que per la primera. Potser veia més sòlida la situació afectiva i personal de la Sílvia. La manera de ser de l'Anna i el seu marit li semblava excessivament frívola, i la seva prodigalitat econòmica, no sabia explicar per què, li proporcionava un estat d'alerta. Potser és que simplement veia la Sílvia més preparada que l'Anna per patir un contratemps i, donat que vivia pendent de la possibilitat que se'n produís algun, vinculava les seves respostess d'ansietat o d'assossegament a aquesta circumstància.

En el moment d'escriure aquest llibre, res no ha passat que doni la raó a la Carme: té un net sa de cadascuna de les seves filles, i l'Anna està embarassada del segon fill. Ara seran d'altres les seves preocupacions, i d'altres els seus sofriments, i seguiran canviant amb el temps, perquè sempre estaran presents els seus temors. Podem imaginar-nos com es va preocupar pel feliç desenllaç dels embarassos de les seves filles, com pateix per la salut dels seus nets i per la capacitat de les seves filles per atendre'ls adequadament. Si les parelles tenen algun conflicte l'entén com a greu, i temerà per la seva dissolució, o si tenen un problema laboral el sentirà com a propi, i així successivament. La Carme, com a dona patidora que és, viurà sempre intensament els problemes de les filles, ja que sempre hi haurà una possibilitat que pugui passar algun imprevist, motiu pel qual està condemnada a viure amb un cert nivell d'angoixa.

Per acabar d'entendre l'actitud de la Carme serà convenient dirigir el record cap a l'infantesa de la Sílvia i de l'Anna, i veurem que el seu estat de preocupació ve de molt lluny. Va viure intensament la criança de les seves filles, s'angoixava per la seva salut, ja que sempre va tenir por que emmalaltissin, es va preocupar de la seva educació -les va portar a les millors escoles que va poder- i va intentar que no fessin males amistats. Pensava que les seves inquietuds acabarien quan les seves filles creixessin, i més d'una vegada havia verbalitzat: Fins que no les vegi casades, no estaré tranquil·la. Quan les seves filles eran adolescents, tenia sensacions similars, i encara més intenses de les que té ara: quan anaven d'excursió o a dormir a casa dels seus amics, la seva tensió i alegria se centraven en el retorn; se sentia feliç quan estaven dormint altra vegada a casa. Més endavant, quan sortien amb els promesos i arribaven tard, se sentia molt intranquil-la, si bé comprenia que no ho havia d'impedir, però patia amb les seves sortides i era incapaç d'adormir-se fins que les dues havien tornat.

L'exemple que he seleccionat per descriure la por a l'imprevist m'ha servit per introduir un element important entre les pors que més dificulten la felicitat: el patiment per les persones estimades, i l'enorme obstacle que significa viure exageradament pendents de vides alienes fins el punt que això privi de viure la pròpia. És clar que una mare viu inevitablement pendent del que pot passar als fills, de la mateixa manera que ningú no és alliè a les possibles peripècies que afectin els seus fills. Tanmateix, existeix una gran diferència entre la sensació d'amor i la preocupació per totes les vicissituds que esdeven a la persona estimada, i també el patiment constant que provoca la permanent intuició de possibles adversitats. En aquests tipus d'actituds destaquen dos aspectes. El primer és la incapacitat per viure tranquil·lament les experiències vitals del present, esperant amb obsessió esdeveniments que probablement no es produiran. En bona lògica, no hauria de produir pena ni sofriment un fet que no ha succeït. En segon lloc, aquesta actitud implica una incapacitat per viure la pròpia realitat vital, ja que es produeix una projecció d'aquesta envers la vida dels altres; hi ha una desconsideració per les pròpies experiències personals i una excessiva polarització en les experiències dels altres.

Existeixen persones que sistemàticament estan pressentint el futur instal·lades en el pessimisme; viuen obsessionades pels possibles riscos i pel que pugui esdevenir al marge del que està previst; voldrien tenir garanties de seguretat i èxit en qualsevol activitat que emprenen, tant pel que fa a la seva realitat com la de les persones que estimen. És tant el pessimisme vital amb que encaren la seva realitat personal i la dels altres que, en qualsevol aspecte de la seva circumstància vital, fins i tot la més feliç, sempre demostren una rara habilitat per descobrir el possible perill. Si tenen un problema, pateixen perquè el tenen, i si no el tenen, pateixen perquè pot presentar-se. Si alguna cosa els va bé, temen que pugui malmetre's, i si els va malament, temen que empitjori.

Com ja he dit en altres moments, la felicitat pot basar-se en elements personals i situacionals. En el primer cas, la felicitat emana de l'actitud de l'individu per encarar la vida, de la seva capacitat de reacció i de la seva tenacitat per mantenir l'entusiasme enfront del fet vital. La felicitat situacional, ben al contrari, emana de les circumstàncies que envolten una existència: la vida afectiva, professional, familiar, relacional. Qui viu amb por per la possibilitat que un imprevist interrompi la línia contínua de la felicitat, viu obsessionat per les coses que té i considera la seva felicitat vinculada exclusivament a aspectes situacionals. Les persones que basen la seva felicitat únicament en aquests aspectes, sense valorar els personals, pretenen aconseguir un tipus de vida sense conflictes i neguen, en elles mateixes i en les persones que estimen, la capacitat de reacció davant de les dificultats. S'ha de tenir en compte que les dificultats tenen en elles mateixes una capacitat estimulant, la superació de les quals resulta gratificant, i, en conseqüència, són també portadores de felicitat.

Qui viu constantment obsessionat i pendent del que és circumstancial troba tan fi el fil que sosté la felicitat, que fàcilment viurà atemorit pel fet que qualsevol imprevist, per poc important que sigui, trenqui l'equilibri de la seva tranquil·litat, i provoqui un estat de desànim i infelicitat. Moltes vegades, el grau d'angoixa, tensió i por a l'imprevist és completament injustificat, fins i tot davant de la possibilitat que es presentés. El temor a que qualsevol cosa vagi malament sovint és més angoixós que l'autèntica reacció que té l'individu si alguna cosa va realemt malament. Imprevistos que alteren el que està programat en la realitat poden no provocar un gran daltabaix personal, resultant molt més gran l'angoixa que produeix el temor a que succeeixi.

El temor a l'imprevist suposa una important addicció i dependència del que està previst i, per tant,una necessitat obsessiva de programar el futur i controlar les possibles alteracions que es puguin presentar. He parlat en un altre capítol de la relació de l'ésser humà amb el temps, i de la necessitat de no renunciar al record del passat, a viure el present i a vincular l'estat d'ànim al futur. He insistit què la capacitat de viure el present dóna certa dimensió de la capacitat per gaudir la vida i viure en un menor nivell d'angoixa. Qui viu amb por pels imprevistos sol estar incapacitat per viure la seva circumstància present, perque sistemàticament se situa en la dimensió de futur, veient-lo, a més, com a element agressiu en la mesura que és imprevisible. Precisament és en el futur, en la mesura que no pot ser totalment controlat, on se situen els esdeveniments inesperats i la conseqüent sensació de perill. La necessitat de controlar els imprevistos davant de qualsevol pla futur, sigui una excursió, un viatge, un negoci, uns estudis, una relació afectiva o fins i tot la programació d'una dinar festiu o la compra de regals, implica una tensió suplementària, que produeix inevitablement ansietat. El nivell d'ansietat que suposa el control de l'imprevist no queda justificat per la garantia d'èxit que s'espera obtenir evitant-lo.

Com succeeix en tots els comportaments temerosos, la necessitat de prevenir els possibles esdeveniments negatius forma part de la condició de l'ésser humà. Ningú no encara el seu futur amb absoluta tranquil·litat i sense tenir en compte certes garanties de previsió. La contemplació del futur amb certa tranquil·litat proporciona un estat d'estabilitat que permet encarar la vida amb més capacitat d'equilibri. Qui ignora què li passarà, a ell o a alguns dels aspectes de la seva realitat personal en un futur més o menys immediat, té objectivament un element de preocupació i d'alerta. Aquesta por a l'imprevist i la necessitat de preveure el futur constitueix una resposta lògica de l'individu que tracta d'encarar la seva realitat personal de la millor manera possible. Resulta raonable que un empresari organitzi els seus negocis efectuant unes previsions d'ingressos i despeses, o que el viatger estudiï el mapa de carreteres abans de sortir. No s'ha de confondre, doncs, cert nivell de previsió amb la por bloquejadora a l'imprevist.

Qui viu atemorit per l'imprevist no sol emprendre aventures, li nega moltes possibilitats a la seva experiència vital i limita el camp d'acció de la seva capacitat d'enriquiment personal.

El temor a l'imprevist suposa, d'altra banda, un estat d'ànim pessimista, arrelat en el convenciment íntim que tot allò que pot esdevenir de forma inesperada, sense estar prèviament calculat, ha de ser forçosament negatiu. És clar que existeixen imprevistos que són raonablement negatius, simplement perquè poden produir un cert desfici. És obvi que viure una situació conflictiva suposa un estat d'alerta, de tensió, i segurament també d'ansietat, superior al que implica passar una època sense conflictes. Però, no sempre els imprevistos han de ser conflictius, sinó que poden suposar també elements d'alegria o circumstàncies afortunades. Ja he assenyalat que una planificació de futur és necessària i inherent a la condició humana, però el que és imprevist enriqueix en la mesura que aporta alguna cosa que escapa al control i que pot proporcionar, segons la intensitat de l'esdeveniment, les seves característiques i la dinàmica amb la qual s'encari l'individu, un element gratificador. Existeixen, doncs, en els imprevistos aspectes que suposen un estímul i un al·licient, tan en superar-los si es presenten de forma agressiva, com en gaudir-los si són agradables.

Qui sistemàticament considera l'imprevist com a negatiu, limita un aspecte objectiu de la realitat, és a dir, la valora de manera esbiaixada, i es decanta cap el pessimisme al pensar que qualsevol cosa no prevista ha de suposar necessàriament una agressió. Aquest temor sistemàtic al futur produeix un desfici i inquietud que no ve justificada per la pròpia realitat. Els imprevistos han de ser contemplats com a desconeguts i, per tant, només poden ser catalogats quan ja han esdevingut. A vegades, un imprevist, que de bon principi trenca l'equilibri o malmet quelcom que sembla bo, amb el pas del temps adquireix una dimensió favorable. Quantes vides no han canviat positivament perquè en un determinat moment alguna cosa va modificar el seu destí, si bé quan aquell fet va succeir va ser viscut de forma negativa. Pràcticament no hi ha esdeveniments negatius que, amb el pas del temps, no acabin enfortint el desenvolupament personal i proporcionant elements de plaer i enriquiment personal.

Qui sempre calcula minuciosament els seus moviments elimina al màxim l'aparició d'imprevistos i, per tant, la improvisació, la possibilitat que s'introdueixin elements nous a la seva realitat personal i la conseqüent capacitat creativa d'ampliar el ventall de possibilitats humanes. L'individu s'enriqueix quan el que ha de fer no són els aspectes quotidians i rutinaris, ja que ha de ser capaç d'inventar les seves pròpies respostes, i amb elles estructurar una manera de respondre a una situació agressiva o plaent. Si l'ésser humà confia en si mateix i en les persones que estima, sap que podrà reaccionar positivament davant de les circumstàncies distorsionadores que se li presentin. Aquestes poden incidir modificant els seus objectius, alterant inicialment l'equilibri personal, produint noves inquietuds o donant un nou esbiaix al tipus i qualitat de vida que pot tenir en un determinat moment.

Existeixen desventures objectives, com, per exemple, una malaltia, suspendre en unes oposicions o perdre la feina, entre moltes d'altres, que normalment són viscudes com a agressions. Tot i que això és lògic i normal, no ho és menys que aquestes mateixes circumstàncies poden tenir posteriorment conseqüències enriquidores. Moltes persones que han passat per una experiència traumàtica i dolorosa, com pot ser una malaltia greu, posteriorment expliquen com ha canviat la seva vida al produir-se la trobada amb la limitació física o la proximitat de la mort. A vegades, lamentablement, hem de descobrir la capacitat d'estimar i relacionar-se amb una persona estimada quan emmalalteix, ja que és aleshores quan sorgeix la possibilitat de connectar amb la seva realitat personal i establir una comunicació, és lliure i espontània. Molts canvis de feina, deguts a circumstàncies alienes a l'interessat, han permès de trobar una nova situació professional més satisfactòria, i passat un temps s'ha valorat positivament el dia que es va produir aquella crisi laboral. També un trencament matrimonial pot submergir l'individu en una profunda recança i, això no obstant, permetre-li en el futur descobrir altres horitzons afectius i altres possibilitats emocionals. Qualsevol circumstància en la vida d'un individu, si s'esforça en adoptar una actitud positiva, pot suposar un element d'enriquiment, gratificació i revitalització.

Ja he dit abans que la rutina del que és quotidià, sense creativitat, i l'avorriment suposen un gran enemic per la consciència del fet vital. Deixar-se portar pels esdeveniments preestablerts elimina elements d'improvisació. Viure controlant permanentment el futur evita o elimina elements gratificants en el present i, per tant, limita notòriament la possibilitat d'enriquiment personal.

Al costat del temor a l'imprevist s'ha de situar la dependència afectiva, que fa que es visqui permanentment pendent de la vida de les persones estimades. L'exemple de la Carme ens serveix per mostrar un tipus de persones que constantment pateixen per les circumstàncies que afecten les persones que estimen, la qual cosa les allunya de la seva pròpia realitat personal i vital. Sembla innegable que estimar algú suposa preocupació pel seu benestar i patiment per les circumstàncies adverses que poden envoltar la seva vida i el seu equilibri emocional. Estar pendents de les persones estimades és una condició lògica de la reacció d'amor; però això no significa que s'hagi de produir una dependència absoluta de la persona estimada, de manera que la capacitat de viure moments gratificants depengui únicament i exclusivament dels seus esdeveniments i reaccions.

Aquestes persones poden arribar a optar per renunciar sistemàticament a les seves pròpies necessitats i capacitats de gaudi personal. Al renunciar a la possibilitat de trobar el seu propi jo i la capacitat de viure personalitzadament, aquests individus opten per viure la vida de les persones que estimen: gaudeixen veient-les felices, assaboreixen els seus èxits i pateixen els seus fracassos com si fossin propis, i temen intensament pels seus possibles problemes. La pitjor repercussió d'aquest tipus d'actituds es tradueix, a la pràctica, en una dimissió de la pròpia realitat personal. Els moments de possible plaer i satisfacció personal queden anul·lats o minvats a l'estar entregats als problemes aque pateixen les persones estimades. D'aquesta manera, la capacitat d'engendrar una felicitat personal queda pràcticament suprimida per donar pas, en el seu lloc, a la felicitat situacional, és a dir, aquella que es desprèn de les circumstàncies. En definitiva, la dependència afectiva implica una renúnica implícita a la possibilitat d'assolir cotes de felicitat personal per un mateix.

Aquestes persones, que col·loquialment reben el nom de «patidores», viuen en un estat de constant patiment pels altres, que mai no serà compensat per les satisfaccions que puguin sentir-se en els moments gratificants. Aquesta mena de patiment sempre porta aparellada la sensació que la felicitat és efímera i que, en qualsevol moment, és possible perdre-la. Quan s'adopta una forma de vida d'aquestes característiques, envaeix, com ja he dit, una tendència al pessimisme, concretat a la pràctica, per un doble temor: pot perdre's una condició que sembla positiva, i pot empitjorar una que sembla negativa. Donat que sempre és present la sensació de possible pèrdua, l'aparició de l'angoixa és inevitable.

Aquesta situació provoca també la pèrdua de la realitat afectiva. Les relacions de dependència no són duals, d'igual a igual; no s'estableix una relació interpersonal pròpiament dita, sinó una relació entre una persona que sembla voler protegir l'altra amb els seus patiments i temors, i aquesta que es defensa d'aquests patiments aliens intentant alleugerir els missatges que li transmeten. Quan algú és coneixedor del que l'altre pateix per ell, espontàniament tendeix a disminuir el nivell d'informació, pot ser viscut com una agressió, i disfressa la realitat matisant-la. D'una banda, tracta de suavitzar determinats elements negatius, i de l'altra, lògicament, a emetre respostes en les quals allunyi la possibilitat que el patiment de l'altre pugui produir-se en un mateix. Aquest tipus de comportament tendeix a provocar la mentida, o al menys a suprimir la informació o a dir «mitges veritats». De tots és conegut que un tipus de comportament maternal com el descrit porta els fills, gairebé necessàriament, a amagar els aspectes que puguin fer-los patir. Aquestes són les conseqüències inevitables d'actituds excessivament sobreprotectores i dependents respecte dels fills, sobretot quan aquests ja haurien de viure independitzats dels seus pares.

La relació que s'estableix entre persones amb un vincle de dependència patidora produeix un estat permanent d'inseguretat. Existeixen missatges continus respecte del temor que inspiren desconfiança en l'altre; s'estableix una comunicació i un contagi d'intranquil·litats que fan que la resposta afectiva es faci hostil i enutjosa. Pot resultar aclaparador per a un jove que els seus pares li diguin sistemàticament que condueixi poc a poc, que no arribi tard, que no begui massa. L'alerta continua està lluny d'aconseguir el que es pretén en fer-la, ja que sol produir una reacció negativa, una sensació d'aclaparament i de manca de confiança i inseguretat en qui rep aquest tipus de missatges.

La relació així instaurada incideix en els condicionaments vitals de cadascun dels seus integrants. Quan algú transmet a l'altre el temor per l'imprevist, fa que el receptor instauri, encara que no ho vulgui acceptar, mecanismes d'alerta que potser per si mateix no hagués establert. Excepcionalment, aquests avisos poden portar a adoptar algun tipus de decisió correctiva de comportaments deguts a un primer impuls, i així suposar un possible benefici. Però, generalment, el que fan és fomentar un estat de temor i, en conseqüència, d'inseguretat personal, desconfiança en un mateix i dependència del fet situacional, d'allò que es fa i es té; tenir-li por representa tenir por que el fer es distorsioni o que es perdi el que es té. Les relacions de dependència es desenvolupen bàsicament en el que es fa o es té, i, malgrat que aparentment estiguin instal·lades en un sentiment profund d'amor, de fet renuncien sistemàticament a la relació interpersonal profunda i al respecte al «fer» i al «ser» de l'altre.

En el cas de la Carme, no sembla importar-li gaire que les seves filles gaudeixin esquiant o nadant; l'única cosa que la preocupa i el que viu amb més intensitat és el temor a que el seu atreviment i les seves lògiques ganes de diversió es trenquin amb algun accident. Tampoc no sembla importar-li massa els sentiments afectius que mantenen amb les seves parelles, i, en canvi, li preocupa la seva possible interrupció , el grau d'acceptació social i el benestar material. Quan algú centra les seves preocupacions en aquesta mena de circumstàncies, oblida la repercussió en la realitat personal del protagonista de cadascuna d'aquestes situacions per centrar-se en el que és circumstancial.

Com a trasfons de la reacció psicològica, en aquest tipus de vincles es pot llegir entre línies una relació de possessió profunda. Aquest tipus de pares senten els seus fills més com a una propietat -els seus fills- que com a persones. En l'essència de les relacions entre pares i fills pot sorgir una reacció possessiva que distorsiona la seva qualitat; l'amor paterno-filial ha de trobar, i pot fer-ho, dimensions interpersonals en l'acceptació de les respectives formes de ser i en les mútues independències. Es tracta de trobar mecanismes i capacitat de desenvolupar projeccions personals molt més intenses que l'actitud possessiva i patidora que, en darrer cas, vol l'evitació de situacions imprevistes que poden resultar negatives.

POR AL RISC

El risc provoca sistemàticament situacions de por. Tots hem sentit alguna vegada una doble sensació: atracció pel risc, per l'emoció que comporta, i por o temor a les conseqüències d'una actuació arriscada. Possiblement en el temor resideix part d'aquesta emoció. Qui no ha apretat a fons l'accelerador del seu cotxe, sobrepassant els límits aconsellables, i ha sentit alhora emoció i por. Qui no ha actuat en alguna ocasió de forma que en acabar ha pensat: «Avui me l'he jugat, he corregut un veritable perill». Aquest perill pot ser tant en un sentit físic com emocional, per exemple, quedar malament, rebre una reprimenda, perdre una feina, etc. La resposta psicològica humana està relacionada amb la possibilitat de l'ambivalència i contradicció. Una d'aquestes ambivalències es dóna entre l'atracció i el temor a les situacions de risc.

El risc està introduït en les nostres vides, en la pròpia existència humana: no existeix vida sense risc. A l'hora de posar un exemple he triat un cas en el qual el risc i el desig d'escometre l'acte arriscat produeixen una sèrie d'oscil·lacions característiques davant de situacions d'aquest tipus: en un determinat moment és raonable que el subjecte es comporti com ho fa, mentre que en d'altres sembla que es deixa vèncer per la por al risc.

Enfront de la realitat del risc existeix una tendència a la prudència, que en ocasions s'ha de valorar favorablement, mentre que, en d'altres, la por és bloquejadora de decisions que es traduirien en situacions positives per a l'interessat. La prudència freqüentment pot ser considerada com a positiva, encara que pot arribar a confondre aquelles conductes en les quals la por al risc evita un comportament desitjat. Serà necessari, doncs, diferenciar aquells aspectes que incideixen negativament en la conducta de l'individu, ja que estan guiats per la por a situacions arriscades i, per tant, suposen un bloqueig emocional a la presa de decisions i a assumir la llibertat personal, a més de provocar ansietat. Pràcticament no hi ha acció humana en la qual no existeixin factors de risc. A l'hora de valorar una decisió, es tendeix a col·locar en un plat de la balança el que s'arrisca quan s'escomet una acció, i en l'altre el que s'obté o es guanya si hom és capaç de vèncer la por.

Procuraré analitzar la prudència com a una virtud no associada sistemàticament al contrarisc, sinó com a un impuls primari de l'individu, del qual sorgeix el seu instint de conservació. Això suposa una capacitat analítica davant de qualsevol tipus de situació, encara que, sense dubte, pot amagar una actitud pusil·lànime, com és el cas de qui sempre utilitza un comportament excessivament «assenyat» per tal d'evitar el risc.

La Dolors és una dona de 39 anys, casada amb un universitari que exerceix la seva professió en el camp tècnic. L'inici de la seva relació va estar basat en grans inquietuds de tipus polític, cultural i religiós; es compenetraven en el nivell de les idees, els sentiments i les il·lusions, i varen encarar la seva vida en comú convençuts de ser portadors de valors ferms i una notòria seguretat personal, tant individualment com en parella, a través d'idees i creences molt sòlides, compactes i convincents. Fa dos anys que la Dolors es va reincorporar a la vida laboral en una agència de publicitat realitzant una feina creativa. Havia deixat aquesta mateixa feina quan va néixer el seu primer fill; això significa que havia passat quinze anys allunyada del món laboral.

Des que eren promesos va haver una marcada diferència entre la manera de ser de la Dolors i la del seu marit. Ell era bàsicament analític, lògic, atrapat pels elements materials, en el sentit de ser molt objectiu i pragmàtic, i un home que complia ineludiblement amb el que ell considerava el seu deure. Per la seva banda, la Dolors estava molt més interessada en els aspectes humans de la convivència, tenia inquietuds artístiques, socials, i una certa tendència a posar-se al costat del dèbil; quan el seu marit parlava dels treballadors de la seva empresa, ella no podia evitar-ho: reaccionava recoltzant-los. Però aquestes diferències no havien minat la seva relació i bona convivència.

Després del matrimoni i el naixement dels fills, els tradicionals problemes de l'ajustament econòmic: uns ingressos més que suficients, però que necessitaven ser administrats per mantenir el nivell de vida que portaven. Això produia certes tensions entre la parella a l'hora de valorar prioritats. Al marit l'interessava més el rendiment escolar dels seus fills, que aprenguessin anglès i informàtica, mentre que la Dolors es preocupava més de veure'ls feliços i que aprenguessin algun instrument musical o anessin a algun centre excursionista. La mateixa elecció de col·legi va provocar una certa discussió perquè ella preferia un col·legi de caire lliberal mentre que per a ell era fonamental el nivell d'aprenentatge objectiu que podrien obtenir. Si bé al llarg de la vida de la parella existien aquests punts de diferència, es mostraven davant dels amics —i també davant d'ells mateixos— com una parella feliç.

La Dolors sentia que cada vegada trobava més compensacions en el seu paper de mare, però no passava el mateix en el de muller. Semblava que els fills haguessin interferit d'alguna manera la seva relació de parella, i que les diferents formes de veure i entendre les coses haguessin generat un cert allunyament, encara que no es podia dir que vivien en una situació de crisi. La seva vida sexual havia caigut a la rutina, però no pot dir-se que fos insatisfactòria. La seva vida lúdica era cada vegada més pobre; pràcticament havien abandonat el costum de sortir sols, i sempre organitzaven els seus espais d'oci en funció de la vida familiar. Els fills ocupaven un gran espai de la vida en relació, de manera que aquesta estava molt més ocupada pel component familiar que pel de la parella.

La tornada a l'activitat laboral de la Dolors va suposar un sobtat redescobriment d'una altra realitat, formada per nous companys de feina, i per altres escales de valors, interessos i inquietuds: un món atractiu que li mostrava unes altres perspectives de la felicitat. Va començar a sentir, encara que no li agradava fer-ho, que se sentia més a gust els dies laborables que els festius, li resultaven més emocionants els dinars amb els companys de feina que els familiars. Els seus fills havien crescut i ja començaven a sortir amb els amics, i cada vegada tenia menys temes per parlar amb la parella; l'únic diàleg possible era a través de temes molt coneguts, fonamentalment els fills. Ella gran defensora de la vida familiar, estava convençuda que els homes vivien estressats per la seva feina, que els absorbien els problemes laborals, alhora que considerava que la vida era així i s'havia d'acceptar. Tenia clars aquests factors i tampoc no queia en la temptació d'exigir de la parella o de la família més del que ella entenia que podia bonament obtenir.

Això no obstant, el procés de contacte amb d'altres persones la va acostar a noves realitats i sentiments, i a una capacitat d'exercir una actitud més crítica respecte del comportament del seu marit. Això la va portar, a poc a poc, a adonar-se que en la seva vida afectiva hi havia un gran buit. Amb els seus companys de feina s'apuntava a algunes sortides al teatre i a concerts; això li va permetre constatar i recordar que des de feia molts anys no anava a aquests llocs amb el seu marit. Del contacte amb d'altres persones en va derivar un nou sentiment envers una en concret, que havia conegut a través de la feina. La trobada es va produir en una reunió conjunta entre dues agències publicitàries.

Es van sentir atrets mútuament, van començar les trucades telefòniques injustificades, però sí pretextades per aspectes professionals de la feina; posteriorment van anar a dinars conjunts amb els altres companys i, progressivament, van anar a la recerca de situacions de soledat, en les quals podien parlar amb llibertat; fins que es va fer palesa l'existència d'un sentiment amorós i d'una possible relació afectiva. La Dolors es va espantar, es va donar compte de quan llunyana se sentia del seu marit i, alhora, va tenir molta por que, després de la crisi matrimonial, s'arribés a una crisi familiar que suposés la pèrdua dels fills. Va viure la seva nova relació durant un temps com a amant d'amagat, aprofitant els migdies i la sortida de la feina, fins que va anar neixent en els dos el desig de compartir la seva vida. Ell s'acabava de separar i, per tant, no tenia cap tipus d'obstacle. La Dolors va començar a pensar que ella també podia prendre aquesta mateixa decisió. A partir d'aquest moment, va assumir els seus sentiments i li va semblar evident que la única possibilitat de ser feliç era estar al costat de la persona que estimava. Va assumir també que el seu marit no la podia culpar del que estava succeint, no es va deixar enganyar buscant arguments crítics en el comportament del seu marit, sinó que va acceptar simplement la realitat que s'havia enamorat d'un altre home, sense més justificacions. A partir d'aquest moment va pensar que no podia fer al seu marit la mala jugada de treure-li els fills.

Tots aquests raonaments la van portar a entendre que havia de triar entre renunciar a la seva nova i gratificant relació afectiva o seguir endavant i abandonar la família. En el segon cas, s'adonava que els seus fills, de 13 i 15 anys, tindrien lògiques dificultats per entendre el seu comportament i podien reaccionar rebutjant-la. Va arribar un punt en què les seves decisions canviaven d'un dia per l'altre, i fins i tot en el mateix dia. Per moments veia més clar que no podia hipotecar la seva vida per la família, ja que el sentiment pel seu marit ja no entrava pràcticament en la seva anàlisi. Assegurava estimar-lo com a pare dels seus fills i com a company amb qui havia compartit la seva vida durant gairebé 20 anys, però no com a un home amb qui fos possible tenir una relació de parella. Feia temps que havia eliminat qualsevol tipus de relació sexual amb el seu marit; aquest es va sorprendre, però, en principi, no li va donar cap importància, ja que en altres èpoques també havien tingut lapsus de manca d'afectivitat, de tota manera, la seva actitud hostil i freda a casa sí li va cridar l'atenció, i va arribar a pensar que la seva dona estava patint algun problema psicològic, potser una depressió.

La Dolors es dedicava a posar a la balança el que podia perdre i guanyar en cada decisió. Veia sòlida la relació amb el nou company ja que cada vegada que tenia l'oportunitat d'intimar més amb ell es feia més forta la seva certesa d'estimar-lo. Al mateix temps, quan passava un vespre a casa, escoltant les explicacions dels seus fills i compartint les seves experiències escolars, sentia que li seria molt difícil abandonar-los.

Un dia el seu marit va descobrir el seu interès per un altre home en sentir-la parlar amb ell afectuosament per telèfon des de casa. La Dolors ja feia temps que prenia molt poques precaucions, semblava com si hi hagués un inconscient desig de ser descoberta i fer públic el seu problema, potser veure's així obligada a trobar alguna solució. Quan el seu marit es va assabentar de la situació va reaccionar d'una manera més favorable del que ella esperava. Ell va assegurar que l'estimava, que desitjava lluitar per la vida familiar, i que havien de fer un gran esforç per superar aquella situació emocional. Va començar a fer-li atencions, obsequis i a donar-li afectivitat, cosa que no era habitual en ell. Aquesta actitud la va fer sentir encara més atrapada entre dos mons: un que no s'atrevia a abandonar i un pel que sentia un gran atractiu i molta il·lusió.

D'aqui cap endavant, la història de la Dolors és la història de la dona que dubta. Una vegada el marit va conèixer la seva aventura, la Dolors va poder permetre's unes trobades amb menys enganys. El seu marit actuava de forma tolerant, perque comprenia que, si no volia provocar una crisi, no podia posar-se intransigent; va optar per esperar pacientment perquè algú li va aconsellar que no posés límits, ja que d'aquesta manera afavoriria la possibilitat que tot quedés en una històtia passatgera. Però ella seguia amb les mateixes vacil·lacions i, dintre de la mateixa setmana, podia dir al seu marit que no aguantava més i que marxava de casa, i explicar-li a l'altre que no podria suportar viure amb ell i que preferia seguir a casa seva. Van ser dies de tortura per a les tres persones implicades en aquest assumpte afectiu.

A partir d'aquest moment, la Dolors va navegar entre la decisió de realitzar el seu somni afectiu i la de seguir lligada a la seva família. Però no va arribar mai a prendre una decisió en cap sentit: va preparar en algunes ocasions la maleta, però va seguir vivint a casa. El temor de perdre el que estimava, el temor d'arriscar-se a fer una nova vida o simplement la necessitat de no canviar les coses la va privar de decidir-se. Veurem en un altre capítol com el temor al canvi fa que les persones segueixin permanentment estacionades en un estadi vital que possiblement no desitgen. El pitjor d'aquest tipus de situacions és que incapaciten per a la presa de decisions: la Dolors no es va arriscar a trencar amb la seva nova parella i quedar-se definitivament amb el seu marit i els seus fills, ni es va arriscar a trencar amb aquests i anar-se'n amb la seva nova parella. Aquesta actitud, sense dubte, va causar la infelicitat de la Dolors i la de les persones que l'estimaven. La indecisió i el dubte mai no produeixen gratificació.

Aquesta indecisió li va suposar a la Dolors que els seus fills perdessin la confiança en ella, ja que van adonar-se que havia estat a punt d'abandonar-los, i el mateix va succeeir amb el seu marit, encara que li va agradar que perdurés la convivència. La seva relació sentimental es va anar apagant en la mesura que l'altre company es va cansar de les seves indecisions. La vida segueix igual que abans però té dintre seu l'angoixa i la sensació de fracàs, per haver arribat a la solució dels seus problemes sense haver estat capaç de controlar la seva pròpia vida: es troba simplement involucrada en un tipus de resolució que depèn només de factors externs a la seva voluntat. Va deixar de portar el timó de la seva vida i s'abandonà a l'avenir espontani dels esdeveniments. Evidentment, no vull afirmar que la millor decisió hagués estat marxar de casa seva, ni tampoc que hagi estat bona la de quedar-se. La seva incapacitat d'assumir la responsabilitat, i encarar els riscs que hauria suposat elegir un camí, resulta lamentable per al seu equlibri psíquic i per la repercussió que té en totes les persones que l'estimen.

Les situacions vitals que proporcionen una dimensió més autèntica de la realitat personal són aquelles en les quals l'ésser humà ha de prendre decisions. La decisió d'elegir feina, residència, parella, descendència, etc. poden arribar a constituir els punts àlgids de l'existència, que marcaran decisivament el futur, segons es prengui un camí o un altre. Si en una gràfica col·loquessim el nombre de decisions trascendents que es prenen al llarg d'una vida i l'edat en la qual es realitzen, veuríem com existeix una zona de màxima convergència situada en l'adolescència i primera joventut. És justament en aquesta etapa quan més decisions s'han de prendre, decisons que ens condicionaran la resta dels seus dies. En aquesta època, l'individu estructura les seves idees o creences polítiques, religioses i socials; tria un sentiment que amb freqüència l'acompanyarà la resta de la seva vida; encara la seva vida professional, i el rendiment escolar arriba a ser un condicionant decisiu per a les seves possibilitats de formació universitària, la qual cosa incideix en la deva professió futura.

En aquesta edat, en la qual teòricament i pràctica no acaba d'estar completada tota la maduresa personal, s'ha de prendre un nombre més elevat de decisions i, per tant, assumir una major capacitat de risc. Una lectura superficial d'aquesta correlació podria sostenir justament que l'ésser humà és capaç de decidir-se i, per tant, d'arriscar-se, en la mesura que no és conscient de tots els perills o les conseqüències dels seus actes. Aquest raonament suposaria que es correlaciona capacitat de risc amb immaduresa. En conseqüència, s'arribaria a la conclusió que, només en la immaduresa, l'individu té capacitat per decidir-se. Certament, en l'adolescència existeix una atracció més gran per cert tipus de riscs. Aquest és el moment que l'individu menys tem que es modifiquin les seves circumstàncies. Això no obstant, qualsevol tipus de vida que es vulgui fer des de la no por ha d'assumir forçosament les modificacions i el risc de prendre noves decisions; si no és així, el subjecte se sentirà condemnat a una vida linial, sense cap altre emoció que la supervivència.

Viure de la manera que proposo és assumir el risc de viure, i ja he dit que viure és un risc; per tant, quan plantejo una vida sense por, estic fent la proposta d'una vida amb el risc de viure-la. Si no, l'individu viu torturat per la por dels riscs i tendeix a sucumbir. Quan el fet de valorar el risc de les seves accions li sembla al subjecte una raó suficient per no actuar, està abortant sistemàticament les seves iniciatives vitals i disminuint la seva capacitat de viure.

Possiblement res que no sigui autèntic i personal -cap sentiment, reacció o emoció- està mancat de riscs. Aquests podran ser o no descoberts, o fins i tot es podrà optar per ignorar-los, però si hom és conscient del que està fent i no defuig l'anàlisi de la realitat, inevitablement hi trobarà riscs. Si algú es deixa dominar per ells i pel sol fet de la seva presència no actua, significa que ha optat per no viure. En el pla dels exemples més senzills, podem esmentar els riscs que hi ha a la carretera, en la pràctica de l'esport, en l'experiència sentimental, en l'activitat professional, en la possibilitat d'equivocar-se o cometre errors que qualsevol acció comporta. Qui visqués torturat pel temor a aquests riscs, no podria anar en cotxe, sortir a passejar, fer esport, enamorar-se, ni fer mai res, ja que ningú no té la certesa absoluta de poder evitar tots els riscs. Òbviament, ningú no es comporta de tal forma, encara que algunes persones en estat patològic arriben a bloquejar totalment el seu comportament, impossibilitats per la por d'arriscar-se.

El que és ben cert és que, en molts moments de l'existència, l'ésser humà assumeix decisions d'envergadura que incideixen directament sobre el seu estatus, nivell personal, costums, és a dir, sobre aquells elements inherents i lligats directament a la seva manera de ser. Pot passar que aquesta por a l'error, aquest no assumir el risc inherent de l'existència, limiti l'acció de l'individu, instal·lant-se en la forma de viure que li pot donar més seguretat i garantia de l'encert en el seu comportament.

Els riscs en l'amor, el treball, la vida social, la diversió o l'educació dels fills han de ser assumits amb enteresa. Recordo que una tarda havia estat donant una conferència davant d'un grup de pares i mares en un centre cultural. Un dels temes que s'havia plantejat, per un d'aquests atzars que succeeixen en les conferències, era una inquietud que compartien un grup dels pares allà presents: els seus fills tenien una gran afecció per la muntanya, i més concretament per l'escalada. Es va establir entre ells un petit debat a l'hora del col·loqui final. Uns pares s'oposaven rotundament a l'afecció dels seus fills, assegurant que patien moltíssim i que els era pràcticament insuportable la seva absència mentre estaven escalant, fins el punt que no se sentien relaxats i tranquils fins que els veien novament a casa. Uns altres pares assumien el risc que podien córrer els seus fills, ja que els veien gaudir de tal manera que no se sentien capaços de privar-los-hi. Al preguntar-me la meva opinió, vaig manifestar que les afeccions dels joves mereixen un gran respecte i que exigir-lis prudència significava tallar-lis les ales, l'energia vital i la seva iniciativa. Evidentment, també vaig afegir que potser podia ser adequat fer-lis alguna reflexió sobre la necessitat de prendre les màximes precaucions. De tota manera, vaig reafirmar que havien d'estimular els seus fills, ja que el problema veritablement greu en els joves és la manca d'afeccions.

Aquella mateixa tarda, acabada ja la conferència, quan vaig arribar a casa vaig trobar una nota de la meva filla que m'informava que ella havia estat seleccionada per fer un curs d'iniciació a l'escalada i que, per això, necessitava la meva autorització. La meva dona i jo havíem parlat moltes vegades del temor a aquesta afecció, ens agrada molt caminar per la muntanya, però escalar sempre ens havia causat gran respecte. Vaig firmar el paper comentant-li a la meva dona: «M'he passat la tarda dient a la gent que deixi fer escalada als seus fills, no tinc arguments per prohibir-li-ho».

Aquesta anècdota resumeix d'alguna manera la diferent manera com hom analitza els riscs quan són lluny i quan són a prop. No sabem valorar, en la mesura que es mereix, la persona que és capaç de deixar la seva feina i buscar-ne una altra perquè creu que allà es realitzarà millor, o canviar de ciutat cercant més oportunitats, etc. A vegades es valoren com a fàcils els aspectes que no ens afecten directament. En canvi, qun s'està més pròxim als elements emocionals o passionals que es perceben com a importants, la perspectiva i l'emoció del risc, d'una banda, i la prudència com a contrapartida de l'altra, se senten d'una manera molt més intensa.

A la nostra societat es viu el risc amb un alt nivell d'ambivalència. D'una banda, les situacions arriscades tenen el seu atractiu i l'aventura està considerada com a un al·licient. De fet, des la l'Antiguitat, els éssers humans cerquen emocions lligades directament amb situacions de risc; d'altra banda, hi ha una tendència a l'estabilitat, a l'obtenció de condicions de màxima seguretat. Aquesta ambivalència té un doble origen: l'aspecte atractiu i emocionant del risc i la necessitat de garantir la seguretat com a un element de tranquil·litat. Per exemple, ser pilot de motos o cotxes de curses és un tipus de risc que té un alt nivell d'emoció per a qui el practica i per a qui el contempla, però, qui s'emociona d'aquesta manera potser és incapaç d'arriscar-se a l'hora de prendre decisions. De la mateixa manera que qui assumeix la seva existència sense defugir el risc pot sentir menys emocions en el risc físic.

Sembla clar que una vida instal·lada en un món de seguretats, on tot sembli estar ben controlat i amb un grau de prudència adequat, és una vida introduïda en una mena de flascó de formol, en un món on s'ha eliminat una gran quantitat de possibles emocions. Quan tot està controlat, quan l'imprevist no té cap mena d'oportunitat d'aparèixer en una vida, el tipus de to vital, les emocions, els sentiments i les reaccions que es poden produir estan notòriament limitades. Fins i tot, valdria la pena sotmetre's a situacions de risc pel valor propi del risc, per l'emoció que comporta de manera natural, simplement com a experiència o aventura: una situació arriscada és per si mateixa emocionant i, per tant, estimulant. L'ésser humà que perd la por d'arriscar-se i accepta que s'introdueixin a la seva vida canvis, sentiments i situacions noves, viu obert al futur amb expectatives i il·lusió.

Al marge de l'emoció pròpia del risc, s'obren portes i horitzons a noves vivències i experiències, i en el fons d'aquestes hi aniua una situació anímica de llibertat i confiança en les seves expectatives. Quan l'individu es deixa portar exclusivament per uns esquemes de prudència, seguretat i garantia, la seva llibertat personal es veu progressivament reduïda; en la mesura que vol tenir garanties de no equivocar-se, redueix el nombre d'opcions que pot efectuar. No hi ha dubte que l'ésser humà està exposat a més possibilitats de fracàs quan assumeix riscs. Qualsevol variació en el comportament i qualsevol situació nova per ella mateixa, donat que són desconegudes, implica un risc i un perill i, per tant, una possibilitat de fracàs; en canvi, les situacions conegudes ofereixen sempre més garanties, però alhora menys emocions.

Qui arrisca té l'oportunitat que se li presentin més experiències noves, la qual cosa suposa que podrà encarar canvis vitals. Tot això està directament relacionat amb l'autoestima, factor que far sentir-se capaç d'encarar el que novedós amb garanties d'èxit, no només quan la situació és coneguda, i per tant dominda, sinó quan, més enllà de tot, hom se sent amb la capacitat suficient per encarar les situacions noves, fins i tot en les que no està entrenat. L'ésser humà que s'enfronta amb les situacions noves i ho fa amb la convicció que pot superar-les, en el risc troba també una mesura de la seva autoestima, perque en ell troba la possibilitat d'anar-se demostrant que les circumstàncies poden ser diferents, però que la garantia està en ell i no en el que és circumstancial.

En tota conducta humana hi ha un element valoratiu de les circumstàncies que l'envolten, és a dir, del que es aliè a un mateix i també de la pròpia capacitat personal. Els comportaments prudents poden basar-se en una no modificació de les circumstàncies, en tenir la garantia d'efectuar sempre el mateix tipus de feina, sortir amb les mateixes persones o romandre en el mateix lloc conegut. En aquest cas, estan molt més allunyades les possibilitats de sorpresa, i la garantia no sorgeix de la confiança en un mateix, ni de la seguretat personal que hom serà capaç d'encarar aquella situació que resulta en si mateixa arriscada. Aquesta confiança en un mateix fa que el risc disminueixi com a tal i, alhora, que l'individu pugui permetre's, amb una certa tranquil·litat interior, encarar situacions personals noves.

És ben sabut que l'ésser humà és fruit de les seves experiències, per això, com menys tendeixi a arriscar-se, menor serà el ventall de possibilitats que disposarà per encarar-se a elles. El tipus d'esdeveniments que una persona se senti preparada per encarar serà més limitat si sistemàticament es defuig el risc. Una vida en la qual el risc sigui ponderat, però en la qual aquest sigui habitualment vençut, ofereix més possibilitats d'encarar situacions diverses, i suposa un enriquiment d'experiències. Tant la riquesa d'emocions com d'experiències incideixen directament en la seguretat personal.

Trobem persones que viuen en un estat d'alarma permanent, que són molt patidores i s'adonen sempre dels riscs implicats en qualsevol activitat, però que no veuen mai els aspectes positius; alerten dels possibles perills davant de qualsevol comportament o esdeveniment, i sempre tenen a punt un ¡ep!. Aquestes persones incideixen en la conducta dels altres perque tendeixen a crear al seu voltant un clima de pànic enfront de qualsevol situació nova. Aquesta actuació incideix directament en la seguretat personal de la col·lectivitat, en la mesura que els altres es deixen vèncer per la por que aquesta persona manifesta. Possiblement, el lector estarà pensant en la figura de la mare patidora, que procura impedir que els seus fills passin per qualsevol situació arriscada. Aquest tipus de mares haurien d'adonar-se que estan aconseguint disminuir força el nivell de seguretat dels seus fills.

Existeix una correlació indiscutible entre el grau de seguretat personal i la capacitat d'arriscar-se. Com més experiències novedoses, en les quals no siguin controlats tots els elements, un individu sigui capaç d'encarar, més seguretat tindrà en ell mateix. Això és degut a que té moltes més oportunitats d'anar constatant que és capaç de sotmetre's a diferents tipus de problemàtiques i sortir-ne airós. L'experiència prèvia li atorgarà la possibilitat de viure experiències noves i situacions arriscades.

L'eix fonamental de la meva proposta és que per «viure sense por» s'ha de tenir un cert nivell de tensió vital, gràcies a la qual s'està alerta davant de qualsevol tipus de circumstàncies, amb la resposta adequada al que pugui esdevenir. La tranquil·litat com a sinònim de felicitat és incerta, i tot el que es derivi del fet d'estar en pau porta inevitablement a un estat de poca tensió vital; això suposa poca riquesa personal i incapacitat per a l'aprofitament de les experiències a les qual un individu es pugui enfrontar. En canvi, quan algú viu en un estat de tensió vital, el risc es consubstancial a l'optimisme o la vitalitat que sorgeixen.

Des de punt de vista de la clínica psiquiàtrica, l'estat més evident d'absència de tensió vital és el depressiu o l'angoixa. L'individu perd tota la capacitat per percebre el seu entorn de forma positiva, per atendre les persones que l'envolten; viu immers en la seva negativa manera de veure les coses i amb un gran abandonament de la seva força vital: més que viure, pateix la vida. Quan es sofreix angoixa o depressió, la vida no es viu i menys es gaudeix. Per viure i gaudir la vida és necessari un fil coductor de tensió suficient com per entusiasmar-se i poder captar tots els matisos vitals, un estat d'alerta permanent que privi d'adormir-se i faci que en qualsevol circumstància, positiva o negativa, es trobi la manera de desprendre elements gratificants i positius. Quan algú viu intensament la seva vida i posseeix una tensió disposada a aprofitar els esdeveniments i treure'n fruit de qualsevol experiència, té la capacitat per convertir en favorables els elements desfavorables, i té la possibilitat d'enriquir-se de les situacions més diverses. Quan es viu així, s'assumeix un estat de permanent acceptació del risc de viure, sense deixar-se atrapar per la necessitat de posar-li impediments al fet vital, ni fer de la prudència la virtud central que orienti la vida.

POR ALS CANVIS

Dues actituds es produeixen en l'ésser humà en relació amb els possibles canvis de la seva vida i l'estabilitat de la seva situació vital. La majoria dels individus tenen una gran por a canviar de vida o a produir alteracions importants en el seu ritme de vida, en el seu lloc de residència o en l'àrea de l'afectivitat; adopten una actitud conservadora en el sentit de preservar aquells elements que embolcallen la seva activitat vital i amb els quals desenvolupen la seva vida. Un segon grup, menys nombrós, està sempre disposat a modificar algun aspecte de la seva vida, més com una actitud de fugida que de descobriment de nous horitzons i de creixement personal: aquests subjectes es cansen de les seves relacions afectives, dels llocs de residència, de la feina, troben defectes a tot el que els succeeix i tendeixen a no poder superar les petites dificultats inherents a totes les situacions. De fet, tot té els seus defectes, inconvenients i aspectes negatius, i és sobre la base d'aquestes parts negatives de cada realitat que l'individu pot desitjar canvis en la seva forma de vida.

Trobem biografies de persones que, als 25 anys, tenen traçat el seu trajecte personal de tal manera que, presumiblement, la resta de la seva història personal apareixerà totalment desproveïda d'al·licients i novetats: no aspiren a produir cap mena de canvi. Cap els 25 o 30 anys, una vegada aconseguits determinats objectius hi ha una fase d'aposentament. Quan l'individu ja s'ha instal·lat professionalment, afectivament i socialment, dedica la resta de la seva vida —fixem-nos bé que això significa tota una vida— a continuar el camí traçat, i moltes vegades sense ni tan sols replantejar-se la seva conveniència ni aspirar a certes millores. Els canvis, per poc importants que siguin, sempre són vistos com a agressions al «benestar» i a la tranquil·litat que sembla haver-se assolit. Aquesta és una situació objectivament indesitjable, en el sentit que aporta poca vitalitat, i que en ella s'aprecia amb més claredat la por a canviar.

En les biografies oposades a l'anteriorment descrita hi ha un veritable desig de no instal·lar-se en la monotonia o la rutina, una permanent fugida que es concentra preferentment en el lloc de treball, o en una crisi de la vida afectiva i sentimental. Aquestes persones solen tenir diverses parelles a la seva vida, diferents feines, canvis de residència, etc.: viuen una inquietud permanent en la necessitat de cercar altres al·licients. Donat que tendeixen a projectar les seves insatisfaccions en l'entorn, els sembla imprescindible canviar-lo.

La diferència entre la por al canvi i l'absoluta necessitat de canviar pot tenir una única font d'inspiració. Ambdues actituds semblen ser completament diferents, però giren entorn a una mateixa realitat emocional: parteixen d'una mateixa incapacitat per assumir la realitat; en un cas es produeix la fugida de cada situació que es capta com a complexa, i en l'altre es tracta de no canviar res, encara que pugui veure's com a inconvenient. D'ambdós comportaments en segueixen exemples.

L'Andreu feia de metge rural i la Teresa, la seva muller, li feia, d'alguna manera, de secretària, ja que des que es va casar, es va dedicar a ser mestressa de casa i a ajudar el seu marit prenent encàrrecs, donant hores de visita i obrint la porta del consultori. Vivien en un poble proper al seu lloc de naixement, on es van conèixer, i allunyats dels grans nuclis urbans. Allà van tenir els seus tres fills, i van desenvolupar una part important de la seva vida. La vida professional de l'Andreu era molt enriquidora a nivell humà; tenia tot l'encís del metge rural quant al seu paper social i com a conseller de moltes famílies; des del punt de vista científic tenia l'oportunitat de veure unes patologies molt variades i intervenir en casos molt greus, si bé no era possible enviar els malalts a l'hospital per problemes de desplaçament. El fet d'haver hagut d'atendre una gran quantitat de pacients, que en altres circumstàncies haguessin estat tractats en centres hospitalaris, el va convertir en un metge de grans recursos i capacitat clínica, Diguem, doncs, que professionalment l'Andreu se sentia bé, i la Teresa s'havia acostumat a una feina i a un ambient que, si bé era dur per a ella, li permetien estar prop del seu marit i atendre els seus fills mentre van ser petits.

Donat que l'escola del poble no els oferia prou garanties per estudiar el batxillerat, els fills van haver d'anar a viure a una gran ciutat, a 100 Km de distància, però molt a prop del poble dels avis materns. Quan els fills van haver de sortir de casa per anar a estudiar, i el matrimoni es va quedar sol, la Teresa, que no estava tan absorta per la feina de l'Andreu, va pensar en la possibilitat de traslladar-se a viure prop dels seus fills i dels seus pares. Tanmateix, era d'aquest tipus de persones que sempre temen els canvis, i això la frenava per decidir-se a marxar. L'Andreu veia les inquietuds de la seva dona i, si bé professionalment era feliç, tenia un cert tipus de frustració: es considerava mal pagat. Volia sortir d'aquell poble perque pensava que el seu esforç i dedicació a la medicina mereixien un nivell d'ingressos superior.

Va començar a mirar en el Butlletí Oficial de l'Estat les vacants que s'anaven produint, i va enviar una primera sol·licitud de trasllat que no li fou concedida, perque havia demanat pobles massa importants. Amb el transcurs del temps es va anar entusiasmant amb la idea del trasllat, en canvi en la Teresa anava apareixent una resposta timorenca, una sensació de por i una gran necessitat de frenar els projectes del seu marit. En les seves converses procurava mostrar-se contenta amb la vida que portaven, i quan l'Andreu suggeria marxar a un poble més interessant, en el qual un metge guanyava força més que ell, la Teresa sempre trobava arguments en contra. D'una manera insistent, la Teresa anava desanimant el seu marit per evitar encarar-se a una situació de canvi. Era perfectament capaç d'admetre que enyorava els seus fills i que li agradaria estar a prop seu; també s'adonava que el seu marit treballava moltes hores per uns ingressos poc generosos; però igualment manifestava els seus grans temors que el nou lloc de feina fos pitjor, a no trobar una casa com a ella li agradava, temia no sentir-se còmoda, la mandra de realitzar el trasllat, etc.

És necessari aclarir que la Teresa era una persona que se sentia malament cada vegada que havia de conèixer algú nou, i li produia molta incomoditat anar a botigues que no coneixia. Per aquest motiu considerava d'un valor inestimable estar establerts en un poble on eren coneguts per tots els seus habitants i li era fàcil conversar amb qualsevol. Per a la Teresa, tota nova relació suposava un esforç. Donat que l'Andreu estava molt absorbit per la seva feina, la idea d'efectuar un canvi de residència no ocupava el seu pensament de forma contínua, si bé ho desitjava fervorosament.

Passat un temps es va convocar un nou concurs de trasllat i va tornar a demanar una plaça, en teoria molt bona, que tampoc no va aconseguir. Novament va observar que aquesta negativa suposava un respir per a la Teresa. El fet que fos l'Andreu qui treballava els havia acostumat a que fos ell qui prengués les iniciatives. Sentint-se una mica sol en la presa de decisions i sabent que comptava amb certa oposició de la seva dona, va optar per escollir una plaça de difícil obtenció, de manera que, si se la donaven, tingués una argumentació molt contundent per presentar- se-la a la Teresa: «És tan bona que no podem negar-nos a anar- hi». Establir un nivell d'exigència tan alt perquè fos pràcticament impossible rebutjar qualsevol oferta suposava una tàctica subtil d'aconseguir l'objectiu proposat; justament va ser per la bondat de la plaça que no ho va aconseguir.

En aquestes condicions van transcórrer gairebé set anys. L'Andreu ja havia pujat tants punts en l'escalafó que va aconseguir la plaça de metge en un poble molt proper a la ciutat on estudiaven els seus fills. Es tractava d'un nucli important on hi anaven algunes vegades a l'any, quan la feina els ho permetia, per visitar la seva família, veure algun espectacle, o comprar roba i articles que no es podien adquirir al poble. La Teresa va passar uns mesos molt intranquil·la abans del trasllat: se li notava la sensació que l'arrancaven d'un lloc on es trobava bé, encara que tampoc no se sentia especialment inclinada a ell. Temia no arrelar-se en el nou lloc, i la recerca de pis per viure, d'una consulta, contactar amb la gent que els podia orientar, tot allò va ser per a la Teresa gairebé un motiu de depressió.

Finalment es van traslladar donat que, una vegada acceptada la plaça, disposaven d'alguns mesos per prendre'n possessió. Un cop instal·lats van anar constatant que el canvi suposava una millora en tots els aspectes. L'Andreu treballava força menys i només durant el dia, tenia lliures els diumenges, i una col·laboració més estreta amb els hospitals suposava que podia enviar-hi els casos més greus; econòmicament el compensava força més el seu esforç: se sentia més desfogat professionalment. A nivell familiar podia tenir una relació més estreta amb els seus fills, si bé aquests ja s'havien acostumat a viure allunyats dels seus pares: el gran, que anava a la universitat, pràcticament no va arribar a viure amb ells, i els altres dos, acabat el batxillerat, ho van fer, però amb una certa desadaptació sense importància. Passat el temps, la Teresa va comentar als seus familiars que era una llàstima que no haguessin fet el trasllat molt abans: «La nostra vida és ara molt millor, estem a prop dels nostres fills i podem viure amb tranquil·litat econòmica». La Teresa sabia, quan deia això, que la boicotejadora dels intents de canvi havia estat ella, i més concretament, la seva immensa por a caviar, a encarar-se amb noves situacions.

Al costat d'aquesta història val la pena explicar la d'en Màrius, un advocat que va acabar la seva carrera passats els 30 anys, i els problemes del qual s'originen ja en una infantesa difícil. Vivia en una família estable que tenia tres fills; en Màrius va donar mostres de desadaptació en els quatre col·legis pels quals va passar al llarg de la seva infantesa i adolescència. D'una manera cíclica, anava provocant situacions de conflicte que acabaven amb la seva expulsió del col·legi. Va estudiar en dues escoles religioses; més tard va passar a un institut i va acabar en una acadèmia propera al domicili patern. Va repetir dos cursos, sense donar especials mostres d'angoixa per això; i curiosament sempre rendia una mica més quan començava en un nou col·legi: semblava que l'estimulava canviar.

Va estudiar inicialment la carrera d'econòmiques, de la qual no va arribar a aprovar més d'una assignatura. El seu pare, advocat de professió, tenia interès en què estudiés dret ja que pensava que seria una manera de centrar-lo. En Màrius va optar inicialment per rebutjar la proposta del seu pare, potser precisament perque provenia d'aquest. Donat que li era indiferent una carrera o una altra, i veient que fracassava en econòmiques, va proposar a la seva família de començar a treballar. A través d'influències familiars, va entrar en un banc, on va aguantar dos anys, encara que després de sis mesos ja se'n volia anar. El seu pare li va oferir treballar com a ajudant en el seu despatx, però amb la condició que comencés la carrera de dret. Donat que volia sortir del banc, va acceptar i es va posar a treballar amb el seu pare i a estudiar.

En aquesta època ja havia tingut dues o tres xicotes a les quals havia deixat; ara mantenia una relació que semblava tenir certes garanties de continuïtat. En el servei militar va tenir alguns problemes d'adaptació, però els va superar sense més dificultats ja que l'autoritat, quan era rígida, li produia més estabilitat que quan se sentia més lliure i independent. Es va casar als 23 anys amb una dona dos anys més jove que ell, i aquesta situació semblava prometre un assentament a la seva vida.

En Màrius va viure un temps estudiant i treballant; li agradava aquesta activitat, ja que suposava una mobilitat que li donava sensació de llibertat i independència, i també una certa capacitat per escapar-se de les obligacions. En conseqüència, no se sentia molt lligat. Quan va tenir un fill, el seu pare va voler creure que definitivament «havia posat el cap». Però, als tres anys de casat es va produir una crisi matrimonial que els va portar a la separació; ella va explicar als seus sogres que en Màrius li deia repetidament que ja no l'estimava, que s'havia cansat d'ella i l'atreien altres noies, i que volia deixar-ho. En Màrius, una vegada més, va donar mostres de desitjar canviar, de no aguantar una mateixa situació durant gaire temps. Mentre, va anar aprovant assignatures de dret, amb l'excusa que treballar no el permetia aprovar cursos sencers; alhora, haver d'estudiar no justificava no rendir al nivell desitjat en el despatx.

Quan va acabar la carrera ja s'havien desgastat molt les relacions amb els seus pares a conseqüència del divorci, dels problemes de la custòdia del fill i el repartiment dels bens matrimonials. El seu pare li va proposar que cerqués una alternativa professional que no fos en el seu despatx. Deia en Màrius que tenia ganes d'estabilitzar-se i, per això, va fer oposicions per a un lloc d'assessor jurídic en una empresa d'assegurances. Certes influències paternes li van permetre trobar el que desitjava. Va desenvolupar aquesta feina durant quatre anys, període que va aprofitar per establir una nova relació sentimental, tenir un altre fill i viure una etapa aparetment assentat. Quan començava a cansar-se d'aquesta feina, va morir el seu pare, la qual cosa li va servir per renunciar al seu lloc a l'empresa d'assegurances, tornar al despatx patern i fer-se'n càrrec. Paral·lelament va entrar en crisi la seva relació afectiva amb la darrera parella. En Màrius se'n va anar a viure amb la seva mare durant un temps i va tirar endavant els assumptes del despatx. Aquesta feina era relativament senzilla, ja que els empleats portaven ja molts anys treballant amb el seu pare. La seva vida transcorria entre el despatx, durant el dia, i una independent vida nocturna en la qual se sentia còmode i a gust.

En Màrius va anar a demanar ajuda, perquè una dona de la qual s'havia enamorat li va plantejar que no compartiria la seva vida amb ell si no comprovava que no hi havia algun problema psicològic que el portava a aquesta necessitat permanent de canviar, amb la corresponent inestabilitat. Van anar a un gabinet psicològic, i després d'una sèrie d'estudis, li van diagnosticar una immaduresa de personalitat de caràcter incorregible. No satisfet amb aquest diagnòstic, ha anat a diversos professionals, amb l'esperança que algú li digués que els seus problemes són aliens a la seva personalitat i que no depenen d'ell. Espera sentir que era lògic que el cansessin feines poc atractives o que deixés dues relacions que havien fracassat.

Probablement, el raonament que fa en Màrius a l'estar cercant a l'exterior, en les seves circumstàncies, la causalitat per la qual s'ha comportat d'aquesta manera, no deixa de tenir sentit, i és possible que una anàlisi detallada de tota la seva història permetria trobar algun element que recolzés la seva tesi. Però tampoc no hi ha dubte que si s'analitza de forma global la seva conducta i les condicions en què es produeixen les repetides crisis, podem observar, sense que ens sorprengui, que és el mateix Màrius qui les provoca. Quedava clar en analitzar la seva trajectòria escolar com, d'alguna manera, aconseguia un canvi de col·legi al provocar una situació de crisi entre ell i els seus professors a causa de la disciplina. I el mateix succeeix en cada etapa de la seva vida, professional o afectiva, sempre amb fervorosos desitjos de cercar horitzons nous.

Algú, en llegir aquesta segona història, podrà pensar que és exagerada. Ja he dit a la introducció que aquest tipus de persones és una minoria entre els subjectes que tenen por a canviar, però el que és cert és que aquells que tenen aquests patrons de comportament no produeixen històries molt diferents de la que acabem d'explicar. Persones que han viscut en diferents països, que han canviat repetides vegades de feina, que han començat diversos negocis, o que han tingut diverses relacions sentimentals, molt poques vegades ho han fet impulsades únicament per causes externes. Hi ha possibilitat que existeixin biografies en les quals tots aquests esdeveniments hagin estat influenciats per factors aliens a les seves característiques psicològiques, però la majoria presenta una tendència comú: la incapacitat de mantenir una continuïtat en aquelles escales de valors que un dia els van semblar vàlides.

Aquestes persones tenen una dificultat, a vegades insuperable, per seguir una línia continuada; es veuen impulsades per un mecanisme interior de disconformitat que els fa provocar situacions crítiques i així cercar canvis a la seva vida. Són individus que s'il·lusionen molt quan encaren una situació nova, de qualsevol tipus, i fins i tot ho fan amb més il·lusió que la resta de les persones, però en ells també desapareix l'entusiasme més ràpidament del que seria previsible. Això és degut a que comencen ben aviat a veure inconvenients, defugen les situacions estables, i ràpidament tendeixen a produir trencaments en la seva capacitat de ser conseqüents i de mantenir una continuïtat.

En els jutjats de família, quan s'analitzen causes de divorci, es troben freqüents històries en les quals un dels membres de la parella presenta aquestes característiques. En les causes de nul·litat canònica, els demandats també al·legen aquesta incapacitat de la parella de mantenir una estabilitat en la relació. Certament es pot pensar que aquests individus són incapaços de romandre molt temps en una mateixa situació, ja que hi ha en ells una tendència a estar en una constant disconformitat amb les situacions en les quals es poden trobar. El seu comportament és justament l'antagònic dels qui tenen por al canvi.

No considero en Màrius com a fruit d'una maduresa personal, d'una actitud vital positiva o d'una tensió existencial adequada, sinó com a resultat d'un important grau d'immaduresa: les seves opcions de canvi són més una fugida del que té, que una trobada del que va a cercar. L'ésser humà ha d'estar en una actitud oberta a les possibles modificacions que poden produir-se o que ell pot propiciar, ja que assumint aquestes variacions podrà trobar futurs al·licients i punts de referència que poden enriquir la seva vida: no com una fugida, sinó com a la necessitat d'una trobada positiva i fructífera de l'objectiu que es va a cercar. Aquest seria el sentit de la necessitat de viure amb poc temor als canvis necessaris, assolint la riquesa vital suficient i la consciència de llibertat per poder efectuar-los.

Tots els aspectes biològics són canviants per naturalesa. L'ésser humà no pot ser una exepció, ja que, des d'un punt de vista somàtic, el seu organisme està evolucionant permanentment: des de la concepció, el naixement, la infantesa, l'adolescència, la maduresa, fins a la vellesa. En tot el desenvolupament es produeixen mutacions, enriquiments i empobriments, que graviten indefectiblement en les capacitats de l'ésser humà, el comportament, l'emoció i la pròpia estructura externa. Aquest argument a vegades pretén ser neutralitzat al voler prolongar aquelles situacions que semblen felices. Està profundament arrelada en la naturalesa humana la tendència a romandre en les situacions agradables, i a la fugida de les desagradables. Quan algú té un bon record d'un determinat lloc, intenta tornar-hi, per aquesta inèrcia que el porta a repetir situacions en les quals s'ha sentit a gust. De la mateixa manera, quan algú té una mala experiència en un lloc, ha tingut un accident en una carretera, l'han atracat al carrer o ha viscut una escena desagradable, conscient o inconscientment, tendeix a evitar la reiteració d'aquesta vivència, per estar associada a experiències desagradables que li porten mals records.

Els comportaments de l'ésser humà podrien definir-se com una successió de desitjos de permanència i desitjos de fugida. Tanmateix, la pròpia lògica ens diu que, perquè un dia hagi estat agradable, una determinada experiència no ha de ser sempre igual. *En l'estructura de l'individu existeix una certa necessitat de estabilitzar-se, que sorgeix justament de la necessitat de prolongar els moments agradables.* Això s'observa, per exemple, en l'estabilització de les relacions afectives, o en el desig de romandre en un feina en la qual hom se sent còmode.

Una existència suposa una successió de temps durant els quals existeix l'oportunitat que passin coses. La riquesa d'una vida és donada bàsicament per la intensitat emocional que produeixen les coses que esdevenen durant aquesta existència. Tots nosaltres som protagonistes d'una experiència vital, que pot ser monòtona i avorrida, si succeeixen pocs esdeveniments, o atractiva i apassionant en la mesura que passen moltes coses que donen lloc a un nombre més gran d'emocions. Qualsevol que tingués la possibilitat d'escollir, probablement escolliria una vida emocionant, amb esdeveniments variats, amb una intensitat vital que enriquís la seva vida. Tanmateix, sovint, això, que en teoria es veu clar, en la pràctica està enfosquit per la por que els canvis produeixin un empitjorament de les situacions prèvies. La por al canvi es connecta amb la por a l'imprevist.

Alguns canvis vitals, com el matrimoni, la feina, la residència, tenen una repercussió global en l'existència personal; impliquen una desestructuració important, un abans i un després. Altres canvis tenen menys ressò i suposen simplement elements paral·lels a l'eix fonamental en l'existència. Una ampliació d'estudis, un ascens a la feina, tenir un fill, entrar en una nova associació, establir noves amistats, són exemples de canvis que no desestructuren la vida anterior de l'individu, però que sí suposen una modificació en l'estat d'ànim i en les condicions íntimes en les quals viu.

Com a punt de sortida es poden establir dos tipus d'actituds enfront del canvi que he descrit en els exemples. D'una banda, la persona que cerca ansiosament qualsevol tipus d'emoció nova, a través de modificacions en les circumstàncies que l'envolten, i, d'altra banda, la persona que tendeix a procurar per tots els mitjans el menor nombre de canvis possible. Sembla clar que ambdós comportaments són limitadors, ja que un priva d'aprofundir en la realitat vital i incapacita per resoldre els conflictes. Donat que abans d'encarar-se a ells s'opta per la fugida; i l'altre dificulta l'enriquiment que suposen les noves experiències i possibilitats vitals.

Al llarg d'aquest llibre, hem vist com totes les pors analitzades tenen una certa lògica, quina és, doncs, l'arrel de la por als canvis? La resposta se situa bàsicament en les mateixes coordenades de la por a l'imprevist. Tota situació nova, per ben preparada que estigui, implica el risc al que és desconegut. En qualsevol situació de canvi juga un paper important la capacitat de predicció i adaptació a la improvisació. Malgrat haver valorat l'aparició d'imprevistos, sempre existeix la possibilitat que la predicció no es compleixi, o que es presenti de forma diferent a la prevista, i en conseqüència, que la realitat sigui més agressiva del que s'havia suposat. És lògic que aparegui un cert recel quan es té la sensació d'una manca de control sobre les situacions que haurem d'encarar.

A la por a l'imprevist ha d'ajuntar-se la incapacitat per a l'adaptació a situacions noves. Si l'individu viu aquesta possibilitat convençut que és capaç d'encarar la nova situació amb la garantia de donar una resposta satisfactòria, i estar a l'altura dels conflictes que es poden presentar, probablement tindrà menys por al que pugui esdevenir. Existeix, doncs, en tota por als canvis un element d'inseguretat personal important. L'ésser humà pot eliminar en gran mesura aquesta por si encara el canvi convençut de la seva pròpia capacitat, tant a nivell intel·lectiu, per comprendre-ho, com emocional, per poder controlar les emocions que la nova situació pot produir si és desfavorable. Si disposa de la capacitat adaptativa i la tensió vital suficient per encarar les novetats, i cercar-hi la banda positiva i agradable de cadascuna. Com més seguretat personal tingui un individu, amb més tranquil·litat encararà qualsevol situació de canvi imprevista. La por a l'imprevist és una de les pors que pot lligar l'individu i condicionar-lo a actuar d'una manera exageradament planificada.

Existeix en la por als canvis un cert to depressiu que condiciona la tendència a fixar-se molt més en aquells possibles elements negatius o agressius de la realitat personal, que en els positius i gratificants. Hi ha en el comportament humà la possibilitat d'analitzar les seves circumstàncies i esdeveniments des de dos prismes diferenciats. L'un dedica atenció preferent a totes aquelles circumstàncies que són agressives, proporcionant un to depressiu. L'altre valora el que és positiu de cada realitat i indueix un to més entusiasta i optimista. Qui tendeix a veure-ho tot negre, perquè només es fixa en els elements negatius, tindrà molta més por als canvis que la persona que, per la seva mateixa naturalesa, és més optimista i viu esperançada a qualsevol mena de situació.

La por a canviar estarà també directament relacionada amb les experiències prèvies, ja que aquestes tenen una influència sobre les conductes posteriors. Qui ha anat vivint les diferents etapes de la seva vida amb un cert desencís, en la correlació entre la il·lusió prèvia i la realitat posterior, serà lògic que a mesura que vagi acumulant experiències vagi perdent il·lusions. Existeixen individus que, bé pel seu esperit crític o perquè sempre esperen molt de la realitat, o bé perque han tingut mala sort i la vida no els està sortint com ells l'havien dissenyada, cada vegada que donen un pas i provoquen una situació de canvi tenen la sensació d'haver-se equivocat o fracassat.

Qui esperava molt de la seva feina i, després d'un temps, la viu pesarosament i sense il·lusió; qui havia posat moltes esperances en una relació afectiva i, amb el temps, se li fa avorrida i rutinària; qui s'havia il·lusionat amb la idea de tenir un fill i, després, li resulta dura l'angoixa que li produeix el procés d'educació; qui s'il·lusiona per la compra d'un pis però acaba avorrint-lo perquè hi ha massa soroll o hi ha viscut experiències desagradables; qui ha estat victima de repetides desil·lusions, en fi, sembla lògic pensar que en aquest subjecte sigui més fàcil que sorgeixi un cert temor a tornar a il·lusionar-se pels canvis o les situacions noves.

L'acumulació de desenganys condueix fàcilment a la instal·lació en una situació de descans vital, que sempre porta aparellada una certa incapacitat per il·lusionar-se. Quan a l'individu li sembla que ja no pot il·lusionar-se per res, potser accepta una proposta de canvi perquè no li queda més remei, però difícilment tornarà a il·lusionar-se en elements concrets. Aquesta seria la situació de màxim antagonisme amb la persona que té una capacitat per il·lusionar-se, canviar situacions personals i cercar alternatives amb esperances d'assolir la felicitat.

S'ha d'esmentar una actitud davant del canvi directament lligada amb el consumisme i fonamentada en uns comportaments similars als de la persona descrita en el segon exemple. Al Màrius li agradava canviar sistemàticament i adoptava una actitud de crítica constant amb la realitat que li tocava viure, fugint sempre cap a situacions aparentment més gratificants. Existeixen persones que projecten el desig de canviar elements concrets de la seva vida, tal vegada de parella, de feina o de vivenda, i donat que no se senten amb capacitat i valentia per efectuar-ho, el que fan és substituir-lo per altres elements que els produeixen una certa excitació momentània i passatgera. Són persones que necessiten comprar sovint moltes coses, a vegades mogudes per impulsos incontrolats. Per exemple, en moments de crisi, canvien de cotxe o de televisor, impulsades no per la necessitat objectiva d'aquest producte sinó per la urgència que alguna cosa canviï a la seva vida. D'altres persones senten la necessitat d'anar a la perruqueria a canviar la seva imatge; quants perruquers podrien explicar com un individu ha entrat en el seu establiment amb l'únic pretex de calmar els seus nervis i la seva angoixa, i amb la il·lusió que, al canviar alguna cosa de la seva imatge, podia canviar una mica la seva vida.

El consum, com a element alternatiu o compensador a la incapacitat d'encarar-se a un canvi vital, fa perdre la il·lusió del producte adquirit una vegada s'esgota el seu efecte alliberador. El cotxe nou, per exemple, produeix il·lusió abans de comprar-lo i potser els primers dies, per perdre ràpidament l'interès per gaudir-lo. Aquest tipus de persones cremen amb gran rapidesa les seves il·lusions vitals en fugides permanents: canvien de lloc de vacances, efectuen viatges per la necessitat d'introduir noves emocions, fugen sistemàticament de la seva rutina quotidiana a través de l'emoció del consum. Seria completament absurd negar que viatjar, llegir, consumir, il·lusionar-se siguin elements favorables i positius. De fet, a més de col·laborar en el desenvolupament de la personalitat, poden constituir al·licients en la vida de l'individu. Però, si l'energia vital solament es canalitza a través de la tendència a efectuar aquest tipus d'adquisicions, ens trobem amb l'existència d'una gran limitació en la capacitat de l'individu per trobar en ell mateix elements gratificadors, i per assumir l'autenticitat de la seva pròpia realitat i vitalitat.

Tot individu que senti en la seva vida un obstacle per desenvolupar el seu ser, ha de ser capaç de modificar o canviar. Sovint manca l'energia necessària per prendre la decisió, ja que se situa amb facilitat davant la tessitura de plantejar-se un canvi o acceptar les coses tal com són. Això és especialment significatiu en situacions tals com l'afectiva o laboral, en les quals amb freqüència es dimiteix de l'intent que la realitat millori; i s'opta per arribar a la conclusió interna que l'única solució seria canviar de feina o de parella. En un freqüent plantejament conservador s'arriba a dir: «No vull canviar de parella perquè és car, hi ha fills, hi ha una pressió social, o no sóc prou valent per encarar el tema. No canvio encara que així no estic bé.»

Davant de qualsevol tipus de conflicte hi ha tres possibles alternatives: l'una és negar-ho, a la qual cosa l'ésser humà té una certa tendència i predisposició; una altra és fugir-ne a través de substitutius; i la tercera consisteix en intentar resoldre-ho modificant la situació i cercant la millor alternativa al conflicte. Si davant els conflictes de parella i laborals, els individus canviessin d'actiutd, intentant un apropament més gran a més aprofitament dels elements negatius, i potenciant en el seu lloc els positius, podrien aconseguir una important modificació de la seva situació que fes innecessari un canvi dràstic. Tot això suposaria un pas endavant en l'aprofundiment i en l'aprofitament de la pròpia existència. Plantejar-se la necessitat d'un trencament, sigui de parella o de feina, que d'altra banda se sap que no es realitzarà, és situar-se davant d'un impossible que condemna l'individu a la infelicitat: «Jo només podria ser feliç si em separés de la meva dona, però com que no sóc capaç de fer-ho, estic condemnat a no ser feliç». O traslladat a situacions laborals: «Ja no em preocupo d'entendre millor la filosofia de l'empresa ni buscarme alternatives personals perquè em sigui més gratificador.» En aquests casos hi ha una dimissió de l'individu en la recerca de millores personals.

La proposta que vaig fer al començar aquest capítol consistia en perdre la por als canvis, però, com s'haurà vist en el que ha estat exposat posteriorment, no defenso el canvi pel canvi. La idea és tenir com a objectiu viure una vida prou plena com perquè no hi hagi la temptació de quedar-se encallat en una determinada situació; i viure-la com si fos absolutament inamobible, fins i tot tenint clars desitjos de modificar-la. El fet que un individu encari la seva existència disposat a no romandre en situacions alienadores, li dóna capacitat per a l'autonomia, la independència i la llibertat personal. Quan hom encara la seva relació laboral, professional, amistosa o sentimental conscient que no dependrà d'ella, viura més plenament i lliure la seva experiència i realitat personal. L'ésser humà ha de mantenir una determinada situació mentre es trobi a gust en ella, però si en algun moment apareix l'ombra d'una incertesa, inseguretat o manca de gratificació, no ha de dubtar en provocar una situació de crisi i intentar canviar. La por al canvi constitueix un element tremendament destructor de la llibertat personal. Quan algú se situa davant de qualsevol tipus de situació vivencial i sap que li serà molt difícil modificar-la, fins al punt de sentir-se atrapat per ella, es troba amb una dràstica disminució de la seva autonomia personal.

Si la llibertat és un element fonamental perquè l'individu senti que porta el timó de la seva vida, també ho és la capacitat de viure emocions. Al llarg del llibre hi ha un fil conductor que indueix l'individu a plantejar-se, amb una gran intensitat, no només el fet de viure, sinó el de sentir-se viu. És clar que els elements coneguts i familiars tendeixen a produir menys emocions que aquells que ens són desconeguts. L'emoció de la vida no té sentit si només és per si mateixa. Per tant, no plantejo en absolut un tipus de vida en la qual es cerqui l'emoció per l'emoció; però tampoc té sentit que la vida s'organitzi de forma monòtona i rutinària.

Per un professional de la medicina que veu en cada pacient un cas únic, cada visita pot ser una nova emoció; per a un metge que aplica uns protocols i unes proves estandarditzades, cada cas pot ser simplement una manera de complir amb la seva obligació però sense cap mena d'emoció. La possibilitat d'emocionar-se davant de cada realitat està directament relacionada amb l'habilitat per diferenciar. Quan s'arriba a la conclusió que tots els malalts són iguals, fet totalment fals, el metge potser actuarà amb més soltesa i s'angoixi menys, però és segur que no podrà emocionar-se. En la mesura que s'accepta que cada cas és diferent, i que cada relació entre malalt i metge pot produir emocions diferents, és quan aquestes s'humanitzen i hi ha la possibilitat de sentir emocions, unes vegades gratificants i d'altres no.

Directament lligada amb aquesta capacitat de diferenciar es troba la capacitat de canviar: com viu l'individu en funció de les seves emocions. L'ésser humà hauria d'adonar-se que, quan adopta actituds conservadores que fan aversiva qualsevol situació de canvi, està limitant en gran mesura la seva capacitat d'enriquiment i d'emocionar-se. Els canvis als que faig referència no han de correspondre necessàriament a grans decisions, sinó a petits costums, com deixar el restaurant habitual per descobrir-ne un altre, potser millor, llegir un llibre en comptes de veure cada vespre la televisió, alterar el camí que porta a la feina agafant un dia un transport públic, i un altre anar caminant, no passar els caps de setmana sempre en el mateix lloc, ampliar el cercle d'amics; en definitiva, no deixar-se atrapar per la rutina i no establir amb tanta facilitat hàbits i costums. En la mesura que l'ésser humà sigui capaç de trencar, de canviar molts d'aquests elements, constatarà la gran pèrdua d'emocions i reaccions i, en definitiva, de vida que se li escapa per aquesta tendència a no voler introduir cap mena de variació en el desenvolupament de la seva existència.

POR AL CÀSTIG

La por als càstigs, en les més diferents i subtils formes que aquests es puguin presentar en la societat, està extesa en els comportaments i actituds de moltes persones, possiblement de la majoria. De fet, moltes de les circumstàncies negatives que un individu pot preveure podrien tenir una certa correlació amb la idea de càstig. El càstig pot venir inflingit pel pare contra el fill, el marit contra l'esposa, el superior contra el seu subordinat, etc. Hi ha una certa possibilitat de xantatge permanent en tota relació d'interacció personal, i sens dubte, en la relació de poder i subordinació. En aquest capítol no em referiré al tipus de càstigs més abstractes, però no per això menys presents en les pors dels individus, sinó exactament al càstig reconegut com a tal de forma explícita: les sancions, la presó, les multes, les inspeccions d'Hisenda, etc. Els altres càstigs els he anat tractant indirectament en diversos capítols, per exemple, en la por a l'amor he exposat el càstig indirecte que suposa una desavinença amorosa, o la repercussió que pot tenir una actitud castigadora d'un dels membres de la parella sobre l'altre.

Els qui dirigeixen la societat actuen atemoritzant els ciutadans perquè acompleixin les seves obligacions. Per aquest motiu, en tots els individus està present una sèrie de temors directament relacionats amb una possible «pena», que pot anar des de la por a ser empresonat, en aquells casos la conducta dels quals voreja els aspectes delictius, al temor a ser multat, en els comportaments més quotidians dels que possiblement ningú no pot escapar. En aquest sentit, encara que sembli una afirmació exagerada, estic convençut que no hi ha cap ciutadà que no sigui susceptible de ser culpable d'alguna cosa que està tipificada com a sancionable. Probablement, ningú no acompleix rigurosament amb els seus deures tributaris, o condueix de tal manera que el seu comportament no pugui ser multat en alguna ocasió. El que sí és cert és que algunes persones aconsegueixen esquivar els agents sancionadors i, en conseqüència, poden presentar un full de serveis mancada de sancions.

L'exemple que utilitzaré en aquest capítol fa referència a les obligacions del ciutadà amb Hisenda. El pagament dels impostos és l'element en el qual potser es pot veure més clarament el temor que es pot tenir davant d'una institució penalitzadora. En les societats democràtiques, i segons el sistema tributari que sigui, el ciutadà té la possibilitat d'efectuar la seva declaració d'ingressos amb llibertat. Això suposa una certa possibilitat de cometre fraus conscientment, la qual cosa no descarta que, a vegades, es faci de forma inconscient per no disposar de la informació suficient per fer les coses amb exactitud i precisió, o per una omissió o turpitud. Els inspectors d'Hisenda reconeixen que és difícil trobar declaracions totalment correctes, sobretot si tenen una petita complexitat. Podria pensar-se que en l'actitud del ciutadà hi ha un ànim defraudador sistemàtic, però la veritat és que solen cometre's inexactituds per manca d'informació, o no tenir la minuciosa capacitat de recollir totes les dades necessàries. Viure a la vora del que és sancionable fa que ningú no pugui sentir-se completament tranquil a l'hora de ser inspeccionat.

En Manel és un home de 48 anys, propietari d'una petita empresa, rendible, que el permet viure, a ell i a la seva família, amb cert benestar i prosperitat. La seva vida està marcada pels elements característics de l'individu tan dedicat a la seva feina en un estat d'estrés més o menys permanent. En Manel treballa moltes hores els dies laborables, i els caps de setmana tampoc no arriba a desconnectar-se completament de la seva feina; té els seus, la seva dona i tres fills, una mica cansats de tantes absències de la vida familiar i de la seva obsessió per la seva vida professional.

Des de fa un temps manifesta un estat de tensió continuat: està inquiet, li costa concentar-se, no descansa bé per les nits, s'aixeca vàries vegades a llegir, fumar, beure, està sempre cansat, i té poques il·lusions al marge de la feina. La dona s'ha adonat d'una notòria disminució dels desitjos sexuals, però, degut al tipus de vida que porta, no creu que hi pugui haver una altra dona. La seva simptomatologia és la característica de la persona estressada ja que presenta diversos símptomes somàtics d'angoixa, ha perdut interès per les relacions socials, connecta poc amb els seus amics, el seu temperament ha passat de la jovialitat i alegria encomanadissa de fa uns anys a un permanent estat de tensió i amargor, fet que preocupa els seus i el priva de ser mínimament feliç. Està instal·lat en la intranquil·litat.

En Manel comenta a les persones més pròximes la seva permanent obsessió per la possibilitat de ser sotmès a una inspecció d'Hisenda, si bé no pot considerar-se aquesta l'única causa de la seva simptomatologia ansiosa. Existeix un moment de la seva vida que és especialment aversiu, i en el qual moltes vegades arriba a somiar o a centrar el seu pensament, quan, en realitat, hauria d'estar pensant concentradament en d'altres temes: es tracta del moment que arriba a les seves mans el correu. Diàriament tem rebre una carta de la delegació d'Hisenda anunciant-li una inspecció. Quan se li pregunta si existeixen irregularitats greus en la seva declaració empresarial o familiar, respon que no; però, d'altra banda, és conscient que la seva organització és prou complexa com perquè, encara que estigui ben assessorat, existeixin elements que puguin no ser correctes i, per tant, susceptibles de ser considerats com a irregulars.

Tem la sanció perquè, donada l'escassa envergadura de l'empresa, considera que podria trencar l'equilibri econòmic i «malbaratar l'esforç de molts anys per tirar-la endavant», segons les seves pròpies paraules. Això el porta a agreujar una simptomatologia que en psiquiatria podria definir-se com de resposta fòbica a l'arribada del correu. En Manel es troba davant de sentiments ambivalents: desitja que arribi el correu perquè espera tranquil·litzar-se en comprovar que no apareix la tan temuda «carta», però al mateix temps mira de diferir la seva recepció pel temor a trobar-la.

En Manel va decidir recórrer a l'ajut professional del psiquiatra quan es va adonar que estava incrementant, gairebé patològicament, la ingestió d'alcohol, com a element compensador de la seva angoixa. Podia expressar clarament que només se sentia capaç d'encarar-se amb el correu, quan havia ingerit la quantitat suficient d'alcohol que li facilitava un estat de desconnexió de la realitat i, per tant, una disminució de la seva angoixa; aquest estat li permetia de tolerar la incomoditat que li produïa la possibilitat de ser inspeccionat.

El lector podrà preguntar-se si en Manel havia tingut alguna altra experiència amb inspeccions d'Hisenda, de manera que li hagin provocat una resposta d'alerta ansiosa. Certament no, mai no ha estat objecte d'inspecció fiscal; això no obstant, contempla aquesta possibilitat amb la por descrita. En una primera impressió, podria pensar-se que estem davant un gran defraudador i que, per tant, és lògica la seva angoixa; algú podria opinar que respon a un sentiment de culpa i que ho té ben merescut pel seu comportament poc solidari en defraudar. Però he posat precisament aquest exemple perquè no es tracta d'un defraudador conscient que faci funcionar la seva empresa amb diner negre, empleats sense declarar o qualsevol altre trafica. El temor que sent davant la possibilitat d'una sanció el porta a declarar absolutament tot el que creu legal; el seu assessor fiscal, que l'ajuda en aquests menesters, ha arribat a dir-li que efectua una declaració modèlica i que seria difícil que fos sancionat.

D'on sorgeix, doncs, el temor d'en Manel? És exclussivament un temor fòbic i irracional? *Moltes vegades, la por sorgeix d'un cert desconeixement dels temes que el produeixen, fet que provoca la sensació d'incapacitat per separar-lo.* Alguna cosa com aquesta succeeix al Manel respecte del seu negoci, la comptabilitat i Hisenda. En més d'una ocasió, s'ha plantejat la possibilitat de contractar una persona qualificada, capaç de portar la comptabilitat d'acord amb tots els requisits de la llei i d'una organització empresarial professionalitzada i actualitzada. Però també reconeix que la seva petita empresa no admet més inversions en personal i que, d'altra banda, a la seva manera, ha portat sempre els comptes de forma prou clara com perquè el seu negoci funcionés adequadament. És possible que part de la seva angoixa radiqui en que no pot estar segur que no se li escapen algunes circumstàncies que puguin ser descobertes per un inspector d'Hisenda.

La por a ser descobert en falta en una situació de control forma part del repertori d'actituds humanes. No hi ha cap conductor que no senti la necessitat d'aixecar el peu del accelerador en el moment que aguaita la presència d'un guàrdia de tràfic. En molts països fins i tot existeix el costum d'avisar de la seva presència, als conductors que circulen en direcció contrària, amb una ràfega de llum i, d'aquesta manera, evitar la possibilitat d'una infracció. Quan el conductor veu a través del retrovisor un policia pot pensar: «Hauré fet alguna cosa malament?»; possiblement no tingui consciència d'haver comès infracció, però, tanmateix, sent un cert temor indefinit. Aquest exemple té paral·lelisme amb el del empresari que he posat com a exemple. En Manel, malgrat no tenir consciència d'haver comès un error greu, se sent empresonat per una sensació de por davant d'un possible control. Quan la por es fa insuperable, apareix un cert comportament fòbic i, a més, en aquest cas, una necessitat d'ingestió alcohòlica que agreuja el quadre patològic. *La societat utilitza els elements intimidatoris per aconseguir que el ciutadà tingui un comportament d'acord amb el que està legislat. Existeix, doncs, una intenció de provocar reaccions de temor amb la fi d'aconseguir uns fruits concrets: evitar la comissió d'infraccions o delictes.* Quan el temor s'exagera, apareix la por, que és l'antesala d'una actitud fòbica.

En exposar aquests estats d'angoixa no vull recriminar la utilització d'elements intimidatoris per aconseguir que els ciutadans acompleixin els seus deures; potser no hi hagin altres mitjans, la qual cosa no deixa de ser lamentable; ho faig per poder establir un punt de reflexió. La societat, elegint qui té poder polític i permetent-li que actuï d'aquesta forma, està considerant, indirectament, la possibilitat d'atemorir com a un fet natural i lògic en l'exercici del poder. De fet, el ciutadà exigeix de la policia que intimidi per garantir la seva seguretat, i a Hisenda, quan ell acompleix les seves obligacions, que inspeccioni per tal d'assegurar-se que els altres també ho fan. No s'ha trobat cap altre manera d'actuar sobre la conducta de la població que la intimidació i, amb ella, la provocació de la por. En una proposta de vida en la qual la por tingui la menor incidència possible, no puc deixar de fer referència a la realitat d'aquestes pors. És la pròpia societat qui exerceix una influència decisiva, i que les planteja com a necessàries per a la seva autodefensa i per a l'acompliment de les normes que té establertes.

No resulta, doncs, fàcil abstreure's d'aquest tipus de pors directament relacionades amb un determinat tipus d'organització social en la qual viu immers el ciutadà. El càstig, com a element defensiu de la societat, està present en l'existència de tots, i influeix de forma directa en l'estat d'ànim. Resulta decisiva la capacitat que pugui tenir l'individu per defensar-se dels rigors de la legalitat i d'aquestes pors que, com hem vist, poden arribar a condicionar decisivament una existència.

Quan he esbossat les actituds psicològiques d'en Manel, he fet referència al seu estat d'estrés, a la seva addicció i dependència absoluta del treball, i a la importància que la seva organització econòmica i empresarial té en el seu equilibri psíquic i en la seva escala de valors. Possiblement, qui visqui menys pendent de les seves possessions, treball o negoci, estarà menys preocupat i obsessionat per una possible inspecció o sanció. Tanmateix, sembla obvi que qualsevol tipus de control provoca un cert grau d'ansietat. Ningú no queda impassible davant els encarregats per la societat de controlar el comportament de la població: la trucada de la policia produeix, inevitablement, un cert grau d'angoixa a qui obre la porta. Podrà dir-se que, si es té la consciència tranquil-la i es compleixen totes les obligacions, no ha de tenir-se por a res, però resulta difícil que la tranquil·litat de consciència sigui tan contundent com per poder permetre qualsevol mena de control, sense que sorgeixi en el seu interior un cert nivell d'inquietud o angoixa.

Els inspectors d'Hisenda són conscients que són rebuts amb desgrat, perque qualsevol tipus d'intromissió en la vida privada té connotacions aversives i provoca hostilitat, temor i angoixa. Ser inspeccionat implica ser controlat, i això suposa en certa forma una pèrdua d'independència i intimitat. La persona que se sotmet a una inspecció fiscal veu sotmesa la seva realitat personal a un control.

Sovint sentim que la nostra intimitat està formada més per allò que tenim que pel que som, dicotomia que ja he plantejat en la majoria dels capítols. En la mesura que un individu està tan directament vinculat a les seves possessions, amb el que d'objectable tingui l'entorn que l'envolta, percebrà una inspecció com a quelcom controlador del seu propi jo, de la seva personalitat. Si està menys vinculat a les coses que es tenen, o està directament al servei del seu «ser», viurà qualsevol tipus d'intromissió en el que es «té» de manera no tan pròxima al que «és» i, per tant, sentirà menys violada la seva intimitat.

Exposava en el capítol dedicat a plantejar les bases d'una possible vida sense por que l'ésser humà viu freqüentment obsessionat amb l'únic objectiu d'aconseguir possessions de forma que, ignorant el que «és» es limita a «fer», i la majoria de les coses que fa són per «tenir». Si el tenir arriba a convertir-se en l'objectiu prioritari i l'existència està dirigida bàsicament a aconseguir coses, possessions, títols, honors, prestigi, glòria o diners, sense reportar consequències gratificants per enriquir el ser, qualsevol mena de control sobre el que es té suposa un control del «jo». No ni ha dubte que un element de seguretat personal el constitueix el benestar en l'aspecte econòmic o en l'obtenció d'elements considerats com a propis: tenir una feina fixa, un sou, un vehicle, una vivenda. Però si el grau de seguretat personal o satisfacció se centra exclusivament en aquests elements, és a dir, en el que es té, és lògic que se senti inspeccionada, controlada o sancionada la pròpia realitat personal quan s'inspecciona la realitat econòmica.

Al marge de casos extrems, com el que he descrit, en la seva majoria els ciutadans poden tenir reltivament ben ubicat aquest temor als controls en moments puntuals, no de forma continuada. De la mateixa manera que deia que pràcticament no hi ha cap conductor que no senti algun temor davant els agents de tràfic, possiblement tampoc no hi hagi ningú que no tingui una certa por a ser sotmès a inspecció; i no tingui por dels possibles càstigs administratius que es puguin produir per negligències a la feina, expedients sancionadors, ajornaments en el pagament d'impostos, fallides urbanístiques, etc. El que és més freqüent en el conjunt de la població és que el temor al càstig sorgeixi en situacions concretes: en el conductor, quan veu el guàrdia de tràfic; en el moment de fer la declaració de renda, quan s'ha de prendre una decisió econòmica relacionada amb Hisenda. Aquest temor pot ser esvaït amb més o menys rapidesa en funció del grau de tensió que s'hagi produït.

En relació en el tema d'Hisenda, la intensitat de l'angoixa depèn fonamentalment de la transparència econòmica en la qual es visqui. Un petit comerciant amb ingressos escassos i autoadministració dels seus bens, per tant, amb un tipus de declaració que permet un cert marge de maniobrabilitat, resulta menys transparent per a Hisenda perquè depèn de la seva autovaloració. Aquesta situació produeix més angoixa que la de qui cobra un sou fixe de l'empresa i declarat íntegrament; les seves possibilitats de defraudar són escasses i, en conseqüència, la seva declaració és més nítida i transparent. La relació amb l'angoixa que pugui tenir un ciutadà davant la inspecció fiscal no depèn únicament del seu nivell d'honradesa, sinó també de la llibertat de maniobra que tingui i de la possibilitat d'incórrer en frau o error. Encara que no hi hagi voluntat defraudadora, haver de portar la comptabilitat, guardar les factures, emetre els rebuts, etc. produeix una sensació d'angoixa molt superior a rebre un simple certificat de l'empresa amb totes les dades necessàries per fer la declaració.

Els elements circumstancials que intervenen en el comportament, al marge de la més o menys bona intenció de l'individu, han de relacionar-se igualment amb l'actitud personal respecte de la capacitat de sentir por o temor a les sancions. Hi ha individus més ben disposats a acceptar sancions, perquè estan més acostumats , o perquè tenen un nivell autoinculpatori menor que els fa més insensibles als castigs. Hi ha ciutadans que mai a la vida no els han posat una multa de tràfic, bé perquè són excel·lents conductors, bé perque han tingut molta sort; mentre que d'altres tenen una certa facilitat per acumular-les, perquè es passen moltes hores al volant i tenen més probabilitats d'infringir les normes, perquè condueixen sempre a la vora de la legalitat o han estat víctimes de la mala sort, i les poques infraccions comeses han estat detectades.

El que és cert és que en aquest apartat, regeix el principi psicològic de la capacitat d'adaptació: qualsevol estímul fòbic tendeix a desaparèixer en la mesura que es produeix una adaptació. El ciutadà que ha rebut una considerable quantitat d'inspeccions o sancions possiblement els arriba a perdre el respecte, les assumeix com a quelcom natural instaurat en la seva realitat vital. Per la seva banda, l'individu que mai no ha estat sotmès a inspecció o no ha rebut una sanció és lògic, des d'un punt de vista psicològic, que tingui un grau més gran de respecte i temor, en la mesura que és un element desconegut i no té l'entrenament per encarar-se a una situació de càstig.

Veiem que una societat organitzada entorn de la coacció sobre el comportament dels seus integrants, als quals amenaça amb càstigs si no compleixen amb les normes establertes, produeix un estat d'ansietat fins i tot en aquells individus que no la transgredeixen, o en aquells que no tenen al seu ànim el fer-ho. Seria, doncs, lògic que es pensés en altres sistemes per condicionar les conductes. No estic proposant una supressió del sistema punitiu, bàsicament perquè resultaria utòpic oferir una altra alternativa. Però, si la societat el fa servir per intentar evitar determinat tipus de comportaments, una possible alternativa podria consistir en fomentar les conductes antagòniques. El concepte de conducta antagònica no hauria de ser tingut en compte només en el camp educatiu, a l'hora d'estimular els nens i els joves, sinó també per incidir en els comportaments adults: tots els passos que fomentéssin la solidaritat, afavoririen la vida amb un esperit més esportiu, allunyarien de la dependència econòmica, disminuirien el nivell social de competitivitat i potenciarien les normes, no com a agressions del sistema sinó com a elements gratificants en benefici personal i col·lectiu; centralment condicionarien conductes allunyades del que és il·legal i delictuós.

Els mitjans de comunicació social podrien efectuar un esforç per deixar d'associar la riquesa amb la felicitat; en comptes d'això, podrien estimular la felicitat relacionada amb la satisfacció i el benestar, a través de la capacitat de sentir, estimar i la riquesa lúdica personal. En els plantejaments personals, familiars , col·lectius, laborals, escolars, etc. no hauria d'establir-se la competitivitat com a eix de recolzament per estimular el comportament. Podria intentar-se allunyar l'individu d'establir valoracions personals lligades a la possessió, al triomf i, per tant, a la insolidaritat i a l'aïllament. *La introducció en la consciència col·lectiva de conceptes i valors socials podria resultar estimulant per aconseguir que l'acte delictuós fos més difícil de cometre o estigués més allunyat dels hàbits col·lectius.*

Quan d'una banda es considera la riquesa com a un valor mítitc i, de l'altra intenten educar el ciutadà en la necessitat de contribuir econòmicament a la col·lectivitat pagant impostos, es produeix una contradicció que enfrontra dues actituds respecte dels diners. La publicitat dels vehicles es potencia sobre la base de la velocitat que poden assolir, un valor important en la col·lectivitat que gratifica qui el posseeix. La consciència col·lectiva estima la velocitat com a quelcom gratificant i, al mateix temps, es prohibeix córrer més enllà d'un determinat límit. Existeixen molts altres valors educats socialment de forma contradictòria. La mateixa competitivitat, que incita l'individu a ser el primer, està totalment renyida amb al concepte de solidaritat. Hauríem d'adornar-nos que, sovint, els esquemes de valors de la societat contraposen justament els actes que després castigen amb els fets que prèviament es valoren. No és infreqüent que l'espectador senti admiració pel protagonista de la pel·lícula capaç de cometre una sèrie de delictes que ell no seria capaç de fer per por. Existeix fins i tot un cert nivell col·lectiu d'admiració incontrolada per qui comet delictes, aconseguix diners fàcilment o transgredeix sistemàticament les normes.

Aquesta total contradicció a l'hora d'intentar inculcar uns valors porta inevitablement a la necessitat d'establir castigs. Encara que potser pugui semblar utòpic el que estic proposant, una revisió en profunditat dels esquemes de valors i de certs missatges sublimals, que s'introdueixen permanentment a través dels mitjans de comunicació, probablement podrien modificar l'estructura dels comportaments. Si es plantegés una educació en la qual no hi tingués accés la competitivitat i s'afavorís la solidaritat; si es mirés de denunciar el consumisme com a un element pertorbador de la possibilitat de ser feliç, i s'aconseguís veure els diners com a un element no fonamental per a la consecució de la felicitat; si es fés un esforç real per erradicar el consum d'alcohol, tabac i drogues; si s'intentessin corregir elements que estimulen el pessimisme crític, que a través d'uns mitjans de comunicació excessivament pagats de la seva capacitat de ser crítics l'introdueixen en la convivència com a un valor, donant a entendre que tot optimisme o esperit de lluita i entusiasme són infantils i immadurs, estaríem proposant uns comportaments col·lectius incompatibles amb el delicte.

Podrà argumentar-se que tals principis educatius ja s'intenten establir en els idearis de les escoles o de les famílies, però s'estarà d'acord que, malgrat compartir aquestes idees, en la pràctica, la majoria no viu d'acord amb elles. Això incideix directament en la transmissió educativa. Un mestre no pot educar en la no competitivitat si després, instintivament, valora i aprecia més qui obté millors resultats; el mateix passa amb els pares, i amb molts d'altres valors.

Una societat, en la qual el càstig s'erigeix com a únic element corrector de conductes indesitjades i l'instrument fonamental de modelació de comportaments, suposa que ha fracassat en l'essència de la seva estructura educativa i en la comunicació de valors interpersonals. Els publicistes, de la mateixa manera que saben induir el consum, podrien trobar la manera de produir determinat tipus de valors, i introduir progressivament els comportaments que, per la seva pròpia naturalesa, fossin antagònics amb els que la societat ha de perseguir. Perquè, com ja hem vist, perseguir a través del càstig produeix, en diferent mesura, altres mecanismes pels qual l'individu pot veure's sotmés i submergit en situacions de por. Ja he plantejat que em referiria als castigs entesos com a tals per la pròpia societat, però no puc deixar d'esmentar una sèrie d'amenaces que incideixen sobre la conducta dels individus, i que coaccionen la seva llibertat: la pobresa, la marginació, el desprestigi, el desamor, la soledat. Són alguns exemples de les conseqüències que poden tenir determinades conductes no admeses pel col·lectiu social; i són també càstigs que la societat té subtilment establerts per coaccionar la independècnia personal. És necessari guardar-se del bloqueig que produeix la por per no veure sistemàticament eliminada la creativitat personal.

POR ALS CONFLICTES

Abans de presentar la història d'aquest capítol he d'aclarir que tenir por als conflictes ha de considerar-se com un fet normal: a ningú el satisfà un conflicte. Tanmateix, existeixen individus als qui els desagraden fins al punt que els produeixen paor, i els porten a viure en permanent fugida de situacions que poden suposar algun nivell de tensió.

L'Antoni és un home jove, de 35 anys, casat, amb dos fills i professional de la banca. És una d'aquestes persones capaces de motivar-se sempre que hom s'ha de posar en moviment; és un gran esportista, competitiu, bon jugador de tennis i amant de gairebé tots els esports. És un home d'acció, però de poca energia vital per encarar els problemes de caràcter humà; per exemple, les decisions de caire familiar les pren generalment la seva dona. Avui dia pot dir-se que és un home feliç, ja que els seus fills són sans, l'estimen, i la seva vida matrimonial transcorre sense daltabaixos importants; només el posa de mal humor i el treu de polleguera el problema de l'alcoholisme del seu pare, que va envidiar recentment.

Ja fa temps que els parents i amics han captat, en alguna festa familiar, un estat d'excessiva eufòria en el pare del nostre protagonista. En algunes ocasions, la seva muller ha intentat, sense èxit, fer-li veure que ha d'assumir i encarar el problema. Però si algú li fa esment d'aquest tema, l'Antoni, que és de tarannà introvertit, es tanca en si mateix i passa uns dies esquerp, poc comunicatiu i capficat. La seva dona està preocupada, perquè comprèn que el seu marit és una persona amb dificultats per encarar-se a les situacions de conflicte. Recorda, per exemple, que en cadascun dels seus parts, ell es quedava en una posició apagada, sense donar-li l'ajut moral que ella necessitava; també que quan ella es posa malalta, a ell li passa el mateix, o expressa alguna mena de conflicte que el priva de donar-li l'ajut que ella necessitaria.

Recentment van visitar un psiquiatra per veure la manera d'ajudar el seu pare, que, a més del problema d'alcoholisme, pateix un estat depressiu com a conseqüència del seu enviduament: no té amics, se sent sol i no troba sentit a la vida després de la sobtada mort de la seva dona. El psiquiatra va preguntar, potser de forma rutinària, per la possibilitat d'un hàbit tòxic en aquesta persona, a la qual cosa l'Antoni va respondre que bebia una quantitat normal, però el metge va apercebre's que la muller posava cara de dubte i no semblava estar gaire d'acord amb la resposta. Degut a la insistència en aquest tema, l'Antoni es va sentir desencaixat per la insinuació que estava fent el psiquiatra i va contestar amb respostes evasives, sentint-se incapaç d'admetre una realitat que, d'altra banda, se li presentava com a evident. El metge, davant del plantejament que li feien d'una persona a la qual no havia visitat, va dir que no podia ajudar-los sense conèixer l'interessat. Va afegir que si per casualitat hi hagués un problema relacionat amb hàbits tòxics, i més concretament amb l'alcohol, es feia imprescindible posar el problema al damunt de la taula, i plantejar-li clarament al malalt que, mentre no solucionés la necessitat de beure, no podria superar els altres problemes que presentava. En la seva opinió, aquest enfrontament directe només el podia fer el seu fill; va argumentar, amb bon criteri, que si ho fes la nora, ella solament aconseguiria que ell s'enemistés amb ella i evités la possible ajuda.

L'Antoni va rebre els consells del psiquiatra i, com era el seu costum quan hi havia alguna cosa que no li agradava, va optar pel silenci, mentre s'obstinava en convèncer-se que aquest especialista no havia entès el problema; molt educadament va callar el seu propòsit de no tornar i no va replicar. En sortir de la consulta, la seva muller sentia que l'entrevista li havia donat la raó a ella, però també sabia que, si burxava en el pensament de l'Antoni, en el sentit de fer-li palesa la necessitat d'acceptar el problema del seu pare, la rebutjaria de ple i diria que l'entrevista havia estat inútil. D'aquesta manera tornaria a tancar-se el cercle i es frustraria la possibilitat d'intervenir positivament respecte de la problemàtica del seu pare.

Davant la malaltia física i psíquica, els fracassos escolars, les tensions familiars i, en general, les situacions que trenquen l'equilibri del que és quotidià de forma sobtada, molts individus responen amb una actitud de voler ignorar les situacions conflictives en les quals es poden trobar. L'Antoni és un home aparentment feliç, però l'aparició d'un problema d'aquest tipus fa palesa una profunda inseguretat en si mateix i un fals concepte de la felicitat. Com tants d'altres, equipara la felicitat amb l'absència de situacions conflictives, ingrates o inesperades. Aquestes persones tenen un plantejament vital basat en un esquema preconcebut, en el qual tot succeeix segons el que tenen previst; veuen els problemes de la societat com quelcom llunyà, i les situacions conflictives semblen reservades a la resta de les persones. Per aquest motiu viuen tancades en una estranya closca feta d'un avorrit benestar, en el qual la contemplació de la televisió, la lectura de llibres d'evasió i la pràctica esportiva serveixen com a elements canalitzadors del cansament que produeix la feina i com els únics al·licients entusiasmadors d'una vida sense cap altre atractiu que transcorre «sense complicacions». Aquestes conductes tanquen una profunda inseguretat personal, una justificació a una timidesa i introversió gairebé patològiques, i una tendència a voler abstreure's de tots els aspectes més profunds, conflictius o tensionals que hi ha en la realitat quotidiana.

Quan un fill té un problema, un familiar pateix un daltabaix o una persona estimada sofreix, les persones com l'Antoni tenen una certa capacitat per estar al costat de qui pateix, però mai es comprometen amb el seu patiment. Potser les malalties dels fills siguin l'element més significatiu d'aquest tipus de comportament. Davant les malalties pròpies de la infantesa, les habituals i perfectament recuperables, saben com comportar-se amb atenció, delicadesa i gran capacitat de resposta, però si la malaltia surt mínimament dels esquemes que són habituals, per exemple una intervenció quirúrgica, s'enfonsen. Davant els esdeveniments que desborden aquesta paradisíaca normalitat en la qual pretenen viure, sorgeix immediatament la necessitat d'amagar el cap sota l'ala, negar el conflicte o inhibir-se, esperant la resposta que poden donar els altres, dels quals esperen la solució del conflicte que pateixen.

L'ésser humà sol adoptar dues postures radicalment diferents i igualment inconvenients enfront dels conflictes: negar-los, no donant-los la seva importància real, o exagerant-los i no aclaparar-se davant d'ells. El resultat final de la segona actitud és igual a la primera, ja que l'exageració provoca un bloqueig de la capacitat de reacció que porta a la no actuació. L'única diferència pràctica entre ambdós comportaments rau en el grau i la forma de presentació de la corresponent ansietat. Mentre que qui oculta el conflicte viu en un estat d'ansietat reprimida i amagada, qui l'exagera, en fer palesa la seva reacció a tots els nivells, té l'oportunitat de rebre consell, recolzament i consol. En tot cas, això suposa la possibilitat de descansar en l'ajut dels altres.

Existeix una certa correlació entre aquestes actituds i el grau d'extraversió. En principi, encara que no es pugui generalitzar de forma absoluta, l'individu introvertit tendirà més aviat a la negació del conflicte, a no considerar-lo com a tal, i optarà per no verbalitzar-lo; la seva opció de no admetre'l és la conseqüència de la seva necessitat de divulgar els problemes. Per la seva banda, l'extravertit tendirà a alarmar-se amb més facilitat, alarma que creixerà per la necessitat d'expansionar els seus sentiments, la seva reacció psicològica i la seva somatització.

Hi ha una sèrie de reaccions davant de les situacions de conflicte que podria ser d'alguna manera estandarditzada. Una mateixa persona pot reaccionar de diferent manera segons la mena de conflicte o la seva procedència. Existeixen conflictes que són viscuts amb molta més interiorització i sentits de forma més personal, mentre que d'altres, que poden tenir la mateixa repercusió vital, tenen una incidència emocional molt diferent. Conflictes a nivell de relacions familiars, procedents dels comportaments dels pares i dels fills, solen ser viscuts amb molta més tensió, dramatisme i angoixa que els que es desprenen de comportaments laborals, emocionals o sentimentals. La forma de ser de l'individu també provoca cert tipus de conflictes. La persona egocèntrica tendeix a reaccionar pensant en la forma d'actuar que més beneficiarà els seus interessos, mentre que qui és més desprès tendeix a veure la veritable dimensió del conflicte i les conseqüències per als implicats, i per aquest motiu pensarà en alguna mena d'intervenció que propiciï la seva solució, i no solament la forma de sortir-ne ell personalment ben parat.

Com apuntava anteriorment, existeix una certa equivalència entre l'absència de conflictes i la idea de felicitat. Per a molts, assolir el grau de felicitat desitjat se situa fonamentalemnt en aconseguir una realitat personal i vital en la qual els esdeveniments familiars, emocionals, sentimentals, laborals i socials estiguin sota control, de manera que no produeixin situacions de tensió, problemes o ni tan sols preocupacions. El desig de felicitat arriba a equiparar-se amb l'absència de conflictes, si bé generalment aquests no són cap altra cosa que simples preocupacions o motius d'atenció vital. Les persones amb un comportament o una actitud vital d'aquestes característiques tendeixen a actuar continuament preveient l'aparició de conflictes. En conseqüència, el temor a que esdevinguin certes dificultats augmenta la por a un altre tipus de circumstàncies vitals, com veiem en «Por a l'imprevist».

Hem vist en el capítol «Por a estimar» com la por a un desengany, és a dir, a un conflicte posterior o fins i tot la por a una desil·lusió, pot provocar l'absència de capacitat per viure una experiència amorosa. La por al conflicte fa que l'individu inhibeixi moltes de les seves forces personals, i opti per una vida destinada bàsicament a la fugida de les possibles situacions de tensió que propiciarien, en el cas d'aparèixer, determinades conductes poc desitjables. La por al conflicte provoca una conducta d'escapada permanent, una conducta d'evitació continuada que modelarà el conjunt del comportament de l'individu. Són moltes, massa, les persones que actuen influenciades fonamentalment pel desig de no veure introduïda la seva experiència vital en situacions tensionals: la seva màxima preocupació és aconseguir un estat personal sense conflictes. El premi més gratificador que mou la vida és la tranquil·litat , el no entrar en embolics i evitar preocupacions. No solament ja no admeten els conflictes, que inevitablement es presenten al llarg de la vida, sinó que l'evitació d'aquestes situacions, qualsevol que sigui la seva índole, es converteix en l'eix director de tot el comportament.

Una de les conseqüències d'aquesta actitud és que mai no adopten posicions de cert risc i, en conseqüència, el conservadorisme apareix en tots els esquemes del seu comportament vital: romanen en el seu estat que creuen dominar. Aquests individus saben que determinada professió, relació sentimental o costum els ofereix garanties d'una situació de tranquil·litat, i per això, conservar-la és un objectiu. Sobre la base d'haver après a desenvolupar-se en una sèrie d'àrees, separen la seva vida en vàries parcel·les, en les quals aconsegueixen seguretat. Aquesta seguretat els garanteix l'absència de situacions conflictives i, per tant, fan tot el possible per tal de romandre inamobibles en elles. En canvi, si donessin pas a qualsevol tipus de força creativa personal, aquesta podria conduir-los a situacions noves que no controlarien i, en conseqüència, podria produir-se alguna mena de conflicte. Els individus immersos en aquest tipus de comportament basen el seu equilibri psicològic i la seva seguretat sobretot, potser únicament, en la garantia que els pot oferir la permanència en un mateix lloc, o sigui, la continuïtat. Per això són poc arriscats i emprenedors, tant pel que fa al terreny emocional com laboral, poc decidits a afavorir situacions de canvi o a propiciar qualsevol tipus d'aventura. La seva vida s'involucra fàcilment i directa en situacions de permanent continuïtat, i opten per seguir mecanismes establerts de prolongació de situacions prèvies. Semblen covards davant de qualsevol situació nova, i intenten assegurar totes aquelles situacions en les quals hi ha la possibilitat d'alguna mena de conflicte.

En el capítol «Por al risc» hem vist com aquest està íntimament lligat a la por als conflictes. Qui té por al risc actua de la mateixa manera que ho fa qui té por als conflictes, si bé amb alguns matisos diferents. L'individu que tem el risc evita les situacions conflictives, encara que potser té la capacitat d'encarar-les quan es presenten. Però, en canvi, qui té por als conflictes, alhora que actua intentant evitar-los, tracta també de negar-los o no sap respondre quan es presenten. Qui té por als conflictes, com és el cas de l'Antoni, els intenta eludir, fa el possible per no encarar-los i assumir la seva responsabilitat. En canvi, qui només té por al risc actua fent el possible per evitar els conflictes, però possiblement tingui capacitat per encarar-los si es presenten. Podríem dir que tot el qui té por als conflictes té por al risc, però no tots els que temen el risc són necessàriament incapaços d'encarar els conflictes. En aquest segon grup es presenten reaccions de temor al conflicte, però això no suposa un bloqueig per respondre adequadament, com és el cas de qui no pot desenvolupar les seves forces personals davant de situacions novedoses i conflictives degut a un alt nivell d'angoixa.

També existeix un paral·lelisme amb qui viu atemorit per l'imprevist, però la diferència és que, mentre els temerosos al conflicte intenten eludir-lo amb una conducta de negació de tal possibilitat, els temerosos de l'imprevist viuen permanentment obsessionats per la possibilitat que es presenti, l'afirmen amb exageració i en ella se centra l'angoixa; si el conflicte o l'imprevist es presenten, aleshores sol tenir també recursos per encarar-lo, i fins i tot disminueix el nivell d'ansietat.

Les persones amb por als conflictes pensen que només els tenen els qui els busquen, i volen convèncer-se que únicament es presenten en aquells individus que els desitgen. Donat que consideren que la culpa de tenir conflictes és de qui els pateix, estan convençuts que la seva prudència els ha d'alliberar d'esdeveniments no desitjats. Són persones amants de l'ordre i del que està establert, creient que d'aquesta manera és molt difícil que es presentin situacions conflictives a la seva vida. El seu objectiu fonamental és evitar els conflictes; per això, divideixen, mentalment, la societat entre els éssers que busquen problemes i els qui no es compliquen la vida. Ells, òbviament, consideren que no complicar-se-la és una virtud, donat que associen els conflictes amb els desenganys, i la seva absència amb la qualitat de vida més desitjable. Estan fervorosament convençuts que l'absència de conflictes representa una important font de garanties personals per ser feliços, felicitat que instal·len en la rutina.

El conflicte és un element fonamental de l'existència vital: és impossible una vida sense situacions conflictives, i no és possible viure intensament una experiència personal sense que es provoquin situacions de conflicte. La proposta d'una vida sense por és també una proposta d'una vida de la qual s'assumeixen els conflictes. Per aquest motiu, els problemes no han de ser interpretats com a elements que s'ha d'evitar, o com a situacions necessàriament negatives pel sol fet que en alguns moments poden produir un cert patiment o desfici. És obvi que viure d'una manera més o menys continuada situacions conflictives suposa viure en un estat d'alerta i tensió més elevat que qui aconsegueix passar èpoques sense cap mena de conflicte. És clar que deixar pas a la iniciativa personal, optar per actituds vitals independents, actuar conforme els impulsos, les idees i creences pròpies, i viure un cert nivell d'autonomia personal provoca amb més freqüència situacions de conflicte amb un mateix i amb els altres, i contradiccions internes en la pròpia estructura personal. Ben diferent és la situació de qui opta per intentar evitar-los costi el que costi.

Plantejava en «Por al silenci» com la soledat i el silenci, que per a molts poden suposar una situació en si mateixa negativa i conflicitva, poden esdevenir el punt de partida adequat per la trobada de l'individu amb ell mateix. Possiblement sigui en les situacions conflictives quan en una mesura més gran i en més profunditat podem detectar la naturalesa de la nostra pròpia forma de ser, la veritable dimensió com a ésser humà: les possibilitats, la capacitat per tenir idees i inquietuds positives, i establir unes escales de valors adequades que permetran el desenvolupament d'una vida en tensió i felicitat.

Els conflictes poden procedir de diversos camps del comportament. En una classificació obligadament ambígua, podríem separar-los en dos grans grups: els que procedeixen de la pròpia inèrcia vital, i els que es desprenen del comportament arriscat del propi individu que viu sense por de viure. En el primer grup, els conflictes inevitables són viscuts amb diferent intensitat segons els seu protagonista; i les seves conseqüències i repercussions són diferents segons es visqui permanentment intentant amagar la realitat personal i el contingent conflictiu que suposa la vida, o s'accepten i assumeixen les situacions vitals que es vagin produint. L'ésser humà. des que neix fins que mor, es troba amb un ampli ventall d'esdeveniments, que van des de situacions intrascendents a d'altres de dramàtiques: veu com es frustren les seves il·lusions o els seus plans per circumstàncies alienes a la seva v.oluntad, com el dia plujós que interfereix amb els desitjos d'anar a la platja, o el canvi de sentiments d'una persona estimada; el suspens en unes oposicions, la presència d'obstacles externs que incideixen en el desenvolupament d'algun tipus de feina, o un fracàs professional; les malalties i morts de persones estimades, enfonsaments i desenganys pel comportament de les persones que l'envolten. Tots ells són elements que poden interferir en l'esdevenir d'una vida i provocar una situació de tensió i ansietat que és viscuda com a un conflicte.

Aquests esdeveniments de caire inevitable tenen un ressò en l'individu directament relacionat amb la intensitat i tensió vital amb les quals s'està vivint la seva vida. La intensitat amb la qual s'és capaç d'estimar les persones que l'envolten farà que visqui d'una o d'altra manera les dificultats que es poden presentar. Qui se senti poc vinculat afectivament al seu entorn emocional, opti per mantenir distàncies, i visqui immers en si mateix i poc implicat amb els altres, viurà un menor nombre de situacions conflictives, o ho farà amb menys intensitat; en la mesura que sigui capaç d'allunyar-se no l'afectaran i podrà romandre més tranquil i inalterable. Qui sap amagar els seus sentiments darrera del seu egoïsme per viure tranquil, o fa del seu jo l'eix fonamental de la seva vida, vivint centrat en si mateix i evitant la solidaritat amb els altres, aconseguirà que les petites o grans situacions conflictives que pugui viure la gent que l'envolta, rellisquin per la closca protectora que s'ha format.

Qui, ben al contrari, estima solidàriament els altres, viu amb profunditat les seves relacions afectives i té una «tensió vital» en relació amb les persones estimades i els conflictes que aquestes poden tenir, se sentirà més afectat i també més impulsat a l'actuació. Siguin o no importants les situacions conflictives, l'impuls-resposta per actuar estarà sobradament justificat per l'estat de tensió vital, la qual cosa farà que a l'individu li arribin amb fluïdesa les emocions i els conflictes aliens. Veiem, doncs, com la capacitat de solidaritat representa per si mateixa una font de conflictes, la qual cosa no és en si mateixa cap mena de prejudici, ja que representa l'oportunitat de «sentir», «fer» i «estimar»: tres factors que incideixen directament i favorable el «ser» de cadascú. *L'ésser humà pot reconvertir els conflictes en un element d'enriquiment personal.*

Viure —estar immers en la pròpia existència humana— té com a conseqüència la ineludible obligatorietat de passar per una sèrie de situacions de risc, incertesa i inseguretat, que no són en si mateixes buscades. Probablement, les situacions vitals més emocionants i riques són aquelles en les quals l'ésser humà es veu enfrontat a una situació de conflicte. Persones que han passat per l'experiència potser més greu en la qüestió personal, com pot ser una malaltia que ha posat en perill la seva vida, tornen d'aquesta vivència amb una afecció més gran a la vida i més desitjos de viure, a més d'una certa capacitat d'ironitzar sobre les coses que anteriorment els havien suposat sèries preocupacions. Si al llarg de la nostra existència saben treure noves vivències de les experiències que reporten els conflictes, les conseqüències i les emocions personals, aquests tindran la mateixa repercussió que el silenci. Al davant d'una situació de conflicte l'ésser humà rep del seu interior respostes personalitzades, i emet comportaments espontanis reveladors del seu propi ser i identitat. És possible sortir-ne enfortit després de viure una situació objectivament conflictiva, en la qual hom sent perillar els seus punts de referència i els elements de seguretat personal, sempre que s'admeti el conflicte i es visqui «sense por a viure». Aquestes situacions suposen uns estats de màxima creativitat personal i un element productor de noves sensacions de seguretat.

Qui evita sistemàticament els conflictes ho fa perquè pensa que li resultaran insuperables, i tem que puguin destruir la seva identitat i fer perillar la seva seguretat personal. Qui, ben al contrari, els assumeix, ja sigui superant-los o patint-los, té l'oportunitat de constatar que no alteren substàncialment el seu jo, el seu ser, ni tan sols la seva felicitat. Això és degut a que sap situar la seva felicitat al marge de les situacions conflictives, o al costat d'elles, però sabent entendre que la possibilitat de ser feliç no passa per evitar els conflictes, sinó per viure intensament la vida, amb tot el que ella representa. Quan els conflictes deixen de ser quelcom que s'ha d'evitar obsessivament, l'individu pot aleshores encarar la vida sense por que es presentin; en la mesura que els ha anat admeten quan s'han presentat, ha pogut anar-los superant o comprovant que és capaç de no sucumbir a ells.

Voldria puntualitzar que no es tracta tant de superar els conflictes en el sentit moral de la superació personal com a acte de voluntat, sinó simplement d'un serè estar enfront dels problemes i viure'ls. Que se superin èxitosament o no dependrà, la major part de les vegades, de circumstàncies externes. Qui estima la vida i viu sense por acaba pensant que el que és veritablement important és encarar-se amb el conflicte. L'èxit o el fracàs se situa més aviat en el pla d'haver estat capaç d'admetre la vida amb tota la seva intensitat, que en el resultat final de qualsevol situació. Sovint —ho veurem en la por al fracàs— qui creu que existeix l'èxit i el fracàs pensa solament que les situacions poden acabar bé o malament, quan ambdós termes són sempre relatius; per això, les encara amb una actitud executiva i es mou per mecanismes d'utilitat, que, en darrer cas, suposen resoldre favorablement el conflicte. Aquesta actitud no té cap mena de sentit, ja que moltes vegades es constata que, el que en un moment donat sembla una resolució adequada, després, amb el temps, resulta ser més negativa que positiva, fins al punt que hagueren estat millors d'altres solucions inicialment considerades menys favorables.

Una persona que viu sota una forta tensió sentimental potser pensa que l'èxit consisteix en resoldre el conflicte silenciant la crisi de la seva relació. Pot ser així, però també és possible que a la llarga això suposi un fracàs, perque potser realment hagués estat millor trencar la relació... El pare que exigeix al seu fill que estudii més i aprovi totes les assignatures i no hagi de repetir curs pot pensar que ha resolt el conflicte amb els estudis del seu fill perquè aquest ha aconseguit passar de curs; però potser per a aquest hagués estat més convenient repetir... Poso aquests exemples per evitar que es confongui el sentit de la meva exposició respecte d'encarar els conflictes amb una certa actitud resolutiva. És important encarar-se amb totes les situacions, viure-les i buscar solucions, si són necessàries, però en aquest capítol no ens interessa tant que la solució sigui bona o dolenta com que no es tingui por d'encarar la realitat . Evidentment, qui l'encara pot equivocar-se, però l'equivocació no serà mai més dramàtica que haver-se inhibit davant de les situacions conflictives. Quan assisteixes un amic malalt, pot ser que curi més o menys ràpidament, però el fet important en aquest cas és no haver evitat el problema, haver estat al costat de la persona que estimes oferint-li el teu recolzament i la teva companyia.

Existeix un segon tipus de conflictes que es desprenen de l'actitud de «viure» instal·lats en situacions de risc. La persona que encara els conflictes, justament perquè no tem, adoptarà actituds que propiciaran amb més facilitat la presència d'aquest tipus de problemes. Qui mai escriu un llibre, no es podrà veure sotmès a la crítica negativa d'un lector. Qui menys fa, menys s'equivoca. A partir d'aquest concepte veiem que, qui menys canvia de treball, menys possibilitats té de fracassar laboralment i d'il·lusionar-se per la seva professió; qui adopta més mesures de seguretat en les seves facetes vitals, qui menys afronta situacions de tensió i de risc, menys conflictes tindrà.

La persona que està acostumada a afrontar la vida amb els problemes que aquesta presenta, i ha après a viure'ls sense que suposin un greu daltabaix, té la capacitat per encarar-se amb els possibles riscs que una vida sense por pot presentar-li. És obvi que existeix un cert entrenament i una determinada mentalització per afrontar les situacions de risc, però aquesta capacitat està directament relacionada amb el costum d'assumir amb enteresa i normalitat els problemes que es puguin derivar del comportament habitual de l'individu. Qui dóna pas als seus sentiments d'amor i de desig, perd la por a dir el que sent; qui es deixa guiar pels impulsos professionals que percep com a vàlids al seu interior, situa a la seva vida la possibilitat d'assumir situacions de risc. L'individu que ha viscut experiències personals en condicions arriscades o de conflicte, viu aquestes situacions amb menor aversió que qui les ha viscut malgrat ell mateix, rebent-les amb un alt nivell d'angoixa.

El risc es valora amb menor dramatisme i inseguretat si no s'adopta una actitud d'amagar el cap quan apareixen els conflictes inevitables que sorgeixen espontàniament, així com també els conflictes que estan provocats per la pròpia actuació personal de viure estimant determinades situacions de risc. Només tenim l'oportunitat de viure una única vida, i pot optar-se per fer-ho amb intensitat i plenitud o esquivant tots els aspectes que poden semblar que aporten ansietat. Si es tria la segona opció, es percep com la por a la ansietat suposa la pitjor de les ansietats. La primera opció suposa, pel contrari, desprendre's de temors i assumir com a normals, lògics i fins i tot inevitables els conflictes que es poden presentar; efectuar un tipus de vida no centrada en la recerca de la tranquil·litat, fugint dels propis impulsos personals i eliminant aspiracions, ambicions i afeccions sorgides de la pròpia emotivitat.

POR AL FRACÀS

La societat a la qual vivim valora tan intensament l'èxit, que és lògic que un dels elements al que més por se li pot tenir sigui el fracàs. El concepte d'èxit i fracàs està tan arrelat a la nostra societat que pot marcar de forma permanent l'eix del comportament d'un individu. Gairebé totes les activitats de l'ésser humà són mesurades per aquests paràmetres: es triomfa si s'aconsegueixen els objectius que són desitjats; es fracassa si no s'assoleix. En termes d'èxit i fracàs es parla de l'amor, de l'educació dels fills, dels estudis, fins i tot de tota una vida: «Aquest és un home d'èxit», «Aquest és un fracassat». L'estimació social envers un individu està donada bàsicament per la seva tendència a triomfar o a fracassar i, amb massa freqüència, aquests són els paràmetres que condicionen la seva autoestima i autovaloració.

Triomfar o fracassar depèn, per què no admetre-ho, d'elements fortuïts i atzarosos, aliens a un mateix, o fins i tot dels diferents punts de partida que condicionen des d'un principi les oportunitats de cadascú: des de la intel·ligència natural fins a les condicions econòmiques de la família. Són també valors subjectius perquè moltes vegades el que socialment es considera un èxit, humanament pot ser viscut com a un fracàs; o els fets que poden veure's des de fora com a positius, resulten una llosa per a qui la suporta. Homes i dones als quals aparentment els surt tot bé i triomfen, viuen amargats, perquè el preu que paguen per aquest èxit és infinitament superior a la gratificació que obtenen en aconseguir-ho. De tota manera, no cauré en la demagògia de considerar l'èxit com a un element negatiu o el fracàs com a positiu. Fracassar o triomfar són dos conceptes que estan a la societat, i no hi ha dubte que, enfront d'una elecció lliure, tots optaríem per l'èxit abans que pel fracàs.

El que sí vull plantejar és una revisió d'ambdós conceptes per donar-los potser un altre contingut o valorar-los des d'una altra dimensió. Des del meu punt de vista, considero que fracassa qui passa per la vida sense haver-se adonat que la viu, sense desenvolupar totes les seves capacitats i potencials humans, incapaç d'emocionar-se i viure intensament. I triomfa qui viu i troba una parcel·la de felicitat en la seva vida, sigui el que sigui el mecanisme que ha seguit per assolir-la. Existeix, doncs, una altra dimensió per valorar l'èxit i el fracàs, diferent de la que se sol sostenir en la societat. Personalment pot obtenir-se una sensació gratificant i gratificadora de la pròpia vida, encara que no sigui corresposta pel reconeixement social; i pot succeir també a l'inrevés.

Els paràmetres habituals pels que es mesura l'èxit i el fracàs estan condicionats pels valors imperants en el col·lectiu social. Els diners, el poder, la fama, l'estabilitat afectiva o l'èxit en les relacions sentimentals són els punts de referència més freqüents per establir el nivell d'èxit. A més, hem de tenir en compte que tots aquest valors tendeixen a interconnectar-se entre si, potenciant-se, de manera que qualsevol d'aquests aspectes incideix sobre la resta. El que és cert és que no totes les persones que obtenen un aparent triomf en relació amb aquests apartats troben per això la seva felicitat.

Provaré, doncs, de revisar els conceptes clàssics d'èxit i fracàs i de veure com, moltes vegades, la por de fracassar condiciona directament una incapacitat per triomfar. Veurem com la por trenca moltes iniciatives personals, que tant poden representar èxits com fracassos, i que, en evitar-les sistemàticament, fracassem. Podria dir-se que qui es deixa influenciar per la por de fracassar, l'únic que aconsegueix és assegurar-se el fracàs anticipadament. L'artista que no estrena una obra per por de no interpretar-la bé o de no triomfar, ho fa perquè tem el fracàs. Aquest artista ha fracassat abans de proposar-se la fal·lera de triomfar. El triomf que socialment pot entendre's com a tal, en la meva opinió, és de menys trascendència que el que hom sent en haver guanyat la partida amb la por.

Vegem dues històries de por a fracassar. La Isabel és secretària del director comercial d'una gran multinacional, i està considerada una dona molt competent en la seva feina. Un bon dia va rebre una proposta d'ascens laboral molt atractiva, ja que suposava un salt qualitatiu espectacular. El director la veia preparada per a la feina, i li va proposar de passar a ocupar una direcció comercial adjunta, en la qual podria desenvolupar tota la seva capacitat personal per a la venda i el comerç. Aquesta oferta suposava abandonar el paper de secretària, en el qual les iniciatives i les possibilitats de promoció eren molt limitades, ja que ocupava un dels llocs més alts en aquest escalafó.

La Isabel va sentir una batzegada interior el dia que va rebre aquesta proposta i va sorprendre el seu superior quan li va dir que ja s'ho pensaria. La sorpresa va ser deguda, no tant perquè no sabés que la Isabel tindria dubtes de donar el salt, sinó perquè havia rebut la notícia amb més pena que alegria. Feia molts anys que la Isabel havia decidit ser només secretària i, donat que havia fixat les seves metes en aquest punt, no havia introduït en el món dels seus ideals un salt qualitatiu tan espectacular com el que se li proposava. No és que a la Isabel li agradés la feina que estava fent, en realitat més d'una vegada li havia dit a la gent del seu entorn que li agradaria fer alguna feina més emocionant. La seva activitat era monòtona i avorrida, i no li resultava atractiu contemplar el seu futur realitzant sempre les mateixes tasques.

De nit, en pensar en la proposta del seu superior, va començar a imaginar com seria la seva vida a partir del dia que acceptés el nou càrrec. L'atabalava haver d'assistir a reunions d'executius, no sabia com posar-se a manar els seus subalterns, acostumada com estava a rebre sempre ordres, i sobrevalorava la responsabilitat que suposava el nou càrrec. La temptava la millora econòmica, però sentia al seu interior una gran por de no saber-ho realitzar adequadament, de defraudar les espectatives que havien posat en ella.

És necessari que en aquest punt passem a analitzar les condicions de la nova feina. Era un canvi més subtil que profund, ja que es tractava de fer el mateix que havia fet en els darrers set anys, però en comptes de donar la cara el seu superior, donar-la ella. El seu superior li havia proposat aquesta feina perque s'adonava que la Isabel prenia les iniciatives per ell, li recordava la majoria de les vegades les coses que havia de fer, i estava acostumat a rebre els seus valuosos consells sobre com havia d'actuar en les diverses situacions professionals en les quals es trobava.

La Isabel era una dona que havia assumit en plenitud la seva tasca professional i sabia com s'havien de comportar tant ella com el seu superior. Tan acostumada estava a desenvolupar la seva feina, que pràcticament no havia de rebre cap mena d'ordre. Això és el que va cridar l'atenció del seu superior i el que el va portar a proposar-li: «Si saps executar la feina i pràcticament no reps orientacions per realitzar-la, per què no ascendir i ser tu qui prenguis directament les decisions i fer que d'altres persones les executin?». Per tant, analitzat objectivament, ella estava prou preparada per a desenvolupar la nova feina. No es tractava, doncs, de cap aventura arriscada o d'introduir-se en camins desconeguts per a ella; consistia en treballar a la mateixa empresa, amb els elements que ella ja coneixia millor que ningú i amb un únic i important canvi: augmentar el grau de responsabilitat i, en conseqüència, la possibilitat d'equivocar-se, posar-se en evidència i fracassar. Les decisions que fins ara eren assumides pel seu superior, a partir d'aquell moment hauria d'assumir-les ella.

La Isabel no va acceptar la feina i, posteriorment, ho ha lamentat, ja que no s'ha tornat a presentar una oportunitat com aquella; a més, dubta, amb raó, que se'n torni a presentar una altra. Podríem trobar raons que justifiquessin la seva decisió. Quan li van preguntar si havia adoptat aquesta determinació per gaudir d'una millor qualitat de vida, o potser perquè va pensar que com a secretària tindria un horari més estable, una menor exigència i més temps per dedicar a d'altres aspectes de la seva vida, va contestar que no. En la seva nova feina només hauria de realitzar algun viatge, però que no l'obligaria a passar la nit fora de casa gairebé mai; els horaris serien pràcticament els mateixos, i l'atenció a la resta de la seva vida personal no quedaria massa afectada. Se li va preguntar també si, en el moment de prendre la decisió, estava travessant alguna situació de crisi. Potser l'aparició de pors podria respondre a circumstàncies personals, emocionals, afectives o familiars. En aquest cas, dedicar totes les seves energies a resoldre aquests conflictes justificaria la seva negativa, i a més la mostraria realment més interessada en d'altres aspectes de la seva vida. Tampoc no aquesta era la raó. Ara, ja amb una certa perspectiva temporal, la Isabel és capaç de confessar que el que la va privar de donar el pas va ser simplement una enorme por a fracassar, i un desig lògic, comprensible i legítim de no canviar, de no complicar-se la vida. Tanmateix, difícilment la Isabel es perdonarà el fet de no haver introduït a la seva existència uns importants estímuls suplementaris, renovadors de la rutina i que, sobretot, haguessin suposat un canvi de responsabilitat professional.

En la Isabel es donaven d'altres circumstàncies que incidien en la seva actitud. Era bàsicament una dona autodidacta, amb una formació feta al llarg de molts anys de pràctica laboral; havia començat a treballar quan tenia 15 anys, i els estudis nocturns de contabilitat, mecanografia i informàtica havien completat les seves habilitats professionals que, al costat d'una especial predisposició per estimar la feina i fer-ho amb professionalitat, havien fet d'ella una competent secretària i una col·laboradora molt eficaç per al seu superior. En ella aniuava aquest complex que sovint senten les persones que valoren més el que no saben fer que el que si saben, i que les fa anar per la vida amb un cert sentiment d'inferioritat a causa de l'absència de títols que avalen els seus coneixements. Succeeix que la Isabel es valora poc en molts aspectes de la seva persona: està segura només en la mesura que es pot recolzar en algú que li doni seguretat, i fins i tot, ella és capaç d'infondre aquesta seguretat, sempre i quan sigui l'altre qui assumeixi la responsabilitat. Ara bé, amb el temps, la Isabel s'ha adonat que aquests raonaments eren molt poc sòlids, i que les bones oportunitats, que rarament es presenten, s'han d'aprofitar. De fet, fa alguns anys sí va saber aprofitar l'oportunitat de passar de ser una administrativa a secretària personal del director de vendes, de la qual cosa no s'ha penedit mai.

Aquesta és la història d'una situació professional gens infreqüent. Tenia per escollir exemples amb protagonistes masculins i femenins, però, en aquest camp concret de la por al fracàs en una gran empresa, hi ha una diferència qualitativa important entre ambdós sexes. Aquesta raó m'ha portat a triar el cas de la Isabel. En l'home es presenta aquesta mateixa por al fracàs, però una major inhibició econòmica o una certa necesssitat social per aspirar a l'ascens no li permeten que la por interfereixi en la seva promoció. Moltes vegades l'home considera que l'activitat professional és prioritària davant qualsevol altre element personal i vital. Propostes de passar de venedor a cap de vendes, d'administratiu a cap de finances, de metge adjunt a cap clínic, provoquen una gran alegria inicial, però després suposen un canvi de vida tan espectacular que l'individu es veu condemnat a una vida estressada i aclaparada.

Davant d'una proposta de promoció, les persones com la Isabel la rebutgen per la por a fracassar; d'altres l'accepten perquè la inèrcia i el desig de fer-ho superen la por. En aquest cas, el problema és que es té la dosi suficient de por com perquè la vida sigui tan tremendament condicionada, que el canvi laboral pot gravitar com una llosa sobre la tranquil·litat i la seguretat personal. Molts homes no superen la por; simplement l'aparten perquè no els privi de l'ascens que desitgen.

Existeix una gastada llei sociològica, empleada en múltiples estudis divulgatius d'economia i sociologia del treball, anomenada «el principi de Peter». Aquesta llei assegura que tot ésser humà va avançant en la seva promoció laboral fins assolir un grau professional d'incompetència. L'autor d'aquesta teoria considera que l'individu que desenvolupa bé una feina és proposat per un lloc superior, fins que arriba a ser proposat per un altre pel qual no està capacitat. Aquesta és una realitat que podria contradir el plantejament que he fet, ja que sembla donar la raó a la Isabel a l'haver optat per negar-se a acceptar la proposta que li van fer. No vull qüestionar aquesta llei, que té raó suficient a l'hora d'explicar la incompetència de molts directors. La meva intenció és analitzar com incideix la por al fracàs d'una forma directa en les decisions de l'ésser humà, i com aquestes afecten l'autoestimació personal i la promoció professional.

Podria dir-se que, si les persones tinguessin més por a fracassar, no es produirien les situacions que descriu el principi de Peter. La Isabel podria ser un exemple de persona que, per no arribar als seus límits, no ha fracassat en aquest sentit. Potser per a l'empresa fou bona la decisió de la Isabel, ja que podria haver estat una cap de vendes incompetent. Però, en limitar ella mateixa les seves oportunitats, en tallar les seves pròpies ales, el fracàs no s'ha produït per arribar al límit de la incompetència; el seu fracàs ha estat no avançar un pas més enllà del seu hipotètic límit, ja que només disposarà d'una existència per arribar a aquest punt. És un plantejament raonable i en una societat en la qual els éssers humans tinguessim menys por al fracàs i als canvis hagués estat positiu que la Isabel aventurés una incursió en el nou lloc de treball; ara no ho estaria lamentant. Dintre del mateix marc racional, no hauria de ser difícil tornar a l'antiga feina, en cas de constatar que no era apta per desenvolupar-la, o iniciar una altra carrera com a administrativa en una altra àrea de l'empresa, o potser en una altra empresa. No té sentit la necessitat de romandre sempre en un mateix lloc, si es constata que en ell hom no se sent especialment feliç.

Un segon exemple de por al fracàs l'exposaré a través d'una de les manifestacions més característiques. L'Enric és un home obert, sembla alegre i extravertit. És un venedor de reconegut prestigi a la seva empresa i entre els seus clients. Representa la figura d'un home d'acció: recorre molts quilòmetres al llarg del mes, contacta amb molts clients, efectua nombroses trucades i els seus ingressos en concepte de comissions són molt elevats. Els seus superiors escolten les seves recomanacions, perquè resulten ser molt atinades i eficaces, i presumeix de tenir més amics que clients. Tanmateix, viu precipitadament: tem el futur perquè té por de perdre la força de la seva capacitat de treball.

Des de fa uns anys, potser des que va començar, està acostumat a una important ingestió diària d'alcohol i cafè. Malgrat la seva aparent seguretat i el seu evident aplom, a l'hora de encarar-se amb els seus clients l'Enric té la sensació que en acció, si no ha begut una copa abans d'entrar en acció, no estarà prou loquaç per convèncer i aconseguir la comanda que desitja. Algunes vegades, la seva muller li ha recriminat aquest comportament. La darrera vegada que va anar al metge, aquest li va dir que tingués cura perquè apareixien en el seu rostre algunes estries vasculars. I en les anàlisis, hi havia indicis que anunciaven el perill d'una afecció hepàtica. Ell replicà que en el món professional això és normal i que de cap manera es considerava un alcohòlic; a més, va dir que els dissabtes i diumenges beu molt menys, òbviament perque dorm més hores.

L'Enric, al marge de la feina, havia estat un home amb inquietuds. Recorda que poc després del naixement del seu primer fill va escriure un llibre de poemes que va portar a la cartera durant força temps, esperant trobar el moment de mostrar-lo a un editor perquè estava convençut que eren publicables. Tanmateix, mai no els va mostrar a ningú que pogués fer un jutjament crític, i els qui ho van llegir eren persones de les quals estava segur de rebre afalagaments. Més tard va tenir l'oportunitat de preocupar-se per l'educació dels seus fills, i donat que la seva dona també era activa i emprenedora, van entrar a formar part de l'associació de pares d'alumnes del col·legi dels seus fills. Va arribar a ser president i va constatar amb certa inquietud que quan havia de presidir una reunió, per intrascendent que fos, tenia la mateixa necessitat de beure una mica d'alcohol, igual que quan anava a visitar un client. Deia que li donava «marxa» i seguretat: si no en prenia, se sentia insegur, temia no fer-ho bé: tenia por de fracassar. Aquesta història és ben diferent a la de la Isabel. La por de fracassar de l'Enric l'ha portat a la ingestió exagerada d'alcohol; precisament la història em fou explicada amb el dignòstic d'alcohòlic crònic.

La Isabel va tenir, passat molt de temps, una depressió que va començar quan va reconèixer no haver tingut prou capacitat de risc per acceptar el possible fracàs, només possible. L'Enric, ja ho hem vist, alcoholitzat per por de fracassar. Es tracta de dues històries , entre moltes d'altres, de persones que senten un immens terror a no veure culminada la seva vida amb èxit. I el que es percep com a molt pitjor: veure-la introduïda en el fracàs. Negocis que no s'emprenen, canvis de professió que no s'efectuen, ascensos que es rebutgen, canvis de residència que no es fan per temor a no encertar, experiències amoroses que no s'intenten per por a fer el ridícul o a patir un desengany, i un llarg etcètera... La por de fracassar trenca moltes decisions dels éssers humans, els priva del seu desenvolupament personal i provoca el gran fracàs de viure pendent de l'èxit.

Per entendre la por de fracassar no és necessaari establir la trascendència que aquest pot tenir en el desenvolupament d'algunes vides. En primer lloc, ja he dit que suposa un element important en l'autovaloració personal: l'èxit o el fracàs de qualsevol tipus d'experiència el lliga gairebé inevitablement amb l'èxit o el fracàs personal. Que la conseqüència directe del que hom faci sigui reveladora del que hom «és» fa que l'individu visqui exposat a la superposició d'aquestes dues conceptuacions: el «ser» i el «fer». S'«és» en la mesura que es «fa» i , si es fracassa en el que es «fa», s'acaba per creure que es fracassa en el que s'«és». Per tant, la consideració del «fer» com a un factor més revelador de la realitat personal que el «ser» , determina que en els fets se situï l'element autovaloratiu de més trascendència.

Si fóssim capaços de diferenciar i separar el que hom «és» del que hom «fa», i acceptar que sent una persona lliure, autèntica o, simplement, un mateix, s'aconseguix l'objectiu principal, podríem admetre tranquil·lament que en el fer hi haguessin coses que, sent més o menys ben fetes, van condicionar el resultat de triomfar o fracassar. La correlació exagerada entre ser i fer provoca que les conseqüències del fer, en darrer cas l'èxit i el fracàs, incideixin excessivament en l'autoestimació i en la desviació del concepte d'un mateix. De la mateixa manera trobem persones que viuen, pagades de si mateixes, un aparent triomf basat en elements d'autoestimació ridículs; se senten injustificadament orgulloses del que tenen, confonent-ho amb el que són, però també trobem persones que viuen exageradament un fracàs sense que estigui justificat.

Una segona explicació de la importància de l'èxit i del fracàs podria desprendre's de la pobresa global d'experiències, en les quals viu l'ésser humà, i de la seva tendència a limitar cada vegada més el camí de les seves activitats vitals. Per a molts individus la seva vida es redueix a l'activitat professional i a la família, i en conseqüència, el seu màxim ideal se situa en l'estabilitat familiar i en l'èxit laboral. Quan els objectius vitals són reduïts, es limiten les frustracions, però també es redueixen considerablement les gratificacions. Un ésser humà més pluridimensional, dedicat a activitats diferents, diversificat en els seus interessos, amb més objectius vitals, tant fonamentals com secundaris, i viscuts amb intensitat, il·lusió i entusiasme, corre el risc possiblement d'incrementar la quantitat de frustracions, però, alhora, d'incrementar les alegries, gratificacions i estímuls positius. En la mesura que es trobessin elements personals que li donessin una informació més global de la seva realitat, l'individu es veuria menys aclaparat pel desig de triomfar i pel temor a fracassar. Deixaria de ser un ser unidimensional, per qui l'únic veritablement important a la seva vida sol ser l'activitat laboral.

Un tercer element que incideix directament en el ressò de l'èxit o el fracàs és la tendència a la permanència i la por dels canvis, analitzats ja en un altre capítol. Com a conseqüència d'aquesta por, augmenta el costum de viure molts anys, o de per vida, en la mateixa ciutat o en la mateixa casa, efectuant la mateixa feina i tenint el mateix tipus d'afeccions. L'ésser humà té tendència a no trencar els llaços que l'uneixen amb la comoditat de la rutina i de les coses que són conegudes, la qual cosa dificulta l'aparició de sorpreses i imprevistos. Un individu obert a tot tipus de noves experiències en les diverses àrees de la seva existència, encara que no arribi a materialitzar-les, viurà amb menys dramatisme l'eventualitat de l'èxit o del fracàs en la seva activitat present. No té sentit el sedentarisme professional, familiar, residencial i en tots els ordres de la vida al qual voluntàriament se sotmet una gran part de la població, que, d'altra banda, sol donar per acabades les seves inquietuds de canvi al voltant dels 30 anys. Per a moltes persones, les emocions de noves empreses, canvis d'horitzons o noves sensacions s'acaben molt d'hora, perquè elles s'autocondemnen a romandre sense la possibilitat de trencar un lligam ja establert. Aquesta tendència a no canviar fa que esdevingui molt més important el com es desenvolupa una professió, una relació, o qualsevol altra activitat, ja que d'això es desprèn el grau d'èxit personal assolit.

Existeix una altra manera, menys inclinada a la realitat professional i, per tant, possible de ser viscuda amb un nivell d'angoixa inferior. Quan l'individu es desprèn de la seva por de canviar, aconsegueix més fàcilment no tenir por a fracassar, ja que sap que la derrota pot ser superada amb una nova experiència. Sovint ens neguem segones oportunitats, tant en el terreny del que és concret, com en el pla del que és idealitzat. Aquesta altra manera de viure consistiria simplement en intentar plantejar-se noves experiències, noves incursions en d'altres terrenys. D'aquesta manera, si alguna cosa no va tan bé com hom desitjaria, si es fracassa, la repercussió és menor, ja que queden més oportunitats per endavant. La limitació d'experiències i canvis als qual se sotmet l'ésser humà, o sigui, la tendència a conservar el que té i a romandre en el que està, donen al fracàs una gran rellevància.

La valoració dels conceptes d'èxit o de fracàs van experimentant certes modificacions amb el pas del temps. Cada vegada apareix un nombre més gran de persones entre els ideals dels quals no figura el triomf com a un valor absolut, o, al menys, el triomf com s'ha entès fins ara. Els *yupies* són possiblement la darrera generació en la qual la vivència de l'èxit i el fracàs es fa més aparent, radical i contundent. Les generacions posteriors, o fins i tot les seves contemporànies, estan ja formulant teories personals vitals, en les quals lliurement opten per no entrar en la carrera del que podria entendre's socialment com a èxit. Situen la seva meta i horitzó personal en activitats o estadis en els quals la pau interior, l'equilibri personal, l'absència d'estrés i tensions són més importants que l'èxit econòmic, el reconeixement social i el poder.

És possible analitzar quines són les motivacions que porten l'ésser humà a lluitar per aconseguir l'èxit. En la conducta humana sovint s'amaguen unes gratificacions primàries, que són desitjades en la mesura que no es tenen, i molt menys valorades quan ja s'han assolit: els diners, el poder i la fama. Moltes persones associen l'èxit a aquests tres elements, però donant-los una prioritat diferent segons la personalitat. Hi ha qui situa el seu èxit en assolir la màxima cota de poder, important-li potser una mica menys els diners i relegant al tercer pla la fama. Qualsevol combinació és possible; és simplement una qüestió d'ordre, ja que qui estima el poder inevitablement estima els diners i la fama, i generalment els tres elements van associats. Els uns opten pel poder com a estímul principal, d'altres situen al cim dels seus desitjos els diners, i un tercer grup es mou bàsicament per tal d'assolir la glòria o el prestigi.

En qualsevol cas, aquests tres elements són desitjats quan no es tenen, i deixen de tenir tanta importància en la mesura que s'assoleixen. Com ja he plantejat, *l'objectiu fonamental de tot ésser humà és, o hauria de ser, la felicitat, que és factible fins i tot en situacions d'aparent fracàs. L'èxit consistiria en assolir la felicitat, i aquesta està al marge de la majoria de les circumstàncies que socialment es consideren com a símbols d'èxit o fracàs.*

POR AL DESORDRE

La M.ª Rosa és una dona casada, amb dos fills, que va deixar la seva feina durant el primer embaràs. El seu marit és un home dedicat a la seva feina i la seva família. Podria dir-se que constitueixen una llar feliç si no fos per l'obsessió de la M.ª Rosa. És una mestressa de casa que atén la seva llar amb obsessiva dedicació, té en certa manera atemorits el seu marit i els seus fills amb la idea fixa de tenir-ho tot net i ordenat, supeditant la pau familiar a aquest costum. Els dissabtes i diumenges, quan la família es proposa sortir a passejar, ha d'esperar que tot estigui ben ordenat: els llits fets, els plats de l'esmorzar i la cuina nets, el terra fregat, etc. Això fa que sempre acabin sortint molt tard, o bé que hagin d'aixecar-se molt més aviat per sortir a una hora adequada. Aquesta casa resulta cada vegada menys habitable per la rigidesa de les seves normes de neteja: no es pot caminar per casa sense haver-se tret les sabates i posar-se les sabatilles, els nens tenen reduït el seu camp d'acció a la seva habitació, i fins i tot aquí han de mantenir un ordre perfecte quan acaben de jugar-hi; el marit, fumador impenitent, té sempre l'amenaça de la seva muller netejant continuament els cendrers que fa servir, i vigilant que no li caigui una mica de cendra a terra.

Arriba un moment que la vida de la M.ª Rosa és monòtona, perque està atrapada en aquesta obsessiva necessitat de tenir les coses sempre al seu lloc, netes i ben ordenades. Els seus armaris són una model d'ordre i pulcritud. En els canvis d'estació, un cop ha guardat la roba de la temporada que acaba i ha tret la corresponent a la que s'inicia, ja no es pot tocar res. Si l'hivern és suau, ja no és possible posar-se una peça d'estiu; si durant l'estiu refresca, és impossible trobar una peça d'abric, perquè tot està meticulosament guardat. La seva necessitat d'ordenar la porta també a ser estricta amb els horaris. Li agrada tenir organitzada la casa de tal manera que, en la mesura que sigui possible, es dini i es sopi sempre a la mateixa hora; i tant ella com els nens se'n van a dormir en el moment puntualment establert. El seu marit l'estima, però li resulta pràcticament impossible sentir-se atret per la vida de casa. Accepta la situació amb resignació, considera que són manies de mestressa de casa, però, a la fi, arriba a sentir-se ofegat per la permanent imposició de quelcom que no acaba d'entendre i que li resulta difícil d'acceptar i molt menys de compartir.

La M.ª Rosa va rebre una educació tradicional; la seva mare tenia més o menys les seves mateixes característiques personals. Tanmateix, quan ella era jove, passava per ser, segons la família, una noia desordenada. La seva habitació d'adolescent no tenia res a veure amb l'actual. Aleshores estava, aparentment, menys preocupada per l'ordre; potser sí que es notava una tendència a l'ordre quan organitzava els seus deures o com tenia ordenades les prestatgeries dels seus libres, però, en general, podia permetre's el luxe de deixar la roba bruta al terra o fer-se el llit molt més tard del que la seva mare hagués desitjat. La seva mare li havia dit moltes vegades: «Ets un desastre, no sabràs portar mai la casa quan et casis».

Això no obstant, quan es va casar va assumir immediatament un paper mimètic al de la seva mare. Des del primer moment va ser per ella un honor i un esclavatge tenir la casa neta i en perfecte ordre. Li agrada tenir-la de forma que pugui quedar bé quan arriben convidats; i s'enorgulleix que en qualsevol moment quedaria com a una perfecta mestressa de casa si algú inspeccionés la seva casa o apareixés per sorpresa. Si li preguntes per què retarda les sortides dominicals amb el seu costum de tenir tota la casa ordenada dirà que: «Per si passés qualsevol cosa», si patissin un accident i haguessin d'entrar altres persones a casa, no podria suportar que estigués desordenada. És tal la seva impetuosa necessitat de posar les coses al seu lloc que, en un moment de reunió familiar, quan estan xerrant o veient la televisió, si algú canvia qualsevol cosa de lloc, ella se sent impulsada, com per un ressort i gairebé de manera automàtica, a aixecar-se i tornar-ho a col·locar al seu lloc. La M.ª Rosa és una dona ordenada, però perquè té por al desordre.

Aquest és un tipus de comportament freqüent que produeix moltes tensions en les parelles, i sobretot limita la vida de qui ho pateix. Existeix una dependència absoluta dels objectes. Sempre que es tracta la possibilitat que un individu sigui feliç o realitzi la seva vida amb autonomia, es planteja la dependència com al seu pitjor enemic. En l'actitud d'obsessió per l'ordre hi ha un punt de partença de radical despreci per un mateix: la persona deixa de tenir un valor com a tal per acabar tenint-lo el decorat que l'envolta. Aquest s'imposa a la realitat interior de l'individu en el moment que ordena i organitza la casa. La sensació de pau que li produeix aquest comportament està directament vinculada a l'ordenament que aconseguix fer amb els objectes. La dependència objectal és tal que, en conseqüència, es presenta una sobrevaloració del tenir: les coses que es posseeixen estan valorades molt per sobre del que són.

Aquesta és la mateixa dicotomia que he plantejat ja en altres capítols, en la qual l'individu adopta l'actitud davant si mateix, davant el que té o el que sap, com a punt de referència de la seva identitat personal, quan, en realitat, precisament es tracta de potenciar més la capacitat de ser un mateix que qualsevol de les altres dues capacitats. El ser i la realitat personal com a tals, la individualitat i el coneixement d'un mateix, la força interior del seu silenci, queden apagats per la sobrevaloració del que es té i de com es té. Els aspectes individuals, els aspectes personals, els sentiments, queden sotmesos sota la imperiosa necessitat d'ordenar. Per a la M.ª Rosa és normal sacrificar un parell d'hores del passeig amb la família per tenir la casa ordenada: compta més l'organització de la llar que la felicitat de la família. Es verbalitza a si mateixa, s'autoexplica i s'enganya, dient que ho fa pels altres, creu que d'aquesta manera serveix millor els interessos de la família, ja que es viu millor en una casa endreçada. En definitiva, tot ho fa per a la satisfacció i felicitat dels seus. Voldria creure que el seu marit i els seus fills són més feliços ja que la cartera no està al damunt del sofà, la jaqueta en el respatller de la butaca o les sabates fora de l'armari; però mai no els ha preguntat si realment per a ells això és important. Quan una persona se situa al servei de la seva capacitat de fer, es produeix una infravaloració de l'autoestima perquè es valora a si mateixa per una sèrie d'accions molt rudimentàries. En aquesta tessitura, la mestressa de casa comprèn que la seva tasca no és trascendent, i donat que la seva autoestima està en funció de la seva tasca, resulta que s'adona que serveix per a molt poca cosa; gairebé no té una mínima sensació d'utilitat o de importància. D'altra banda, les tasques domèstiques porten moltes hores, perquè es vol fer tan bé que, generalment, la dona s'esclavitza sense possibilitat de gratificació, excepte la que satisfà l'obsessiva necessitat d'ordre.

Quan algú és addicte a la seva feina a o una necessitat, la pot sublimar i trobar justificacions tant a nivell real, perquè té unes conseqüències vitals per a ell o per als altres, com a nivell de projecció, ja que pot tenir la sensació de satisfacció íntima de complir un deure imposat per un mateix. Tanmateix, quan raonablement es pot pensar que la vida és avorrida i monòtona, perquè la tasca que es realitza no produeix cap gratificació trascendent, aquesta sensació esclavitza amb més força que qualsevol altre tipus d'activitat realment trascendent. Una persona víctima de les seves pròpies normes i codis descobreix a diari la possibilitat de millorar alguna cosa del que és imposat; per tant, continuament se sent atrapada per noves obligacions.

Les conseqüències d'aquest tipus de comportament són clares: la dissort pel caràcter moridor de l'obstinació que suposa l'ordre. No són poques les dones en aquesta tessitura que verbalitzen la seva desesperació: «Tot el dia endreçant la casa perquè després, quan arriba el meu marit i els meus fills, quedi tot desordenat». La seva vida consisteix en un continu ordenar perquè altres desordenin, les seves obstinacions no tenen una gratificació permanent, sinó que són moridores; el que s'ha aconseguit serveix només per una estona, i torna a començar: fregar plats, embrutar-los per menjar-hi i torna a fregar; fer els llits, dormir-hi i fer-los novament; rentar i planxar la roba, posar-se-la i altre vegada rentar i planxar. I així cada dia o fins i tot vàries vegades en un mateix dia. . .

Fins aquí he plantejat quan poc gratificant és aquesta tasca per a la persona que la realitza, però també és necessari que aquesta s'adoni del turment que significa la seva obsessió per als qui viuen amb ella. Aquest tipus de plantejament vital porta inexorablement al fet que els altres sentin tallats els seus impulsos personals de viure al seu estil: amb un cert desordre, sortint i entrant a les hores que desitgin, caminant per casa tranquil·lament, o deixant els papers o els juguets sense el temor que l'esposa o la mare se senti defraudada o enfadada pels seus gests de desordre. Potser les dones que actuen així no s'adonen que tenen atrapada la seva família en una mescla de por i compassió: «Pobre mare, s'ha passat el dia netejant», «Ull amb la mare, ja que s'enfadarà si li desordenem això». Aquest tipus de mestressa de casa no comparteix els interessos dels altres, i ella mateixa es col·loca en una situació que és difícil compartir i estimar. A la fi ha de recórrer a la imposició per fer respectar el seu criteri.

Al costat d'aquestes dificultats existeix una conseqüència encara més negativa, a nivell de la convivència, per al futur de la persona que així es comporta. Per aconseguir una relació d'igualtat entre home i dona, és imprescindible implicar tota la família en totes les tasques domèstiques. Els pot i s'ha de compartir amb una absoluta igualtat d'execució i de possibilitats, ja que possiblement això no serà mai del tot factible. És necessari que cada membre de la família assumeixi la seva responsabilitat en l'atenció de la casa de manera compartida amb els altres. Si algun dels membres adopta una actitud tan totalitària respecte del tipus de feina que s'ha de fer i com fer-la, d'alguna manera, permetrà i obligarà els altres a desentendre's de la feina. Aquest tipus de dones sol no acceptar l'ajut del marit i dels fills perquè no ho fan bé, o no tan bé com elles voldrien, i a la fi, es veuen en la necessitat de tornar-ho a fer. Fa de casa seva la seva fortalesa, refugi i justificació. Davant tots aquests condicionants, resulta impossible convèncer els familiars perquè intentin col·laborar i participar en les tasques domèstiques. De la manera que estan plantejades les tasques, són absolutament inassolibles a la seva manera de ser i fer: el llistó està tan alt que cap dels components de la família té forçes ni capacitat per saltar-lo. Aquestes dones se senten soles i ho seguiran estant mentre persisteixi la seva obstinació de mantenir un ordre aclaparador a casa.

En aquesta situació, la dona troba una mena de condemna a la seva tasca: ha traslladat el «pariràs els teus fills amb dolor» a l'«ordenaràs la teva casa amb obsessió». Davant aquesta manera de procedir, la dona assumeix el quedar-se a casa i atendre la família amb un grau d'esclavatge molt superior al que pròpiament imposaria la família o costum social. En els arrels d'aquest tipus de comportament hi podrien haver elements de tipus obsessiu patològic: un tipus de malaltia psicològica anomenada *neurosis obsessiva* que té com a característica fonamental la impossibilitat d'acabar de fer les coses per la necessitat de fer-les exageradament correctes. L'obsessiu dubte permanentment del que fa, del que pensa i del que diu, perquè creu que sempre podria millorar i perfeccionar la seva obra. Els eixos d'aquesta malaltia són el dubte i el perfeccionisme. Alguns trets, en el límit del que és patològic, es donen en el comportament d'aquestes mestresses de casa, com també en els comportaments masculins que més endavant veurem. És precís, doncs, tenir en compte que aquesta problemàtica voreja el que és patològic.

Qui es lliga a una obligació quotidiana i organitza la seva existència amb una estructura tan rígida, acosegueix eliminar tota possibilitat d'acció lliure en la seva vida. Hi ha persones que s'angoixen tant enfront de la llibertat, que fan tot el possible per eliminar-la. La manera de plantejar-se la seva realitat vital i d'enfocar la seva immediata acció personal passa, fonamentalment, per vincular la seva acció i la seva preocupació a alguna cosa concreta, estable, repetida i clarament delimitada. La seguretat, l'equilibri personal i la garantia que estan fent les coses bé és la seva única preocupació; d'aquesta manera no han de qüestionar-se cap aspecte de la seva existència o témer que nous elements puguin canviar la panoràmica de la seva realitat. Es tracta de tenir el terreny completament acotat i delimitat perquè no sorgeixi cap imprevist, res que pugui trencar l'equilibri de la seva realitat personal.

L'anul·lació de l'imprevist, de la possibilitat de canvi o de qualsevol tipus de modificació del comportament sobre la base dels sentiments, és també conseqüència d'aquest tipus de conductes. En aquests casos, la seguretat es basa únicament i exclussiva en l'ordre, la rutina i el seguiment de la norma. És clar que, en la mesura que hom es fa un codi i es dóna unes pautes, assumeix la correlació següent: «si tinc tot això ordenat hauré complert amb la meva obligació i podré estar tranquil». El seguiment fidel d'una rígida escala de valors elimima qualsevol altra possibilitat de distorsió de la felicitat i de la pau personals. L'aspecte que d'humà té la improvisació, el fet que d'alliberador té la creativitat a partir dels sentiments o de les respostes internes davant situacions personals o dels altres, queda anul·lat per no provocar l'angoixa del dubte sobre si està o no ben fet.

L'individu que dubta de les seves pròpies iniciatives i decisions té un sentiment d'inseguretat que tracta de compensar, en alguns casos, amb l'adopció de normes. Les normes marquen el límit entre el que és correte i el que és incorrecte i proporcionen uns valors trascendents a l'avenir de l'ésser humà. No només la societat proporciona normes, també l'individu tracta d'establir el seu propi codi normatiu personal. Per aquesta raó, basa la seva conducta en patrons ètics provinents de codis basats en la religió, els costums o les ideologies. L'adopció d'uns codis normatius molt intransigents arriba a coartar la capacitat d'improvisar la vida de forma personal. L'individu estableix una sèrie de mecanismes inútils, com els assenyalats anteriorment: horaris inflexibles, actes rutinaris o supersticions, que es viuen de forma normativa en la mesura que no existeix capacitat per a alliberar-se d'ells.

La norma, especialment en les persones perfeccionistes, elimina tota la llibertat a l'hora de prendre qualsevol tipus de decisió i porta a recórrer a un tipus de conductes totalment estandarditzades. Quan es tenen clarament delimitats quins són els comportaments correctes, s'elimina tota possibilitat d'equivocació. Els codis ètics individuals rígids eviten la possibilitat de conflictes, però suposen una dependència total de les normes. En aquestes condicions, l'individu considera que cada situació reclama una pauta de conducta concreta; no s'adona que en cada circumstància poden concórrer variables independents, ja que la norma li dificulta la capacitat de relativitzar. El subjecte no pot adoptar formes personals i singulars d'actuar, perque la norma ha destruït la seva llibertat personal. L'individu hauria d'aspirar a saber per ell mateix què és correcte i què incorrecte en cada circumstància. Això suposa conservar la capacitat de relativitzar, d'adonar-se que cada situació pot concloure de manera diferent, segons siguin les circumstàncies: el que és possible justificar en un moment donat no és possible fer-ho en un altre.

De la mateixa manera que ningú es pot plantejar aquest problema en un arquetipus de mestressa de casa, que potser és on s'observa aquest problema amb més nitidesa, també homes i dones en altres situacions poden tenir plantejaments obsessius en relació a l'ordre, que siguin igualment limitadors de la seva força de viure. Quan algú està immers en el món laboral, es veu obligat a tenir una flexibilitat que fa menys palès i rigurós aquest tipus de comportament. Malgrat això, existeixen professionals, empleats o individus que, en el seu comportament domèstic, també fan de l'ordre i la perfecció el punt de referència fonamental del seu equilibri i de la seva pau interior. Amb això aconsegueixen eliminar qualsevol tipus de contingència que doni pas a una llibertat interior, malgrat que amb això es possibilitaria una multiplicitat d'opcions facilitadores d'una resposta ansiosa.

Existeixen molts exemples d'aquest tipus de problemàtica: l'individu que va a la feina sempre amb el mateix mitjà de transport, seguint el mateix recorregut i rigurosament a la mateixa hora, per evitar posibles retards; el que organitza la seva feina amb tal mètode o rigor que li és impossible introduir qualsevol tipus de novetat en algun moment; qui porta la seva comptabilitat amb un rigor obsessiu propi d'un inspector d'Hisenda; els qui se senten atrapats pels horaris que s'han autoimposat en la seva vida domèstica; els qui cuiden meticulosament el seu automòbil o el seu despatx per poder-s'hi sentir a gust. Totes aquestes persones no ofereixen cap possibilitat a cap altre tipus d'alternatives, viuen rígidament els seus propis codis i, en definitiva, tenen por a viure, a encarar la vida amb independència i desprovistos de camins que emmarquin la seva seguretat. La cosa viva, el fet vital, implica la capacitat de descobrir en un mateix a través de forces personals, donar respostes interiors que incloguin la capacitat d'improvisar davant de situacions que sempre són més diverses del que és possible de predir.

Qui programa la seva vida recolzant-se únicament en esquemes basats en l'ordre, és sempre transmisor de missatges avorrits i monotons, i difícilment és capaç de donar resposta a una situació personal. Qui assumeix la vida amb llibertat i independència accepta que en qualsevol situació actuarà en funció del que succeeixi i del que senti i, per tant, admeti que davant una mateixa situació pot respondre de diferent manera, en funció de les variables internes o externes que estan influint. Quan es viu la vida, es crea la vida i, en crear-la, s'admet que cada dia és diferent.

Quan la vida es viu amb intensitat, la planificació serveix només com un punt de referència a partir del qual s'improvisa. Aquesta capacitat d'improvisació proporciona la sensació d'estar fent alguna cosa nova i diferent cada dia.

Aquesta manera d'actuar lliure i variada provocaria, en el tipus de persones que descric es aquest capítol, un torrent d'ansietat potser incontrolable; d'aquí la necessitat que tenen aquests individus de saber que cada dia van a fer el mateix que el dia anterior, per garantir la seguretat de no equivocar-se. Estar supeditat a l'ordre impideix l'amenaça que suposa la possibilitat de caure en el desordre. Aquest tipus de persones es plantegen un pobre objectiu vital, amb la finalitat de no decebre's mai elles mateixes. La seva guerra personal amb la seva circumstància i la seva por consisteix en assolir uns mínims clars i ben establerts, que no ofereixin cap marge de dubte, de manera que resulti fàcil tenir acotada la realitat quotidiana. Aquesta actitud és completament diferent de la de l'individu que és capaç d'assumir la seva independència i la seva llibertat, acceptant el risc de l'error o de no assolir la cota de perfecció desitjada, ja que aquesta no està clarament delimitada.

Resulta difícil establir unes bases per medir qualsevol acció afectiva i emocional que es doni com a una resposta que inclogui la capacitat d'improvisació i creativitat. Només aquella persona disposada a no medir els seus actes de manera sistemàtica, i a acceptar-se a si mateixa segons la pròpia força que sorgeix del seu interior pot tenir consciència de la seva pròpia vida. Troben una clara diferència entre la biografia de l'individu atrapat en la necessitat de ser ordenat i la de qui veu en l'ordre un complement més d'una conducta d'autenticitat i de concordància amb ell mateix. No es tracta de mitificar el desordre com a una virtud; es tracta precisament del contrari: no mitificar l'ordre com si fos una virtud. Una persona serà més o menys ordenada segons hagi estat educada seguint un mecanisme d'aprenentatge; tindrà més o menys organitzada la seva feina, i serà estricta en la valoració de les seves conductes, independentmenmt de quant i com se senti esclavitzada per l'estretor de la seva consciència. En el moment que l'ordre esclavitza, l'individu queda anul·lat com a tal i apareix sent simplement un individu que respon a una manca d'iniciativa personal.

És, aleshores, la vitalitat una forma de viure desordenadament? És aquesta postura de pèrdua de por a la vida un impuls que ens porta a fugir de l'ordre, del horari, i de la rigidesa? En certa forma sí és així. *Proposo que qualsevol forma de comportament en relació amb l'ètica sorgeixi més de la necessitat interior personal i momentània que de l'estructura d'una escala de valors o un plantejament previ molt rígid preestablert i inamovible.*

En un moment donat, una persona pot tenir la necessitat d'ordenar la seva habitació, els seus papers o el despatx com a conseqüència d'un estat interior d'excitació o d'una simple demanda interna. Aquesta actuació proporciona la sensació d'estar fent quelcom positiu i la satisfacció de veure arreglat el que és necessari. Aquesta és una resposta que té com a característica fonamental que és temporal, no continuada, i que obeeix a un impuls intern d'autosatisfacció. Això és radicalment diferent d'aquella persona que sistemàticament i quotidiana posa ordre, no com un desig interior, sinó com l'acatament d'un ordre extern per donar una bona imatge als altres, per quedar bé o complaure algú, fet que, en comptes de respondre a un sentiment de satisfacció, té un sentit d'obligació. I aquí està la diferència. És molt possible que hi hagi persones que visquin estimant la vida intensament, dedicades a improvisar i viure la seva pròpia realitat, i que en les respostes personals a les diferents situacions vitals tendeixin a ser ordenades; però és segur que no seràn tan exagedament rígides com la M.ª Rosa.

Des del punt de vista pedagògic i de l'educació dels fills, aquest tipus de comportament, tant si l'admeten les mares com els pares, té una repercussió clarament negativa. Fàcilment es podrà comprendre que, en una llar com la descrita al principi, no hi haurà un clima de tranquil·litat i pau, ja que els interessos de la persona que vol mantenir l'ordre col·lisionaran amb els interessos dels altres. L'enfrontament més continuat i directe serà amb els fills, ja que són més desordenats degut a la seva edat. Això provocarà un estat més o menys permanent de crispació, el resultat final del qual serà la total incomprensió dels fills envers la seva mare. Són molts els nens i adolescents que, quan són preguntats sobre la seva mare, la descriuen com a una persona maniàtica de l'ordre, fins al punt que arriben a pensar que això és un defecte generaitzat, o fins i tot com a una caracterísitca de les dones.

Sorgeix una contradicció que fa palesa la inutilitat de certes obstinacions: alguns pares pretenen que els seus fills tinguin aquests mateixos patrons de rigidesa, pensant que els fan un bé. D'alguna manera, creuen que s'ha d'ensenyar els nens a ser ordenats, encara que resulta obvi que l'ordre no s'ensenya, sinó que és una característica que sorgeix de la pròpia experiència personal. Qualsevol actitud d'excessiu ordre per part dels pares provoca un augment del desig de manca d'ordre. Quan algun fill de la M.ª Rosa vagi a casa d'un amic que gaudeixi d'horaris i costums més flexibles, notarà un corrent de libertat que el farà sentir-se més a gust en aquella casa. Els efectes són clarament antagònics: en comptes d'aconseguir que els nens s'impliquin en aquesta obsessió, el que aconsegueix és que mitifiquin i valorin tot el contrari.

La mare que, en arribar el fill del col·legi, fa un drama perquè aquest no penja la jaqueta o no deixa la cartera en el lloc adequat, l'única cosa que provoca és que, a partir de l'entrada del nen a casa, hi hagi una constant recriminació, donat que ell fa el que necessita i no el que la seva mare vol. En el millor dels casos, aquesta aconseguirà que el seu fill es doblegui a les seves manies perquè no el renyi, però no perquè senti que és el més correcte. Normalment el nen no entén que sigui tan important que les coses estiguin totalment ordenades, com, per exemple, que pugui molestar la bossa d'esport sota la cadira. En conseqüència, aquest nen s'allunyarà de les pautes de comportament que li donin els seus pares. No només no obeirà aquestes ordres, sinó tampoc les que li donin a d'altres nivells. Si no pot entendre i compartir les seves normes, els pares perdran credibilitat, i la seva funció educadora perdrà capacitat de resposta. En el moment que resulta difícil assumir la proposta d'ordre, les diferents directrius seran jutjades. La distància generacional s'eixampla en la mesura que els pares fan plantejaments vitals inassolibles per als seus fills.

No només la relació amb els fills es fa difícil; el mateix passa amb els amics. No és fàcil que algú que valora tant les seves coses i el seu ordenament pugui valorar les persones per la realitat que són. Quan algú viu immers d'una manera tan intensa en aquesta dialèctica entre el jo i la seva circumstància, les relacions afectives perden valor i importància. La seva afectivitat està sempre supeditada als valors de la rigidesa, a l'ordre, la disciplina i, per tant, és molt més difícil que es produeixi comunicació, diàleg o generositat envers els altres. És precís assenyalar també que l'individu, quan fa la seva forma de vida recolzat en criteris d'ordre, no admet normalment cap altre tipus de criteri, orientació o opinió que li pugui fer qüestionar la seva pròpia escala de valors. Qui té tendència a actuar d'aquesta manera, és una persona tan rígida en els seus programes i idees que difícilment serà susceptible de ser convençuda per ningú ni per res. En conseqüència, la relació que pugui tenir amb els amics, companys de feina o familiars estarà establerta en un pla de superficialitat. Aquest subjecte més aviat tendirà a imposar les seves idees abans que acceptar les dels altres.

En aquests comportaments existeix una certa condició patològica, que està instal·lada en l'obstinació pel que és inútil i en la victimització de la seva pròpia existència. A algunes persones el agrada plantejar-se esquemes personals en els qual puguin sentir-se víctimes de la seva situació; aquesta sensació de victimisme fa que es defugi la responsabilitat personal d'assumir el fet vital com a quelcom individual. Les persones amb aquest comportament sempre carreguen la culpa dels seus errors als altres: qualsevol cosa que no aconseguixen és per una causa aliena a la seva voluntat; tendeixen a criticar tot el que està al seu voltant; viuen impedint qualsevol actitud d'osmosi entre el seu jo i el fet col·lectiu, i fan de la seva intimitat un temple inaccessible i exclussiu d'autocomplaença.

Solen ser individus amargats, difícilment capaços de sentir-se feliços; són hipercrítics amb tot l'entorn i posseeixen un judici crític exacerbat i despietat: veuen clarament els defectes dels altres i difícilment les seves virtuds; senten llàstima de si mateixos i es compadiuen perquè es consideren no compresos, alhora que diferents i esclaus dels altres. Si aquests subjectes s'analitzessin amb certa perspectiva, s'adonarien que són ells mateixos els qui s'han imposat les seves pautes, criteris i patrons de comportament, i que així han limitat —i limiten— les seves possibilitats de felicitat i la satisfacció de ser realment ells mateixos. Les seves anàlisis de la realitat social es basen preferentment en aquells indicis que permeten inferir una visió catastròfica de la societat i de la humanitat. Se centren en les notícies pessimistes: fam al món, injustícies, atur, guerres, etc. per tal de justificar la seva dissort i permetre així una actitud centrada fonamentalemnt en ells mateixos.

Assenyalava més amunt com aquest tipus de comportament redueix la capacitat de resposta al nivell dels sentiments. Això implica que la vida afectiva i sentimental d'aquestes persones té una qualitat limitada, en principi, per la impossibilitat de veure compartida la seva obsessió. És difícil, per exemple, que la Mª Rosa tingui una sexualitat fecunda amb el seu marit, ja que a la seva escala de valors hi ha molt poc espai per a la tendresa, la confiança i, el que és tan important en qualsevol tipus de relació afectiva, el descontrol, l'abandonar-se i alliberar-se. Quan es viu pendent de l'autocontrol, del rigor, de l'ordre, de la rigidesa horària o de la neteja, és difícil que en un moment donat se sigui capaç d'eliminar aquests valors i lliurar-se als plaers, a la capacitat lúdica o d'improvisació pròpia de qualsevol acte amorós en una parella feliç.

Resulta fàcil imaginar que la sexualitat de la Mª Rosa amb el seu marit està condicinada per dies precisos i hores assenyalades, i és a més probable que això hagi de passar després d'haver netejat la cuina, preparat la roba per al dia següent, i haver fet els rituals habituals abans de ficar-se al llit, amb la qual cosa el marit, que ja s'ha acostumat a aquesta situació, ja està adormit quan ella està disposada per l'acte amorós. Quan ell espera despert, practiquen un tipus de sexualitat monòtona, repetitiva, sistematitzada, gens creativa, perquè també el sexe està condicionat per aquestes característiques de l'obsessió per l'ordre. Totalment diferent és la sexualitat creativa de qui realment fa allò que vol fer en cada moment i que dóna pas a elements de descontrol i de passió, única manera de viure l'amor i l'enamorament de forma creativa i fecunda.

Hem vist els conflictes que provoca ser víctima de la por al desordre en les diferents àrees d'una existència, i les diferents repercussions inherents a la inconveniència de tal actitud. Qui es vegi retratat en la lectura d'aquest capítol entendrà amb força claretat que el seu comportament és fins i tot ridícul, però també és possible que se senti incapaç d'alliberar-se d'aquests hàbits i costums. Això no és perquè actuar d'aquesta manera tingui rasgues patològics que facin perdre la llibertat d'acció, sinó que es tracta d'un comportament fortament instaurat en la rutina personal. Aquests individus tendeixen a adquirir amb gran facilitat hàbits que els esclavitzen; per aquest motiu és necessari alertarlos que no els ha de resultar senzill canviar el seu comportament, per molt que entenguin que és clarament negatiu per la seva vida. No és suficient entendre que el que fem no és correcte; a més, s'han de fer actes repetits de voluntat per anar encunyant un comportament cada vegada menys esclavitzat per la por al desordre. Costa aconseguir no considerar l'ordre com a un valor absolut, i resulta difícil mentalitzar una persona que el desordre por arribar a ser bo, o en tot cas, no tan dolent.

Malgrat que s'hagi intentat explicar-se a si mateix que aquest comportament destrueix la seva energia i vitalitat, el subjecte no podrà canviar si no es proposa sistemàticament anar donant passos envers la tolerància amb el desordre. Vull dir amb això que és suficient formular el desig de no ser tan esclau de l'ordre; a més, s'ha d'anar admetent progressivament el desordre. Proposo a aquestes persones que, en els programes de la seva vida quotidiana, poc a poc vagin fent quelcom de les coses que els molesten: per exemple, veure un dia una peça de roba al menjador, pensar que hauria d'anar a tornar-la al seu lloc corresponent, frenar-se i permetre que estigui allà tot el matí, dient-se a si mateix que no passa res; permetre's menjar un diumenge a una hora diferent de la que és habitual, en funció del que sigui més adequat per les activitats que vulguin fer aquell dia; sortir a passejar sense tenir-ho tot completament ordenat, etc. En definitiva, anar trencant la servitud de l'ordre, lentament, fins a sentir-se cada vegada més lliure de lligams i descobrir altres perspectives de vida. El subjecte veurà que no passa res fent les coses de diferent manera, i que la seva vida adquireix una altra dimensió, en la mesura que és capaç d'improvisar. Res no succeeix per trencar la rutina i, en canvi, representa molt anar inventant cada dia els actes que agrada de fer.

També és possible que la persona que estima excessivament l'ordre llegeixi aquestes línies amb una certa incomprensió o una actitud clarament crítica, ja que és incapaç de comprendre el greu daltabaix que, per la seva vida i la seva vitalitat, suposa el seu lligam a uns codis. Aquesta rigidesa priva de descobrir-se a si mateix tal com s'és i relacionar-se en un pla d'igualtat amb els altres.

POR A LA MALALTIA

L'Agustí és un home de 42 anys, està casat, té tres fills i treballa com a directiu en un banc, en un lloc de molta responsabilitat. És un tipus de persona que necessita analitzar-ho tot exhaustivament, saber el perquè i donar voltes a les seves idees; intenta tenir-ho tot controlat i fa extensiu a la seva vida privada el rigor que exigeix la seva professió. És un home responsable, ordenat i curiós, bon marit i bon pare de família. Fins fa dos anys no havia tingut cap problema de salut. Un dissabte per la tarda, a la seva primera hora de festa, va fer una breu migdiada, com tenia per costum: era una situació relaxada, tranquil·la i sense aparents motius de tensió o inquietud. Es va despertar de manera sobtada amb una sensació d'opressió al pit, angoixa i suor; li semblava que tot al seu entorn trontollava i va notar una estranya sensació de malestar i desfici. Bruscament es va sentir molt malament. Els seus familiars es van espantar i el van portar a un hospital de la ciutat. Va ser reconegut exhaustivament en el servei d'urgències. Se li va practicar un electrocardiograma, ja que des del primer moment es va sospitar que estigués patint un infart. Es va apreciar que el ritme del seu cor era completament normal. El diagnòstic final va ser que havia patit una crisi d'ansietat, que fou resolta amb una medicació tranquil·litzant. El van enviar a casa amb la recomenació que anés al seu metge de capçalera per revisar un possible estat d'estrés o tensió emocional.

De tornada a casa, la família estava més tranquil·la, ja que tots van pensar que no havia passat de ser un sobresalt: res alarmant. L'Agustí no parava de donar-li voltes al que havia passat, i pensant què podia haver-li causat el seu trastorn. Des d'aquell dia, la salut va passar a ser un element de preocupació fonamental en la seva vida. La nit del dissabte va dormir amb certa inquietud, encara que els efectes del calmant li provocaven molta somnolència. El diumenge es va sentir extrany, però sense poder descriure exactament quins eren els seus símptomes. El que és cert és que va passar tot el dia capficat en els seus pensaments, preocupat pel seu cor, per la seva salut i per la causa del que havia passat. Va parlar poc amb la família, i quan ho va fer va ser per manifestar que hauria de fer-se una altra revisió, ja que no s'havia quedat tranquil amb l'exploració efectuada en el centre hospitalari.

El dilluns va demanar hora a un metge amic, al qual havia anat en algunes ocasions amb motiu d'alguna grip o algun altre esdeveniment sense importància en la salut familiar. Després d'una exploració, que li va semblar completa i satisfactòria, el metge va arribar a la mateixa conclusió: «Agustí, no et passa res. Has patit una petita crisi d'angoixa, potser seria convenient que et prenguessis un tranquil·litzant durant uns dies». A l'Agustí no li va agradar aquesta alternativa però ho havia dit un metge en qui tenia plena confiança i va optar per fer-li cas. Va estar uns dies prenent una càpsula pel matí i una altra per la nit, tal com li havien prescrit. Mentre va estar amb el tractament es notava més tranquil, la tensió amb la qual estava acostumat a viure havia disminuït, i fins i tot la seva dona i els seus fills el trobaven de més bon humor. Se sentia més a gust i tranquil però li quedava el dubte de si aquella sensació era deguda a la medicació que prenia o a que se sentia per si mateix més relaxat. No li agradava haver de prendre-la i ho feia amb recel, tement que en deixar-la tornaria a trobar-se malament. Per aquest motiu estava especialment atent a totes aquelles qüestions que fan referència a la seva salut: llegia les pàgines dels diaris i revistes i seguia els programes de ràdio i televisió dedicats a la divulgació sanitària, interessant-se especialment per tots els escrits, articles i notícies que tenien relació amb l'infart de miocardi.

Com si els atzars s'haguessin unit -aquestes coses poden passar-, en aquella època va donar més importància que mai a les notícies que arribaven a través dels seus amics, companys i familiars respecte de persones de la seva mateixa edat que tenien malaties de cor. Es va familiaritzar tant amb la idea que havia de controlar aquest òrgan que, d'alguna manera, es rebelava davant dels metges, que insistien en negar que ell patís alguna malaltia orgànica, i resoldre el problema a través d'una medicació pels nervis. Tal com li havia indicat el seu metge de capçalera, passades tres setmanes va deixar de prendre els tranquil·litzants: va seguir trobant-se bé, fins i tot millor ja que van desaparèixer els efectes secundaris de somnolència, disminució dels reflexes, etc. Va passar uns dies tranquil, va arribar a oblidar-se del seu problema i va creure que el metge havia tingut raó en no donar-li massa importància.

Transcorregudes dues setmanes, un altre dissabte a la tarda i en una situació similar, se li va repetir una crisi com l'anterior. El primer que va pensar va ser: «Ara sí que em trobaran el que em passa; aquesta vegada serà alguna cosa més seriosa». Va anar novament al servei d'urgències, va comentar als metges que havia recaigut i els va manifestar la seva impressió que aquesta vegada era més greu. Igual que la primera vegada , l'electrocardiograma i les proves analítiques van sortir completament normals, l'exploració somàtica no va donar cap altre símptoma que no pugués ser atribuït a una crisi d'ansietat. El metge que el va atendre va mirar de convèncer-lo, sense èxit, de l'origen psicològic del seu problema i li va recomenar que visités el servei de psiquiatria. Evidentment, l'Agustí no es va quedar tranquil ni satisfet amb el resultat d'aquesta nova experiència. Aquell mateix dissabte va mirar de localitzar el seu metge de capçalera, qui també va intentar fer-li veure que, si li ho havien dit en el servei hospitalari, havia de ser cert i, per tant, que havia de confiar en ells. De totes maneres van quedar que el dilluns seguirien parlant.

Després d'un altre cap de setmana amb sensació d'inestabilitat, angoixa i malaltia, la muller i els fills van començar a preocupar-se per la seva salut, preguntant-li amb més freqüència de la necessària com se sentia. L'Agustí va adoptar una actitud de permanent vigilància: es prenia el pols amb freqüència i col·locava la seva mà al damunt del pit com per comprovar el funcionament del seu cor. La tarda del dilluns va anar al despatx del seu amic metge, qui li va practicar un nou electrocardiograma, amb un resultat també normal. Quan va constatar la negativa rotunda d'anar al psiquiatra, li va proposar, més per tranquil·litzar-lo que per altra cosa, que l'enviaria a un cardiòleg perquè li practiqués una exploració exhaustiva a fi d'assegurar-se que no hi havia cap lesió de cor. Així es va fer, i el resultat va ser el previst per tots els metges: no hi havia cap lesió orgànica que justifiqués les seves malalties. Els metges, en explorar- lo, li preguntaven si tenia algun conflicte laboral o familiar, i ell contestava de mala gana que no, ja que li semblava impossible que aquelles incidències tinguessin res a veure amb el seu problema. El cardiòleg li va recomanar la visita a un psiquiatra i li va receptar un tranquil·litzant similar a l'anterior per ingerir en aquest interval d'espera. Va tornar a prendre la medicació a desgana alhora que intentava evitar la visita al psiquiatra. L'Agustí va notar una millora, la qual cosa el va preocupar, ja que evidenciava la naturalesa psicològica del seu trastorn. Tal constatació no li agradava i li provocava una reacció de rebeldia.

L'evolució de la seva salut al llarg d'aquests dos anys ha estat la de repetides crisis d'ansietat, semblants a una angina de pit, que amb diferent intensitat i en diferents circumstàncies han provocat algunes interrupcions a la feina. En aquest període se li han practicat més de 20 electrocardiogrames, tots ells amb resultat negatiu. L'Agustí viu obsessionat per la seva salut i en una actitud vigilant: compta el nombre de pulsacions, es pren regularment la tensió, associa qualsevol anomalia en el seu estat de salut, en el seu ritme de son o en les digestions a la seva suposada malaltia. Aquest comportament seria semblant al del «malalt imaginari» de Moliere: un cas d'hipocondria o una fòbia a un atac cardíac. És un home que viu turmentat per la seva salut i especialment pel temor a un determinat tipus de malaltia. Aquest temor neix d'una crisi d'angoixa, una situació psíquica concreta que desencadena no només una simptomatologia, sinó una reacció de temor a la pèrdua de la salut.

Existeixen altres casos de temor a la malaltia que no tenen un inici tan clar i concret com el del nostre exemple. Aquest tipus de temor sorgeix, en altres circumstàncies, espontàniament i sense un punt de partença identificable. Les persones que viuen permanentment atentes a la seva salut probablement poden justificar aquesta preocupació a partir de molèsties que hagin patit en alguns moments de la seva vida. Hi ha individus que han tingut mala sort amb la seva salut, ja que han de realitzar freqüents visites als metges o veure's sotmesos a vàries intervencions quirúrgiques; el coneixement del seu organisme es converteix en un element fonamental a l'hora de conèixer la seva realitat vital i personal.

Trobem persones que saben quina és la seva dosificació en sang de colesterol i de sucre, la tensió arterial al matí i al vespre, la temperatura de l'organisme i el ritme cardíac habitual. Els sembla que tenir aquest tipus d'informació és completament normal, i els costa d'entendre que hi ha d'altres persones que mai no s'han fet una anàlisi de sang o, si se l'han feta en una revisió mèdica fortuïta, no es recordin d'aquestes dades. Possiblement, els uns i els altres gaudeixen de bona salut i no tenen unes especials condicions negatives en el seu organisme. Tanmateix, les persones amb el problema que ens ocupa tenen una desmesurada preocupació per l'estat del seu cos. Això els proporciona un estat permanent d'ansietat i de vigilància constant dels seus símptomes, que apareixen justament pel fet de ser objecte d'una obsessió. Es diria que amb la seva actitud de donar tanta importància a la malaltia, aquests subjectes acaben per provocar-la.

L'avenir de l'Agustí és difícil i ardu si no es decideix a assumir la seva condició de malalt psíquic, i a admetre que ha d'introduir importants modificacions en la manera d'encarar la seva malaltia. Si no accepta els resultats de les exploracions que li practiquen, o sigui, que al seu cor no li passa res, i el consell de recórrer a un tractament psiquiàtric, fàcilment veurà transcórrer la resta dels seus dies atemorit per les seves condicions de salut i ansiós davant la possibilitat de perdre-la. Si, a més, confon el tractament psiquiàtric amb la simple ingesta d'algun tranquil·litzant durant una temporda, probablement s'instal·larà en un procés cíclic: millorarà mentre es mediqui i reapareixeran els símptomes quan deixi la medicació.

L'Agustí va començar a viure com un malalt des d'aquella tarda de dissabte que va tenir l'accés d'ansietat. Aquesta va estar probablement motivada per un estat d'estrés emocional produït per les condicions de la seva feina. Va ser precisament quan va baixar el seu nivell de vigilància i posar-se, més teòricament que realment, en la situació de relaxació que sempre implica la somnolència postalimentària, quan van aflorir tensions que en altres moments podia controlar gràcies a la vigilia habitualment establerta. Si no assumeix que hi ha elements en la seva forma d'analitzar, pensar i encarar aquesta malaltia que són justament els que provoquen i fomenten la seva presència, probablement l'Agustí viurà molts anys, però, amb tota seguretat, ho farà amb l'autoconvenciment que es tracta d'una persona malalta.

La salut és un bé necessàriament molt apreciat, sobretot per qui l'ha perdut. Les persones que tenen la desgràcia de patir una malaltia de certa gravetat o de característiques cròniques, d'aquelles que obliguen a controls periòdics, és possible que, malgrat això, puguin viure la seva situació amb una sensació més saludable que qui té, objectivament, bona salut, però viu turmentat per temor a posar-se malalt. L'Agustí, que no té cap malaltia somàtica, viurà, sense ser'ho, com a un malalt orgànic. En realitat, l'Agustí té una malaltia psicològica que li altera el curs de la seva vida i les seves possibilitats de trobar felicitat i pau. L'Agustí estarà malalt fins que algú aconsegueixi fer-li entendre que la malaltia no ha de consisitir un element d'obsessió i preocupació. Al mateix temps, possiblement sigui necessari un tractament mèdic que li proporcioni un estat de salut que el faci sentir bé, i uns instruments de relaxació i estabilitat emocional suficients com per no reincidir en la mateixa preocupació.

Una actitud vital de permanent vigilància de la salud fàcilment es tradueix en tota mena de simptomatologia. Ben al contrari, resulta molt més adequat, per exemple, ser capaç de menysprear alguns d'aquests símptomes, i pensar en preocupar- se en el mateix que la majoria de les persones: preocupar-se per fer coses, distreure's, estimar i dedicar-se als altres; en resum, centrar-se menys en el propi cos. L'individu en aquesta situació seguirà sent un malalt fins que descobreixi que ha de donar un tomb en la seva vida, consistent en despreocupar-se del seu interior i volcar-se cap al exterior: interessar-se novament per la vida dels altres, el treball, la diversió, la pràctica d'un esport; adoptar un tipus de vida obert cap a fora de les seves tensions i mecanismes pulsionables. Evidentment que per aconseguir-ho, l'Agustí necessita l'ajut d'un psiquiatra o un psicòleg. Un tractament adequat eliminarà els símptomes que li causen el patiment. Només així aquest pacient podrà sentir-se prou segur com per tenir la certesa i garantia que el seu cor funciona bé, i que la seva salut depèn únicament de l'actitud que adopti.

L'exemple que inicia aquest capítol entra dintre del terreny del fet patològic, i el seu diagnòstic podria ser el d'hipocondria o, segons els motius, el de fòbia a la malaltia. Probablement en ell es produeix una suma de situacions estressants el resultat final de les quals ofereix un estat d'ansietat que és el productor dels símptomes de, en aquest cas, malaltia fòbica.

En una situació que no pot ser considerada tan patològica com la de l'Agustí, altres persones fan de les seves vides un permanent cult al seu estat de salut, arribant-se a convertir en un punt de referència fonamental de la seva realitat personal: es preocupen per l'alimentació, el descans i l'activitat; tenen por a engreixar-se, refredar-se, estar dèbils o cansar-se; no volen activitat sexual assegurant que el dia següent estan més cansades, fet que no té cap explicació científica. Les persones que temen sortir al carrer alguns dies per por a refredar-se, o no realitzen determinades activitats per temor que el cos no aguanti, són alguns exemples de l'actitud de rendir un cult exagerat al seu organisme, a un benestar físic que, justament per estar tan pendents d'ell, mai no arriben a assolir. Seria bo que aquestes persones sabessin que tots els éssers humans tenen en algun moment de la seva vida una malaltia. Si bé no hi ha dubte que hi ha persones més sanes que d'altres, quan fan una revisió del seu estat físic tots els éssers humans troben alguna cosa que podrien millorar. La diferència rau en que la persona amb un comportament lliure, sa i despreocupat, quan té alguna molèstia, sap relativitzar-la, donar-li la importància i la dimensió adequades i confiar en els professionals de la medicina que l'atenen. Ben al contrari, qui viu obsessionat per la seva salut, de seguida exagera els seus mals, la qual cosa li produeix un estat de tensió i angoixa.

En la por a la malaltia s'han de valorar les actituds psicològiques que poden donar-se en les persones que pateixen una malaltia crònica. És possible establir dos grans grups en aquest tipus de malalties: les greus, quant al perill vital que suposen, com, per exemple, pot ser la leucèmia de llarga evolució o lesions neurològiques com l'esclerosi cerebral, que interfereixen el procés vital de l'individu; i malalties més benignes, com la diabetis, els problemes artròsics o les úlceres, en les quals és necessari tenir present que s'està malalt, però en les quals és prou factible desenvolupar una vida normal. En ambdós grups podem trobar diferents actituds psicològiques de diversa trascendència per al desenvolupament de la vida. És clar que hi haurà persones amb un nivell més alt de neuroticisme i inestabilitat emocional, semblants a l'Agustí, tant en un com en altre grup. L'individu que pateix una malaltia crònica i, per tant, té la condició permanent de malalt, pot saber aparcar aquesta sensació i els seus corresponents sentiments de minusvalia i sofriment; pot ser capaç de viure la seva realitat mirant que aquesta circumstància no anul·li, totalment o mínimament, la resta de les seves facultats, creences i possibilitats com a ésser humà.

Es tracta de medir el grau d'influència que té la malaltia en el context total de l'individu. La primera mesura està donada fisiològicament per la trascendència funcional, ocupacional i motivacional. Si es tracta d'una persona que desenvolupava una important activitat física, una lesió nerviosa que li condicioni una deambulació difícil serà molt més trascendent que en una altra persona que feia una vida completament sedentària. Resultarà més conflicitva una diabetis en un individu que, per la seva professió, ha de menjar freqüentment fora de casa que en l'individu que té uns hàbits alimentaris més discrets. En qualsevol tipus d'anàlisi podríem trobar una limitació en el desenvolupament de l'existència, bé per la seva capacitat invalidant, pel sofriment que genera o per la incidència psicològica que té.

La segona mesura té en compte la repercussió de la malaltia motivada per la psicologia de l'individu: la seva manera de ser i la importància que dóna a la seva malaltia. Veiem a l'exemple que ens ha servit d'introducció com una persona, sense estar malalta, adquiriria la malaltia de la por a la malaltia, i faria de la seva vida una obsessió entorn d'un possible trastorn, sense tenir ni tan sols una base bilògica ni objectiva per a això. A l'altre extrem podríem trobar aquelles persones que, estant realment malaltes, tendeixen a no donar importància i procuren que la seva malaltia interfereixi el menys possible en la vida quotidiana. Aquesta segona actitud seria la més acosellable, sempre que la negació de la malaltia o, més ben dit, la capacitat per viure-la independentment, sense deixar-se obsessionar, no porti implícitament una actitud de negació tan profunda que impliqui un abandonament total del tractament o de les pautes prescrites. Hi ha un anti-Agustí, per dir-ho d'alguna manera, que seria aquell individu que mai no accepta d'anar al metge, que si ho fa i li demanen unes anàlisis no se les fa, que no segueix les dietes o no pren els medicaments, que tendeix a anul·lar les cites amb els metges i que, sistemàticament, es nega a l'evidència de la malaltia, vivint d'espatlles a ella i generant un procés que moltes vegades porta a l'empitjorament. Aquesta actitud no pot ser ponderada positivament, en la mesura que suposa un perill real per a la salut.

L'actitud intermèdia, la més adequada entre les dues exposades, consistiria en la persona que fa estrictament però relaxadament el que diu el metge; procura que la malaltia no s'apoderi d'ella, i acompleix totes les normes terapèutiques i el ritme de visites, només les necessàries. Quan el metge li dóna unes normes restrictives mira de conèixer totes les causes per tenir un cert nivell d'autonomia que li permeti de prendre les seves pròpies decisions; per exemple, davant la indicació d'un règim alimentari, podria fer-lo estrictament, no fer-lo o preguntar al metge quin perill hi ha si un dia el transgredeix o quins aliments, dels prohibits, són els menys perjudicials. Això suposa assumir la malaltia i aprofitar totes les possibles escletxes avantatjoses per viure-la el menys negativament possible i fins i tot, en determinats aspectes, positivament. Existeix, en conseqüència, un ampli ventall de possibilitats en els comportaments de l'ésser humà enfront de la malaltia: des de la persona molt neurotitzada, que sistemàticament es considera un malalt, a l'extrem oposat de qui nega rotundament qualsevol possibilitat de malaltia.

La malaltia s'instal·la en l'ésser humà amb la cruesa de la seva malignitat. És impossible negar l'evidència que la febre, per exemple, minva les capacitats físiques i intel·lectuals de l'individu que la pateix. Això no obstant, existeix una gran diferència entre no acceptar que la malaltia és aquí, que és una realitat a la qual s'ha d'atendre, i donar-li tant protagonisme que limiti més del que correspongui. En aquesta línia estaria la diferència entre viure torturats o bloquejats per la malaltia i el cuidar la salut sense aclaparaments més grans dels imprescindibles. La integració de la malaltia com a un element que òbviament no és positiu, però que està en la seva realitat, ha de permetre l'individu ser capaç de donar al seu problema la real trascendència que té perquè suposi la mínima repercussió en la resta de les activitats.

La *iatrogènia* (acció nociva del medi sobre la pròpia malaltia) té una gran importància en la generació de la por a la malaltia. La paraula *iatrogènia* significa *malaltia provocada pel propi metge o per algun tipus d'actuació terapèutica*. No és infreqüent trobar casos de persones que van al metge pensant que així es tranquil·litzaran, amb l'esperança de sentir del seu metge que el seu patiment no és important i que és fàcil de solucionar. Però, en ocasions, el metge, amb raó, ha de dir que no es tracta d'un problema tan senzill com ell voldria, i plantejar-li al pacient la necessitat de realitzar complicades o exhaustives exploracions, en comptes de receptar unes pastilles, com tantes d'altres vegades. Les anàlisis, les radiografies i proves d'alguna manera traumàtiques poden desencadenar un raonable estat d'alerta i preocupació. En alguns casos, quan el pacient és especialment sensible a les situacions d'agressió d'aquest tipus, es produeix en ell una resposta d'ansietat molt més important del que el metge suposa o ha pretès provocar amb la seva actuació. Possiblement l'abús —justificat, segons alguns, injustificat, segons molts d'altres— de proves com la TAC, les mamografies, les ecografies i altres tests que tenen certa aparatositat a l'hora de ser efectuats o que no són adequadament explicats, provoquen en el pacient un estat d'ansietat potser molt superior al benefici que pugui obtenir-se amb el seu diagnosi.

Cert tipus de pràctica mèdica que inclou sistemàticament una exploració exhaustiva, sense donar el valor adequat a la història clínica, procurant la recerca de la màxima seguretat en la diagnosi. Aquesta actitud pot provocar una resposta ansiosa en qui hi ha anat buscant tranquil·litat; ben al contrari, el pacient acaba trobant una important sensació d'intranquil·litat. Existeix una considerable quantitat de proves mèdiques que atempten contra l'equilibri psicològic de l'individu respecte de la seva malaltia i li provoquen una actitud d'alerta envers el seu estat de salut. No és estrany que es produeixin trastorns de tipus psicosomàtic o comportaments hipocondríacs a conseqüència de múltiples exploracions complementàries. Quan es realitza tot tipus de proves d'una manera sistematitzada, el pacient cau en una mitificació del poder mèdic, en una excessiva valoració dels símptomes, i en una anàlisi permanent de la seva manera d'estar, de ser, i de comportar-se, la qual cosa propicia el desequilibri psicològic.

Determinats interrogatoris mèdics també poden produir respostes psicosomàtiques. Les contínues preguntes del metge que detalla molt bé els símptomes, sense tenir en compte el grau d'ansietat que provoca en el pacient, produeix una acumulació d'informació que el malalt projectarà posteriorment en la seva por. És evident que, si el pacient no és adequadament informat i tranquil·litzat, la informació que va acumulant respecte de les seves malalties pot constituir un punt de partença per a la generació d'angoixes i tensions. Això no vol dir que jo sigui partidari de la desinformació, de històries clíniques poc detallades o de certes proves complementàries. Crec que qualsevol acte de relació metge-pacient ha d'estar encaminat a no perdre de vista que l'objectiu principal és procurar més benestar al pacient: s'ha de tractar de disminuir en la mesura del que sigui possible la seva ansietat, no augmentar-la. Per aquest motiu, abogo per una medicina en la qual la relació metge-pacient sigui tan estreta com sigui possible, amb una preocupació més gran per la qualitat de vida que per allargar-la. En aquesta medicina, el tractament és més important que el diagnòstic, i el personal sanitari s'enfronta amb el pacient no sols com un investigador de la importància dels símptomes, sinó com algú que, valorant el conjunt de la situació i tenint en compte les demandes del pacient, està preparat per ajudar-lo en tots els sentits.

El metge hauria de tenir en compte les característiques de cada malalt, la qual cosa suposaria estar a favor d'un tipus de salut més a la mida del consumidor de la medicina. Uns malalts poden preferir una intervenció dràstica que millori detrminats símptomes, mentre que aquests mateixos símptomes poden resultar molt suportables per a d'altres individus, als quals no els interessa una intervenció tan radical per suprimir-los. En darrera instància, encara que pugui semblar sorprenent, allargar la vida perquè sí, sense tenir en compte la qualitat vital, no justifica una bona part dels comportaments mèdics que actuen només en aquest sentit. A la pràctica mèdica s'oblida massa sovint la definició de salut i que no solament es lluita per fer desaparèixer la malaltia, sinó també per la supervivència a qualsevol preu. En la meva opinió, no té sentit que l'objectiu únic i fonamental de la medicina sigui la supervivència, si bé no hi ha dubte: no hi pot haver qualitat de vida si prèviament no hi ha vida. Prolongar la vida del pacient només té sentit quan aquesta té una qualitat suficient, una dignitat i un sentit de plenitud. Qualsevol actuació mèdica que perdi de vista la qualitat vital i el respecte a les capacitats de l'individu, i que es dirigeixi solament a eliminar els símptomes i perllongar l'existència, està mancada de sentit.

Existeix avui dia una mitificació de la salut com a valor absolut. Per aquest motiu hi ha una gran demanda d'informació: llibres de divulgació, programes de televisió, emisores de ràdio i revistes dedicades exclusivament a aquest tema. Tot això és un senyal de la preocupació que hi ha a la societat per tenir un coneixement més extens del cos humà i per la possibilitat d'extreure d'ell el màxim rendiment. Aquesta mitificació de la salut és sens dubte reflexe de la preocupació i la por a la malaltia i, d'altra banda, de la recerca de benestar i felicitat. Existeixen preocupacions paral·leles, com lluitar contra l'obesitat, retardar l'envelliment, practicar determinats esports, prendre certes substàncies o dopar-se, que vivencien l'organisme com a una màquina de la qual s'ha de treure el màxim rendiment. Aquesta actitud de viure més pendent que mai de la pròpia resposta fisiològica afavoreix el temor que el cos es malmeti; amb això, li apareix la por a la malaltia.

La por a la malaltia està correlacionada amb d'altres pors que hem analitzat o analitzarem al llarg del present llibre. És obvi que existeix una clara correlació entre la por a la malaltia i la por a l'envelliment. En el procés d'envelliment es produeix un deteriorament, i l'ésser humà es preocupa per romandre dintre de la normalitat; per aquest motiu pregunta als metges si és normal que a la seva edat ja no pugui fer certs esforços o menjar determinats productes. Existeix una correlació directa entre salut i edat, i hi ha certa consciència de la inevitable pèrdua de facultats que es produeix amb el pas dels anys. Davant d'aquest fet, la persona mira de discernir entre el que simplement és producte del pas dels anys o d'alguna alteració que pateixi el seu organisme. En qualsevol cas existeix una certa por a la vellesa molt similar a la por a la malaltia.

També es tendeix a associar la malaltia amb la idea de pobresa, encara que, amb l'aparició de la Seguretat Social i altres tipus d'assegurances, això és menys evident que en l'antiguitat. També hi ha una associació entre malaltia i debilitat, perque la societat actual pondera exageradament la força. La relació entre la malaltia i el prestigi es constata en observar com una manera d'alabar una persona és dir d'ella que és saludable. Existeix una consciència generalitzada que l'ésser humà pot ser escassament responsable de les seves malalties. De fet, la seva responsabilitat adquireix importància en la manera com les assumeix i en la repercussió que permet que tinguin en la seva capacitat per viure intensament.

da coquetejar amb el seu marit com si fos jove, juga permanentment a ser jovenívola; paral·lelament, s'obsessiona i es deprimeix cada vegada que constata que passen els anys, que els fulls del calendari van caient i que inevitablement sonarà una hora en la qual no podrà seguir aparentant el que no és. En la vida de la Lola, com en la de tots, existeixen una sèrie d'esdeveniments que evidencien la realitat cronològica. Els seus fills van creixent i els veu com adquireixen comportaments cada vegada més d'adults, responsables i madurs, però la Lola, en comptes d'alegrase'n, se sent envellir: els seus fills són un punt de referència i per això tendeix a seguir considerant-los com si fossin nens petits. Aviat això no podrà seguir sent així, per més que ella s'hi obstini. S'adonarà que la seva obsessió per no acceptar la realitat de la maduració dels seus fills i del seu propi procés d'envelliment li haurà suposat un greu allunyament d'aquelles persones que tant estima.

Els pares de la Lola encara viuen. Ella també es resisteix a admetre la seva decrepitud, frivolitza el seu tracte amb ells i no admet les malalties o signes de vellesa: això l'encara amb el seu propi envelliment. La Lola segueix tractant els seus pares com vint anys enrera, i aquests, inexorablement, li van responent de manera diferent, la qual cosa la fa sentir cada vegada més incòmode quan va a visitar-los. La seva obsessió per no assumir l'edat que té l'està portant a que els seus pares sentin que la seva filla està cada vegada més distant, que no vulgui comprendre els seus trastorns, i que se senti incòmoda davant la manca de memòria i d'altres signes de vellesa. La Lola adopta una actitud d'incomprensió que la porta a allunyar-se d'ells. Els fills i els pares de la Lola la senten llunyana, perquè cada vegada està més capficada en el seu propi cos, i obsessionada per la seva aparença davant dels altres.

La Lola no pot suportar cap mena de conversa sobre l'envelliment o la mort; vol sentir-se jove i no pot admetre que la frontera biològica de la menopausa està trucant la seva porta: viu d'esquena a la realitat, centrada en el seu cos i, a vegades, ridículament, volent semblar una persona de diferent edat a la que té. Els esdeveniments que van succeint al seu voltant l'envien missatges en el sentit de fer-li assumir la realitat, però ella opta per anar negant aquelles situacions que no li agraden o que li recorden d'alguna manera l'evidència que mira de rebutjar. Ja fa temps que va decidir no anar a cap enterrament, fugir de qualsevol persona que tingués problemes seriosos, ja que no vol amargar-se, i ha arribat a dir una expressió al meu entendre tremendament crudel, inhumana i infantil:«No vull problemes, no vull passar penalitats que envelleixen». Per això no va anar a donar el condol quan va morir la mare d'una amiga, no ha volgut atendre les seves amistats més pròximes quan han passat una situació difícil si ho ha fet, ha estat fugaçment, sense voler aprofundir en la realitat vital de ningú ni de res. Està passant sense deixar petjada per la vida de les persones pròximes; possiblement, també sense pena ni glòria per la seva. En tot cas, viu negant quelcom essencial: el pas de la pròpa existència i la seva temporalitat.

La Lola vol mostrar als altres la seva felicitat i la seva jovialitat, però cada vegada necessita més alcohol per semblar feliç o productes anorexígens, que controlin la seva gana i alhora actuin com a euforitzants. Això la fa viure suspesa de la realitat, al marge del context vital comú a les persones del seu entorn. És possible que durant uns anys haurà pogut donat la imatge de ser més jove, però potser només hagi assolit una part dels seus objectius: convèncer-se a si mateixa de la possibilitat d'enganyar la realitat amb l'aparença.

El seu marit, en Miquel, té 49 anys, és advocat i treballa amb un equip de joves professionals, i també està contagiat per l'obsessió de la seva dona. Sempre que la feina li ho permet, va a un gimnàs i practica esports sense massa il·lusió, però que el fa-

lles dones que desitjarien ser mares però que no veuen propiciada tal eventualitat a causa de la seva situació, per manca de parella o per una relació conflicitiva o inestable. Aquestes dones veuen que s'estan acostant a una edat en la qual tal contingència cada vegada serà més inconvenient. Existeixen circumstàncies que produeixen en l'individu reaccions respecte de l'envelliment en edats en les quals els altres aspectes funcionals de la vida no es produeixen encara.

Hi ha edats crítiques que actuen com a fronteres que delimiten situacions de canvi en el comportament dels individus. Els 18 anys suposen acabar definitivament amb la infantesa i introduir-se en l'adolescència, però alhora se li dóna al jove carta d'adult i se'l considera responsable per exercir els seus deures cívics. En els 40 sembla que hi ha una consagració de la maduresa i a la vegada un inici d'una certa davallada. De fet, hi ha moltes argumentacions populars que marquen aquesta edat com a la més propícia per a les situacions de crisi personal. S'aprecien també de manera clara les diferents formes de viure aquesta edat entre homes i dones. Mentre socialment un home de 40 anys està considerat en la seva plenitud, la dona, en alguns aspectes de la seva activitat femenina, comença a ser menys valorada, si bé aquesta circumstància està perdent incidència en la mesura que la dona va entrant en el món professional, i tendeix a ser menys valorada com a simple objecte de caràcter estètic. L'anomenada crisi dels 40 marca una frontera entre l'etapa en la qual el que és més proper és encara la joventut, i l'etapa següent, en la qual l'individu va aprenent a pensar en el futur, o a considerar la vellesa com a una etapa més pròxima a la infantesa i a l'adolescència.

Sovint es tendeix a creure que tots els objectius que no s'han assolit a determinada edat ja no s'assoliran en el futur. Respecte de l'edat existeix una clara interrelació entre el que l'individu sent com a problema i els comportaments externs, com les normes, costums o actituds socials que fan que l'entorn sigui més o menys agressiu, i que arribin a condicionar l'estat psicològic en relació amb l'edat que es té. Quan en la societat existeix una certa predominança d'homes públics que tenen una edat jove, l'individu que traspassa aquesta edat té la sensació que ha arribat d'alguna manera a la frontera límit per a aconseguir determinats objectius o metes; ben al contrari, quan persones velles aconsegueixen èxits espectaculars i cotes de prestigi considerables, produeixen un efecte estimulador entre els grans.

En la joventut, el futur és obert i tot sembla possible, però a mesura que passen els anys, es va concretant el tipus de possibilitats a les qual es té accés, i descartant altres oportunitats ja desestimades. Quan un jove entra a la universitat pot fer-ho en qualsevol facultat, segons la seva vocació o la nota obtinguda en la selectivitat, però, una vegada acabada la carrera, li és més difícil optar per altres estudis; i si ja ha exercit durant deu anys, difícilment podrà donar un gir rotund a la seva vida. L'ésser humà passa una època en la qual no acaba d'assumir que, d'alguna manera, ha anat limitant els possibles rumbs de la seva vida, i que el marge de maniobra i llibertat queda més reduït del que desitjaria. A mesura que es recorre un camí se'n deixen de fer d'altres; per això és precís assumir les decisions preses que, alhora, impliquen la impossibilitat de prendre'n d'altres.

Una societat els líders de la qual, polítics, empresarials, econòmics, culturals o artístics, tenen una edat jove, genera un estat d'opinió en el qual el llistó de l'èxit se situa al voltant d'aquesta edat. Quan el triomf o l'arribada al cim dels líders es realitza abans del 40 anys, la persona que hagi passat aquesta edat tindrà la sensació que ja li resultarà molt difícil aconseguir l'èxit. El fet que una societat rendeixi culte a uns dirigents relativament joves fa que augmenti la consciència de vellesa en un nombre més gran de ciutadans. Sovint, l'ésser humà pensa que no podrà tenir objectius diferents a la vida quan observa que ja no està socialment considerat entre els joves, que són els únics que te-

que certs menjars ara li senten malament, o que li falla l'impuls vital, aleshores s'adona que van passant els anys. Les malalties dels pares o els signes d'envelliment o decrepitud d'aquests ofereixen als fills un signe de la seva pròpia evolució. El mateix succeeix amb la seva mort, que produeix la sensació d'haver acabat amb un aspecte concret de la vida: deixar de ser fill.

L'edat és un condicionador molt important a l'hora de valorar moltes circumstàncies que esdevenen al llarg de la vida i ho és de manera objectiva, ja que no podem negar que incideix en molts dels comportaments personals i socials en els quals es pot veure's implicat l'ésser humà: sentimental, laboral, econòmic, de prestigi, de poder, de ressò públic, etc. Però també, i això és d'una gran trascendència, l'edat és un condicionant íntim personal que fa que l'individu alimenti o perdi il·lusions, ambicions, ganes de viure, capacitat d'acceptar la seva pròpia situació personal, i que per això visqui la seva ciscumstància vital de forma pesarosa i resistent o vitalista i sense por a viure.

Tot ésser humà té un present, que és viscut com a una realitat temporal, concreta i personal, i a la vegada relativa en relació a d'altres edats. Per a un nen de 10 anys, totes les persones que en tinguin més de 30 son «els grans»; un de 30 se sent identificat amb la joventut, i li sembla encara molt llunyana la tercera edat. Tot posicionament humà té un punt de referència temporal. La seva situació a la vida, referida a l'edat, està en funció d'una ubicació en el temps i de la seva relativització respecte del entorn, la qual cosa li permet conscienciar alguns aspectes de la seva relació amb els altres.

Tot apropament a la vellesa o a l'incipient procés d'envelliment suposa una aproximació a l'anàlisi de la temporalitat i a la necessitat de referir-nos al present, però: «Què és el present?». Des del punt de vista metafísic, el present pràcticament no existeix; el que s'està dient o fent ja és el passat, i el que es dirà o farà és encara el futur. Es viu constantment entre el passat i el futur; el present és com un gra de sorra que cau en l'antic rellotge. En el terreny pràctic, el present és l'àmbit temporal en el qual es mou l'individu. En relació amb el propi envelliemnt hi ha una successió de presents que marquen el camí que va d'un extrem a l'altre de la vida, del principi al final. Per a la vivència psicològica de l'envelliemnt és important tenir una bona relació amb el concepte de passat i de futur, ja que l'ésser humà està fet d'història i d'avenir. El seu equilibri psicològic està basat en l'acceptació de la història personal de cadascú i del compromís amb les il·lusions i els projectes de futur. En qualsevol circumstància i edat, als 20 o als 50, l'ésser humà té un passat i un futur; el que precisament determina aquest envelliment és que cada vegada té més força el passat i menys el futur. En el nen i en l'adolescent es dóna justament el fet contrari: el passat gairebé no té significat, mentre que el futur ho suposa tot. La biografia d'un individu podria representar-se com a un recorregut a través d'un paisatge que el subjecte observa des de diferents punts del camí; el punt d'observació d'aquest paisatge és el que marca l'edat de l'observador.

Per a algunes persones, la idea del passat adquireix una força fonamental molt abans d'arribar a l'edat biològica de la vellesa, mentre que d'altres, que ja han arribat, tenen encara forces per il·lusionar-se amb el futur. La capacitat per donar vida al futur rejoveneix, mentre que la contemplació exclusiva del passat envelleix. La persona que encara té perspectives de futur i viu esperançada mirant cap endavant es manté jove malgrat que, biològicament, visqui fenomens de decrepitud. La persona és jove mentre manté la vitalitat en el seu temperament i en la capacitat de projectar il·lusions, però, quan mira enrera i fuig de la visió de futur, quan es recrea en els esdeveniments que van succeir en el seu passat, es pot dir, al marge de l'edat biològica, que ha entrat en la vellesa.

La por a la vellesa representa la no acceptació de la tempora-

les condicions físiques en les quals s'ha desenvolupat la vida i en les actuals: l'alimentació, les hores de feina i de descans, el tipus i quantitat de malalties patides, entre moltes d'altres. Encara que en general les malalties desenvolupen quadres que donen la imatge de més vellesa, en alguns casos poden suposar un canvi de vida beneficiós per a l'individu: deixar de fumar, beure, portar una vida més tranquil·la o practicar algun esport que redueixi el sedentarisme.

El tercer factor esmentat és el psicològic. L'envelliment segueix processos diferents en funció del temperament de l'individu. Les persones capaces de mantenir un nivell d'equilibri personal, sense moltes tensions internes, amb una vida afectiva estable, una realització professional satisfactòria i amb un nombre de disgustos o tensions relativament baix, envelleixen més lentament, amb una millor qualitat de vida i una menor pèrdua de facultats. Ben al contrari, la persona que viu en una situació d'estrés més o menys continuada a amb grans disgustos tendirà a envellir amb més facilitat, especialment si és molt susceptible a aquestes situacions. La pèrdua d'algun tipus de facultat de funció del sistema vital constitueix un dels índexs d'envelliment. Les situacions d'ansietat i tensió converteixen l'individu en un ser vulnerable i, per tant, més propens a patir malalties.

L'envelliment suposa una sèrie de canvis en l'aspecte somàtic, el conjunt de característiques dels quals proporciona la imatge pròpia de la persona vella. Els canvis produïts a la pell són un dels primes indicadors de l'envelliment; això s'observa en les arrugues, la sequetat, l'aspecte apergaminat i les taques pigmentades a la pell. El cabell es torna canós o cau; les ungles creixen més lentament, s'estrien, i fins i tot poden adoptar un aspecte corb. Es produeixen canvis esquelètics amb descalcificació i osteoporosi. La massa òsia disminueix i els ossos es fan més fràgils, per la qual cosa augmenten les fractures. Disminueix l'elasticitat del teixit conjuntiu; els ossos i cartílegs es tornen rígids, i tot el sistema de sosteniment i locomoció del cos, inclosos els lligaments de les articulacions, perd mobilitat. La columna vertebral no pot mantenir-se ja tan tibada, i els músculs s'atrofien, disminueixen de to i perden força. Per això, el port encorbat del vell i el seu caminar lent, a petits passos, arrossegant els peus i sense gairebé balancejar els braços. Existeix una tendència a moure's menys, i això afavoreix un procés d'anquilosi.

La caixa toràcica es torna més rígida, per la qual cosa, alhora, es redueix la capacitat respiratòria. El vell és més sensible al fred, perque els centres termoreguladors de l'organisme són menys efectius com a conseqüència del metabolisme debilitat. Augmenta la pressió arterial, disminueix el ritme cardíac i el subministre sanguini degut a la disminució de contracció del cor. Tot això origina un lleuger dèficit en la irrigaicó cerebral. S'ha dit que l'home té l'edat dels vasos sanguinis per la gran importància d'aquests en el funcionament global de l'organisme. Els vasos pateixen un procés d'enduriment i rigidesa, que ocasiona una dificultad d'irrigació sanguínia. Com se sap, l'arteriosclerosi constitueix una de les malalties amb més incidència en la vellesa. L'aparell digestiu, el fetge, els ronyons i totes les glàndules del cos estan afectades pel procés d'involució; l'atròfia de les glàndules sexuals són les que porten a la menopausa a la dona, i a l'andropausa a l'home.

En el pla dels procesos sensorials, l'ull i l'oïda són els organs que abans envelleixen, pel que es refereix a la limitació de les seves funcions. És freqüent l'aparició de presbícia o vista cansada, per una reducció del poder d'acomodació del cristal·lí, la qual cosa obliga a l'ús d'ulleres correctores per llegir. Es produeix també una redució de la grandària de la pupil·la i la conseqüent disminució de la quantitat de llum que arriba a la retina, limitan, per tant, l'agudesa de la visió. Per això els vells necessiten més il·luminació que les persones joves. L'acomodació o capacitat de l'ull per ajustar-se a la quantitat de canvis de llum també dismi-

També el nombre de relacions pot disminuir, però no ha de disminuir el plaer de desenvolupar-les ni la capacitat de sentir i gaudir d'elles. La sexualitat podrà veure's afectada en la quantitat, però no disminuïda la qualitat de la relació. Per tant, alteracions de la sexualitat no són necessàriament una conseqüència forçosa de l'envelliment; pesen molt més els factors psicològics o socials, com la manca de parella, les malalties físiques, la por al fracàs sexual o les crisis de climateri.

De l'acceptació del pas del temps s'hauria de desprendre's, bàsicament, la necessitat que té tot ésser humà de desenvolupar capacitats pròpies de cada edat, ja que, al mateix temps que perd unes facultats, adquireix altres capacitats: quan el vigor físic perd força i coratge per encarar determinades realitats, pot ser substituït per un altre tipus de vigor més intel·lectual i, alhora, quan aquest perdi energia, es pot guanyar en profunditat. En l'aspecte sentimental, quan es perd la força dels primers enamoraments, la capacitat passional extrema pot ser substiuïda per altres capacitats afectives que porten a més reflexió, profunditat i sensibilitat. L'experiència assumida de forma vital, no interpretada únicament com a una simple acumulació de coses que ens han passat suposa un factor tremendament enriquidor. Si admetem que l'experiència representa una riquesa en si mateixa, donat que ha suposat l'acceptació dels fets que s'han viscut en la seva màxima dimensió, la suma d'aquestes realitats a mesura que transcorren els anys millora el cabal d'experiències. Com més gran sigui una persona, més gran serà el cúmul de vivències que, entès des del fet vital, venen a significar l'aspecte essencial de la vida transcorreguda, assimilada i assumida amb tota la intensitat que l'esser humà pot sentir. El temps és vida si aquesta s'ha viscut.

En cada etapa de la vida estan presents unes condicions diferents. Algunes d'aquestes capacitats estan directament relacionades amb la biologia pròpia de cada edat, altres depenen del que s'ha aconseguit a través del projecte vital: el cabal de ciència i saber, els bens acumulats, el tipus de vida desenvolupat, les relacions fomentades, els sentiments i emocions viscudes. Aquest bagatge humà d'experiències pot ser utilitzat per potenciar unes vivències amb més intensitat. o pot no ser valorat, o fins i tot considerat, per alguns pessimistes i temerosos, com a un llast per a la pròpia experiència vital. Aquesta idea està connectada amb la sensació fonamental en el procés d'envelliment: la capacitat de gaudir amb els avantatges propis de cada edat. No hi cap mena de dubte que quan volem situar la realitat d'una persona, bé en una novela, conte, pel·lícula o història clínica, hi ha punts de referència que ens serveixen per conèixer el marc referencial de a seva personalitat. L'edat és el més important per entendre la resta. Quan, a més, sabem si viu sol o acompanyat, si té feina, fills, bens personals i cultura, aquests factors acabaran de perfilar la realitat de cada individu.

Cada individu té una manera diferent de gaudir de la seva realitat en relació a la seva edat, perquè en funció d'aquesta han anat evolucionant les seves capacitats i condicions vitals. Si un home de 50 anys s'obstina en la pràctica obsessiva d'un esport, pel qual no té condicions, però que creu que li donarà una aparença de jovialitat, probablement, alhora que està fent un esforç inútil, deixarà de practicar un altre tipus d'activitat que li resultaria més apropiada a la seva edat o condicions. No vull dir amb això que no s'hagi de fer esport als 50 anys, sinó que s'ha de fer l'adient i de forma adequada. No crec que sigui cap mena d'elogi dir: «Mira, aquest senyor de 60 anys juga al tennis com si en tingués 40», si no és que se suposi que només juguen bé els individus de 40 anys, i que, per considerar que juga bé, se li digui que ho fa com una persona de 40 anys. Aquesta activitat podrà viure-la com a una bona notícia, però difícilment li podrà proporcionar al subjecte cap altre tipus de satisfacció que no sigui la de la vanitat puntual. Cada edat té les seves pròpies

POR A LA MORT

La mort és una condició inherent a la vida, i només ella dóna sentit a moltes de les angoixes i tensions que ens presegueixen. Sense la port desapareixerien molts dels esquemes de comportament de l'ésser humà: des de l'instint de conservació, al sentit de l'aprofitament del temps i de la transitorietat de l'existència. La por a la mort és probablement la por més generalitzada de les que pot tenir l'ésser humà. La mort és desconeguda i inevitable, tots hem de passar per ella inexorablement. Al llarg d'aquest llibre he parlat de moltes pors que, malgrat estar arrelades en la naturalesa humana, alguns individus han aconseguit evitar; en canvi, tots tenim, en alguna mesura, por a la mort, fins i tot els que presumeixen de no tenir-la .

La por a la mort es manifesta de molt diverses maneres. Una de les formes de presentació més freqüent és la negació de la presa de consciència de la mateixa, en rebutjar l'ordenament cronològic vital que va des del naixement a la mort. En moltes persones hi ha una rebel·lió latent, amb un cert to depressiu produït quan rebutja el procés de néixer, viure i morir. Aquesta idea es reflecteix en la pregunta : «Tot això, perquè?». Moltes fonts d'angoixa o raonaments que il·lustren trastorns d'angoixa tenen com a fons aquest raonament. Amb això no vull dir que aquest tipus d'angoixes en basin en la por a la mort, donat que s'han detectat elements biològics que les condicionen, per sí pot dir-se que el contingut ideològic de molts problemes relacionats amb l'angoixa, parteixen d'una no acceptació del fet de viure. Vida i mort van inexorablement unides; la no acceptació d'una implica la no acceptació de l'altra. Difícilment pot no tenir-se por o temor davant de la mort, encara que sí és possible superar-lo i, en fer-ho, introduir elements sublimadors que compensen els seus efectes.

La mort provoca una sèrie de reflexions i emocions, i és una font de records i sentiments que, sovint, posen en marxa situacions personals de crisi. En les consultes de psicòlegs i psiquiatres no resulta estrany sentir històries com la de la Glòria.

La Glòria és una dona de 32 anys, que en fa dos va perdre el seu pare després d'una llarga i penosa malaltia. Durant aquest procés anava sempre que podia a fer companyia als seus pares i passava amb ells bona part del cap de setmana; acompanyava el seu pare al metge, i va estar al seu costat mentre va estar hospitalitzat. Es va preocupar de tots els detalls burocràtics de la malaltia, i es va convertir en un gran recolzament per a la seva mare. Tan intensa dedicació fins i tot li va fer tenir certs remordiments, ja que va deixar una mica abandonats el seu marit i els seus fills. La Glòria es va comportar amb enteresa, va encarar els mesos de la malaltia amb gran fortalesa i va ajudar molt decisivament la seva mare en la penosa tasca d'atendre el seu pare. Vull dir amb això que la Glòria no va presentar cap mena d'inhibició o resposta ansiosa; tots els que l'envoltaven comentaven que era una dona molt forta, capaç d'encarar un fet tan dramàtic, penós i difícil de supostar per qui no té una professionalitat sanitària en la cura d'aquest tipus de malalts, molt més quan es tracta d'una persona estimada. Quan va morir el seu pare va tenir el dolor lògic d'aquests casos, acompanyat d'una certa sensació d'alleugeriment, en poder constatar que aquella persona etimada ja no patiria més. De moment no va aparèixer cap altre símptoma que la tristesa, compresa per tots.

De fet, la Glòria no havia comentat amb ningú un pensa-

permeten la instal·lació de quadres fòbic-ansiosos de les característiques del que estic descrivint. Aquests trastorns demanen, en la seva etapa final, l'ajut psiquàtric per poder superar-los.

A la Glòria, la mort del seu pare li va suposar no solament l'aparició d'aquesta por, sinó també l'absència de sentit a la seva pròpia vida: una por a viure sense trobar-hi una justificació. Quan el seu pare va morir va descobrir la mort, i ho va fer possiblement en un moment que la seva vida estava prou arrelada com perquè pugués fer-se aquestes reflexions. En la biografia de la Glòria apareix la mort d'altres persones estimades: quan encara era una nena va perdre els seus avis paterns i, més tard, els materns. Gairebé no es recorda de la mort dels primers, però té una imatge fidel de la mort dels segons: recorda la malaltia, l'enterrament, els desficis de la seva mare, les dificultats per dormir perquè patia pel seu avi, etc. Recorda la imatge de la mort que li va quedar en aquells dies adolescents i com va estar indiferent passades unes setmanes. En aquell moment de la seva vida tenia tantes il·lusions i expectatives: estudiar, treballar, casar-se, tenir fills, que la vida era un projecte ple de possibilitats.

Als 32 anys, la Glòria ja havia acabat els estudis, se sentia satisfeta de la seva feina, encara que hauria desitjat alguna cosa millor; estava feliçment casada, no s'havia qüestionat mai el seu matrimoni, i tenis uns fills normals i sans. Era, doncs, una dona feliç, en la mesura que havia assolit la majoria dels seus objectius vitals i tenia una clara sensació de plenitud. Però just en aquell moment es va posar malalt el seu pare i va aparèixer un contacte profund amb la idea de la mort. Aquesta profunditat estava condicionada per la importància afectiva de la persona que morirà i per la proximitat amb que s'ha de viure aquesta experiència. La Glòria es qüestiona ara amb més rotunditat que mai si totes les coses que havien estat el motor de la seva vida tenien encara prou importància i força com per tenir un pes específic en la seva manera de veure i entendre les coses. És llavors quan pot permetre's qüestionar moltes coses, quan sembla que tot el que s'ha assolit deixa de tenir trascendència, i s'enfonsa en un embolic de preguntes de difícil contestació.

La mort del seu pare li provoca pena i cansament, però també li recorda que exsiteix la vida i la mort, la vida i el patiment, la vida i la malaltia. Aquest fet trenca la màgia en la qual havia viscut durant uns anys, consistent en la creença d'una felicitat plena d'ornaments gratificants i absència de tensions, conflictes o desficis. Apareix un quadre de por a viure i de por a morir, fins i tot a vegades de pànic pel futur, i acaba rebent atenció psiquiàtrica adequada. Aquests casos requereixen un tractament ansiolític, una anàlisi i raonament adient de la situació i la manera de tornar al subjecte l'entusiasme per la vida, malgrat la pròpia vida. Amb facilitat podem intentar creure que la vida resulta fàcil, que tot és relativament senzill i que l'existència està formada per una continuació de moments agradables. Aquests cants a la vida que es dediquen únicament a lloar la magnificència dels elements vitals agradables suposen òbviament una possibilitat de deformar el que és realment la vida.

Qualsevol tipus de sentiment en el que l'ésser humà pugui arrelar la seva felicitat i coneixement ha de partir de la realitat que l'home envelleix i mor, la qual cosa suposa el procés vital de deixar transcórrer les dies en el camí cap a la fi. *Només coneixent, assumint i acceptant la realitat adquireix sentit la trascendència del fet vital, sent com és moridor.* Vivim en un món ple de perills vitals, accidents de carretera, inseguretat ciutadana i malalties; veiem pel·lícules, llegim llibres, diaris i escoltem històries, en les quals la mort està constantment present. Vivim permanentment al costat de la mort, però també tendim a veurela com a un fet distant, quelcom que només és dels altres: són els altres que moren; sembla com si no estigués en el nostre camí. No es tracta de tenir la mort present de forma obsessiva, com la Glòria en el seu quadre d'angoixa, però sí que qualsevol plan-

decisions que han condicionat la realitat i els aspectes fortuïts que també han intervingut. Assumir la pròpia existència és assumir el passat de cadascú. De la mateixa manera que s'assumeix el passat, és necessari assumir el futur, lògicament sempre amb més temor per la incertesa que suposa. Dintre d'aquest futur, s'ha d'assumir la mort, però només com a element final del trajecte, de manera que no privi de fer una valoració de tot el vitalment factible fins que ella es presenti.

En aquest camí, és necessari donar-li al present, punt fonamental del vector vital que va del naixement a la mort, la importància que té. Qui per nostàlgia s'instal·la en el passat, ignora el present i tem el futur, difícilmenmt sabrà què és assumir la vida i com viure-la amb la intensitat necessària per sentir-se viu. Qui, al contrari, ignora el seu passat, passa depressa pel seu present, sense gairebé adonar-se'n, i s'obsessiona amb el seu futur i amb la seva mort, difícilment tindrà consciència de la vitalitat de l'existència. El punt de màxima inflexió d'una vida és el present, perquè en ell es viu.

Respecte del fenomen de la mort, ja apuntava el perill que significa voler negar-la, amagar la seva existència o els inconvenients que comporta. Tan absurd és viure turmentat pel que vindrà, perquè això no és desitjable i ens incomoda, com viure ignorant-la, per estar així més tranquil i feliç. Quan s'admet la dimensió temporal de la vida, s'assumeix la dimensió real de viure.

Relacionat amb la por a la mort voldria dedicar només unes línies al tema del suïcidi. El suïcidi sol ser considerat des de l'acte més valent, fins el més covard. Possiblement ningú no estigui capacitat per jutjar aquesta dicotomia i quins motius mouen al suïcida a acabar amb la seva vida. El que és cert és que en aquest cas hi ha una negació del futur, traduïda en la frase: «no aguanto més», i una decisió irrevocable, unes vegades lliure i altres malaltissa, de posar punt final a l'existència. En gran part, aquests actes suïcides tenen com a punt de referència el cansament i l'esgotament vital, o la desesperació per esdeveniments que són viscuts com a insuperables. Moltes vegades, en cas d'haver esperat un temps, tot allò aclaparador hagués perdut importància i no hauria conduït a la mort. El suïcida per amor, fallida econòmica o males notes acadèmiques, en un moment donat de la seva existència —a vegades és l'últim moment— hipertrofia el valor de determinades circumstàncies fins a l'extrem d'anul·lar la resta d'activitats , actituds i possibilitats de respostes que posseeix tot ésser humà. En el moment de prendre la decisió, la vida del suïcida penja d'una circumstància, possiblement menys important del que es creu. Si, en aquest moment, algú o alguna cosa podria convèncer el suïcida que deixés passar unes hores, uns mesos, segurament aquest canviaria d'opinió. Però, en circumstàncies tràgiques, el suïcida està tan obsessionat amb la seva idea, que perd el sentit de viure i desitja la mort. En aquest cas la mort significa l'alliberament d'un patiment que l'individu valora, possiblement de manera errònia, com a insuportable.

No tractaré aquí els suïcidis que tenen condicionaments psicopatològics, però sí vull esmentar el suïcidi del psicòtic, un ésser que obeeix ordres dintre de la seva estructura delirant, o el suïcidi del depressiu melancònic greu, la malaltia del qual el porta a considerar que viure és insuportable. Cansat de patir, aquest veu la mort com a única manera d'alliberar-se del desfici i del sofriment en el qual viu.

No podem fer un apropament complet al fenomen de morir sense analitzar el tema de la mort com a alliberament de determinat tipus de desficis, com pot ser el desig de mort del malalt que està cansat dels patiments que li ocasiona la seva malaltia. L'eutanàsia és la mort com a alternativa a una vida en la qual està absent la capacitat de sentir-se viu. Quan els residus de vitalitat es redueixen a simples signes antagònics i sense possibilitat de recuperació, la vida deixa de tenir la condició d'humana, per ser simplement vegetativa. Existeix ja un acord social en acceptar l'eutanàsia passiva entre els professionals que es dediquen a valorar els comportaments ètics de la medicina. Aquest tipus d'eutanàsia s'aplica en el cas dels malalts terminals, i consisteix en deixar d'actuar per prolongar la vida pel simple fet de sobreviure, si la seva qualitat és ínfima, el sofriment molt alt i les possibilitats de recuperació nul·les. En cas de lesió cerebral irrecuperable, suposa desconnectar el respirador artificial al malalt que mostra ja un electroencefalograma pla, o no practicar una intervenció quirúrgica quan es té la certesa que no s'allargarà la vida gaire temps, i sí, en canvi, se li causarà una sèrie de problemes. Aquest tipus d'actuacions directament relacionades amb plantejaments de la qualitat de vida, que els metges han de mirar de proporcionar als seus malalts, forma part d'un nou enfocament de la medicina que ja comença a valorar-se i que tindrà una important incidència en les actuacions mèdiques del futur.

És obvi que, en èpoques anteriors, el malalt arribava a témer el fet de morir, perquè sabia que les malalties terminals eran acompanyades per greus patiments, moltes vegades derivats de la pròpia acció mèdica. Una persona que fa cent anys tenia càncer anava morint-se potser amb més dolors que ara, però ho feia tranquil·lament, sense que els metges gairebé no intervinguessin. En l'actualitat, alguns tipus de càncer es curen però en d'altres es presenta una evolució clínica, des que són diagnosticats fins a la mort, pràcticament igual que fa un segle, si bé durant el procés de la malaltia s'intenta pal·liar el mal amb gran quantitat de tractaments. Això suposa sovint ser separat de la família per ser internat, passar per exploracions doloroses, que generen expectatives que no es corresponen amb la realitat posterior, per acabar igual que si no hagués estat atès. S'hauria de plantejar una medicina de la no intervenció, potser des de certa perspectiva similar a l'eutanàsia, quan s'estableix un diagnòstic irreversible. En aquests casos, la no actuació pot ser molt més interessant, digna i alliberadora del malalt, de la idea que aquest tingui de la seva pròpia malaltia i de la pròpia mort.

Si, en el moment de diagnosticar una malaltia incurable a les persones se'ls digués que com a molt només és possible allargar-los la vida un any, i això a partir de moltes intervencions i tractaments, potser serien molts els qui desitjarien morir sense ser objecte de tanta manipulació per part dels metges. Possiblement aquesta circumstància contribuiria a desdramatitzar la pròpia mort. Són moltes les persones que, arribat el moment, diuen: «a mi no em fa por morir, el que m'espanta és patir». Si se les interroga una mica a fons, es descobreix que aquests subjectes no tenen la imatge de la mort tranquil·la de la persona que es fa gran i mor d'una aturada cardíaca, o la de l'individu que pateix una malaltia breu i que en pocs dies mor a casa seva. Ben al contrari, aquests malalts pensen en la mort relacionant-la amb el dramatisme de la malaltia: el patiment de ser operat, estar a la UVI, sotmetre's a tractaments dolorosos, compartir l'habitació amb persones desconegudes i també malaltes, veure morir els altres, etc. La imatge del malalt terminal acompanyat per altres persones de les mateixes característiques, fent una vida de malalt i sent tractat com a moribund, s'està introduint a la nostra idea de morir. Morir en un hospital pot suposar un alleugeriment per a la família, en el sentit d'haver de tenir menys cura del malalt, però també implica en aquest procés d'anar estructurant les pors i els fantasmes sobre la mort, crear una imatge més terrorífica de l'acte de morir.

A la medicina se li obre un gran interrogant quan es planteja si el seu darrer objectiu és allargar la vida o procurar la millor qualitat de vida possible. Evidentment, no estic proposant una no intervenció mèdica, ni un abandonament de responsabilitats; ni tan sols estic intentant fer un cant als qui preconitzen que s'ha de mirar d'evitar, costi el que costi, el sofriment. Estic pensant no només en alleugerir el sofriment físic, sinó en alleugerir el sofriment psicològic, que es genera amb determinades actituds assistencials, tant diagnòstiques com terapèutiques. Em sembla indecent auspiciar una sèrie d'expectatives al voltant d'una intervenció quirúrgica quan el metge té consciència que només li servirà per saber on és la lesió en comptes de curar-la. El mateix passa amb les proves exploratòries per conèixer amb precisió el tipus de lesió, malgrat que en qualsevol cas aquesta serà incurable i que, en definitiva, s'aplicarà el mateix tipus de tractament pal·liatiu . Sotmetre el malalt a qualsevol tipus de prova, per simple que sigui, únicament per satisfer la curiositat del metge és, en la meva opinió, immoral: l'ésser humà té una dignitat molt més gran que sevir d'objecte d'experimentació. La funció del metge no és diagnosticar, és procurar proporcionar les millors condicions de vida possibles. Per tant, una de les seves funcions és curar malalties, eliminar molèsties i allargar la vida del pacient, però no convertir-lo en un element d'investigació. El diagnòstic està justificat únicament per poder especificar el problema i encertar el tractament.

Si s'amaga el diagnòstic al malalt, s'està practicant una medicina en la qual hi ha una prepotència del fet científic sobre el fet humà, la qual cosa inevitablement suposa la dimissió de la medicina com a assistència interpersonal i potenciar l'aparició de l'anomenada «tecnologia mèdica». Aquesta forma de fer medicina afavoreix, entre d'altres coses, que existeixi entre la població un alt índex de por a enfrontar-se amb el fet de posar-se malalt, amb determinats diagnòstics, i a morir. És interessant observar l'actitud dels metges quan es posen malalts, veure com intenten evitar que se'ls tracti d'aquesta manera. Per regla general, els metges es deixen explorar i operar menys que la resta de la població. No es deixen sotmetre fàcilment a una intervenció quirúrgica, perque pensen que seran més els inconvenients que els avantatges. En canvi, aquests mateixos metges aconsellen sense escrúpols als seus pacients que ho facin.

Tot això ens porta a comprendre que hi ha una por sobreafegida a morir, que cavalca entre la por a la malaltia i la por a la mort. Un exemple provocador de la por són les Unitats de Vigilància Intensiva, ja que l'individu que contempla els seus aspectes aversius no pot pensar de forma plaent o, al menys, serena, en els moments finals de la vida; pot acceptar que sofrirà, però no en aquestes condicions. Sent objectius, a ningú no li resulta agradable una habitació hospitalària, en una UVI, amb les exploracions mèdiques que s'han de realitzar en postures incòmodes per al pacient i gairebé sempre doloroses. Tot l'aparell mèdic que envolta la malaltia greu genera ansietat, i això dificulta la possibilitat d'aceptar una mort sense dramatisme, dolor i patiment. La desesperació incideix, doncs, en la generació de temors i pors.

Respectar la qualitat de vida comportaria un nivell molt inferior d'actituds fòbiques respecte del fenomen final. És cert que la mort no fa por només per la malaltia que la precedeix; la mort fa por per si mateixa. Quan l'individu diu:«A mi no em fa por la mort; em fa por patir» d'alguna manera s'està autoenganyant i sublimant: en realitat, li agradaria que no li fes por la mort. Però, donat que verbalitzar aquest temor implica una sèrie de plantejaments, que sovint no sap per on començar, li és relativament fàcil transportar la por a la mort a la por a patir.

Morir suposa el temor a la no existència i al misteri. De fet, la preocupació i la por al que hi ha darrera la mort ha donat peu a un dels màxims fenomens culturals de la civilització: les religions. De fet, la religió és explicable des d'un punt de vista psicològic, perque des de cap altre punt de vista que no sigui el religiós pot trobar-se una resposta a la pregunta del més enllà. Hi ha una angoixa latent normal en l'ésser humà que el porta a fer-se aquesta pregunta. Les religions tenen precisament adeptes en la mesura que donen resposta a aquesta qüestió. Donar respostes implica també proporcionar unes normes desangoixadores sobre com s'ha d'actuar en el present per tal de garantir el futur. L'espiritualitat d'un individu i la seva més o menys gran tendència a l'acceptació de codis religiosos estan directament relacionades amb l'angoixa que sent respecte del més enllà i amb la necessitat humana de tenir normes.

En qualsevol altra àrea del coneixement humà, el que és desconegut, per més que sigui llunyà i inaccessible, no genera el mateix temor que la mort. És a dir, podem desconèixer què hi ha a Venus, però, donat que hi hem d'anar, no ens preocupa; podem ignorar el funcionament d'un avió, però, donat que no hem de pilotejar-lo, no arribem a angoixar-nos. En canvi, els éssers humans senten curiositat per conèixer coses de medicina i psicologia, perquè perceben que tenen alguna cosa a veure amb quelcom que està al seu interior, i que existeix la possibilitat de sentir-ho, tocar-ho i connectar-se amb allò. L'home sent molt a prop el més enllà, i sap que, en qualsevol moment, pot arribar-li «l'hora». En canvi, no té respostes davant la mort, i les que pot tenir s'alimenten de la confiança o la fe en el que diuen els altres. El misteri que és la mort, i la sensació d'incertesa que sempre l'envolta, ha de produir forçosament por. Tot el que és desconegut produeix temor, però, si a més és irreversible i representa la impossibilitat de retorn, és lògic que produeixi por. Aquesta només és superable si s'integra la mort en el fenomen global de la vida i s'aconsegueix sentir per ella prou passió i entusiasme per compensar el temor al seu final.

PORS SENSE HISTÒRIA

Anomeno d'aquesta manera un conjunt de pors que poden afectar l'ésser humà, tal com ho fan els explicats en anteriors capítols. Cadascun d'ells podria tenir també la seva pròpia història, a vegades més significatives que les descrites fins ara. A mesura que anava avançant en la redacció del llibre, anaven apareixent noves possibilitats per altres capítols; finalment he optat per reunir-les en un de sol, que servís com de «calaix de sastre», i que recollís algunes de les pors que no han aparegut al llarg del llibre.

Com ja he anat dient, el més rellevant no és a què es té por, sinó el fet de tenir-la. Tampoc és important la seva intensitat, sinó la seva capacitat bloquejadora. Quan la por bloqueja, representa una especial forma de viure a la qual l'individu pot arribar a acostumar-se, de la mateixa manera que pot adaptar-se a viure en una situació d'angoixa, depressió o infelicitat continuada. Les pors que esmentaré al llarg d'aquest capítol poden ser tan bloquejadores com una altra sèrie de pors que a l'autor no se li han ocorregut. Aquest capítol haurà d'acabar forçosament amb punt suspensius, perquè cada lector pugui afegir les pors que li són pròpies, i que situen la seva vida en un determinat nivell de qualitat, evidentment proporcional a la quantitat de por que la bloqueja.

He esmentat el tema del descontrol en diverses ocasions, però aquí de fer referència específica a *la por al descontrol.* Aquesta por es dóna no solament en persones que a vegades es descontrolen i donen pas a la seva agressivitat i als seus impulsos, sinó també, o fins i tot més, en individus que viuen permanentment medint la importància de les seves paraules, els seus gestos, actituds i formes amb les quals es presenten davant els altres o davant de si mateixes. Són individus que semblen necessitar tenirho tot sota control, i en aquest tot s'inclou fonamentalment el seu comportament emocional, relacional i impulsiu. En aquests casos, fins i tot els impulsos han de ser mesurats i controlats.

La por al descontrol porta implícita una no acceptació del ser i de la pròpia realitat. L'individu en aquestes condicions desconfia tan profundament de si mateix, que tem que si no fa un esforç per controlar-se, el seu «ser» el pot trair. Tem que si actua espontàniament poden aparèixer comportaments que no li resultin desitjables i li provoquin algun tipus de conflicte. Aquesta conducta suposa una dependència del «fer» i, a més, un pensar que el que hom «fa» és el que hom «és» i, per tant, el que interessa és tenir absolutament sota control qualsevol tipus de comportament. En realitat, qui viu amb tanta por a respondre és qui amb més facilitat pot produir comportaments inadequats si perd el control. Ben al contrari, qui viu admetent el descontrol, és a dir, acceptant la pròpia forma de ser, actuarà menys angoixat i, en conseqüència, serà molt més fàcil que el seu comportament no doni senyals d'irritabilitat o tensió.

La por al descontrol suposa por a ser un mateix, a comportarse de forma espontània i revelar d'aquesta manera la seva pròpia autenticitat. El descontrol significa l'alliberament de les mordasses que l'individu es posa a si mateix per evitar l'aparició de comportaments espontanis, sorgits de la seva autèntica forma de ser i de la seva manera d'entendre i viure la vida. De fet, el comportament humà és la conseqüència de dos vectors: el primari, basat en els impulsos i la resposta emocional, i el secundari, format pels mecanismes de control ideològic, ètic, comportamental, sovint destinats a presentar-se davant dels altres de forma diferent a com s'és. En el moment que un individu és capaç d'acceptar el primer vector del seu comportament, el més autèntic i sense repressions, està acceptant la seva realitat personal i la seva capacitat de resposta i, en conseqüència, no té la necessitat de presentar-se davant dels altres de forma diferent a com és en realitat. La persona que no està preocupada per controlar el seu comportament té més fàcilment establerta la correlació entre la seva forma de «ser» i la de «fer»: permet que el «fer» sorgeixi espontàniament del seu «ser», sense bloqueigs i inhibicions. Ben al contrari, qui té por al descontrol bloqueja sistemàticament el seu «ser» per «fer» el que creu que ha de fer. És en aquest punt on es posa clarament en evidència el que de destructor té el viure permanentment obsessionat per ometre conductes controlades.

En la seva majoria, les pors tractades en aquest llibre estan correlacionades entre si. Directament relacionada amb la por al descontrol trobem la *por a no quedar bé,* que es recolza fonamentalment en la necessitat d'oferir una imatge diferent de la real. Quan una persona vol quedar bé davant els altres, d'alguna manera, el seu principi ètic més important és el d'oferir la imatge que creu que esperen d'ella, prescindint de si és autèntica o no, de si és la seva. Tan important és en la societat actual aquest afany de donar una determinada imatge que fins i tot s'ha creat la professió d'assessor d'imatge. Existeixen cursos en els quals s'explica la forma de distorsionar la pròpia manera de ser i d'actuar amb la finalitat d'aconseguir un comportament socialment eficaç.

Aquesta necessitat de l'eficàcia en la conducta humana va lligada al principi de la utilitat de tot el que fa l'individu. Però, en realitat, hauria de ser molt més important l'autenticitat que la imatge de competència que es pugui oferir. Si continua augmentant el valor absolut del quedar bé, cada vegada serà més difícil el descobriment de les individualitats i la possibilitat que els éssers humans es comportin de forma diferenciada i espontània. Col·lectivament es van creant uns patrons de comportament estàndard, que són els socialments acceptats i considerats com a eficaços. En la mesura que quedar bé ocupa, en l'escala de valors, un lloc per sobre de ser un mateix, el comportament individual deixa de ser personalitzat per aparèixer estandarditzat en cadascuna de les situacions. Quedar més o menys bé ja no depèn de la forma de ser, sinó del grau d'aprenentatge del comportament social adient i del nivell d'adaptació assolit.

La necessitat de quedar bé envaeix també moltes zones del comportament íntim. Recordem com, en el cas de la por al desordre, la M.ª Rosa estava completament obsessionada per tenir la casa en ordre, i la seva justificació era la necessitat de quedar bé davant de qualsevol persona que pugués presentar-se a casa seva. Aquest tipus de por a no quedar bé no està directament correlacionada amb una necessitat d'agradar als altres per motius concrets, sinó amb una íntima necessitat d'establir les escales de valors en relació amb els paràmetres que, segons s'intueix, seran valorats pels altres.

Molts dels temors que he exposat tenen una relació directa o indirecta amb l'opinió que els altres poden tenir d'un mateix, per la qual cosa s'estableix un vincle de dependència greu, amb la consegüent pèrdua d'autonomia personal. Existeix un cert tipus de por que se situa justament amb la *por a la gent.* No poques persones caminen temeroses pel carrer, sobretot en les gran ciutats. Interessades en no trobar-se ningú conegut; aquestes persones travessen el carrer per canviar de voravia o giren en la cantonada més pròxima. És freqüent que, quan s'entra en un portal algú s'entretingui per no coincidir amb un veí en l'ascensor i veure's forçat a mantenir una conversa, per breu que sigui, ja que li produeix una sensació d'estranyesa. Algunes de les trobades que s'eviten poden justificar-se en raó de l'antagonisme que se sent per una persona en concret, però generalment són degudes a factors de timidesa, a un cert temor a la interelació, a parlar, a tenir un canvi d'impressions, en definitiva, a comunicar-se. Tot això resulta molest i desagradable, i per tant es tracta d'esquivar la trobada cercant la soledat.

En el medi rural no és tan freqüent aquest problema. La persona acostumada a viure en nuclis petits sap que sempre es trobarà gent a la qual haurà de saludar, però, alhora, pel fet de ser un tractament quotidià, es manté la relació de fora més agradable i natural: si ho desitja, l'individu tindrà un canvi d'impressions o una llarga comunicació si no, solventa la trobada amb una ràpida salutació. A la ciutat, on desafortunadament la majoria ens desconeixem, és possible trobar-se amb coneguts amb els quals s'ha de tenir un tractament deferencial, com si hi hagués una relació més estreta quan potser tal vincle no existeix. Hi ha un cert temor a aquestes situacions en persones que, per la seva timidesa, o la seva tendència a l'individualisme, el seu «anar a la seva», prefereixen fugir de la trobada quan no poden resoldre-la amb una simple salutació.

A més d'aquesta por a la trobada amb persones conegudes, existeix una altra por més generalitzada a les multituds, que són de fet dos tipus de pors diferents. Alguns comportaments fòbics clarament patològics situen l'individu davant la impossibilitat d'enfrontar-se a multituds: són incapaços d'anar a un concert multitudinari, a un estadi esportiu, o fins i tot a una sala de cinema. Al marge d'aquesta reacció, són moltes les persones que no gaudeixen del contacte amb molta gent. De fet, haver de fer cua o moure's amb dificultat quan s'entra en un lloc molt ple no resulta agradable a ningú. La sensació d'aclaparament i excessiu contacte físic no és per si mateix agradable per ningú, encara que hi ha qui el tolera sense grans dificultats i qui el sent com a inaguantable. Tots preferim que l'autobús estigui buit o poder elegir un lloc còmode en el tren. En aquest sentit, mentre hi ha persones a les quals els agrada asseure's al costat d'altra gent i provocar una conversa agradable o acceptar-la si sorgeix, d'altres cerquen la soledat, i se senten incòmodes si algú se situa a prop d'elles. Aquesta certa por a la col·lectivitat i al tracte interpersonal, sorgeix en bona part del capficament en el qual es viu, i de l'aïllament al qual cada vegada més se sotmet l'ésser humà.

Hi ha una tendència global, sobretot en el medi urbà, a considerar els altres com a enemics. En descriure un paisatge agradable o una sitaució de benestar, sol ser freqüent que s'afegeixi a la descripció paradisíaca: «...i, a més, vàrem tenir la sort de no trobar-nos ningú». Hem arribat a tal grau d'aglomeració en les grans ciutats que la no existència de persones suposa un al·licient. En canvi, qui viu en nuclis rurals o en cases allunyades busca la «festa» i el gaudi en l'aglomeració, bé anant a les grans ciutats o provocant-ho en les seves festes. Per a aquest sector, poder dir: «Hi havia molta gent» és sinònim d'èxit. Existeix una tendència a considerar els altres com a competidors: «si som més d'un, algú haurà de ser el primer». Si estem en un lloc on no hi ha ningú, o no ens coneixen, podem actuar segons desitgem; en canvi, si hi ha gent, i si a més és coneguda, ens sentim obligats a haver de donar alguna explicació o justificació del nostre comportament. En una societat competitiva, l'ànsia de quedar bé i merèixer una bona valoració provoca un comportament en el qual, lamentablement, els altres éssers humans es converteixen en inquisidors o enemics d'un mateix i de la pròpia forma de fer.

L'alternativa a aquesta por als altres, que parteix com totes les pors d'un mateix, sorgeix de considerar tota mena de trobades com a enriquidores i com a experiències personals possiblement irrepetibles. Qualsevol tipus de reflexió sobre la soledat, com esdevé, per exemple, a les persones solitàries que sospiren per una comunicació i una trobada, ens poden permetre adonarnos que resulta insensata la fugida del contacte amb els altres. L'ésser humà viu, al llarg de la seva vida i fins i tot en un sol dia, situacions de tot tipus, tant intenses com intrascendents. Si tracta d'esquivar-les, empobreix la seva realitat i la seva experiència; si les estimula, enriqueix la seva vida. Com deia en els capítols dedicats a l'amistat, la relació interpersonal, la paraula i l'amor, res no pot omplir més una vida, una vegada l'individu s'ha acceptat a si mateix tal com és, que assimilar la trobada amb els altres.

No seria cap frivolitat dir que la riquesa més important que pot tenir l'ésser humà està recolzada en dos tipus de trobades: la personal i imprescindible amb un mateix, i la que pot realitzar, sempre en diferents nivells, amb els altres. Això no obvia que existeixen situacions d'aglomeració i massificació en les quals ens trobem incòmodes, però existeix una gran diferència entre aquesta sensació i l'actitud de permanent fugida. Amb massa freqüència s'esquiva la trobada en ares a una justificació més gran del propi individualisme i de no haver de donar cap mena d'explicació.

La por a la gent està directament relacionada amb la *por al desprestigi*. Quan es té un cert contacte amb els mitjans de comunicació social, hom s'adona de la importància que es dóna al prestigi, a l'opinió que es pot expressar en els diaris, la ràdio, la televisió. Cada ésser humà té en el seu entorn un cert nivell de prestigi, però la idea del propi prestigi es construeix sobre la base del que cadascú considera que els altres pensen d'ell; està relacionat amb la forma que hom es presenta davant dels altres, i es forma a partir d'una sèrie d'estímuls que l'individu ha anat projectant sobre la societat, perquè aquesta torni una determinada opinió. El nivell de coneixement que un individu pot tenir d'ell mateix i la imatge que es pretén oferir als altres constitueixen els elements sobre els quals es basa el tenir o no un determinat nivell de prestigi.

El nivell de prestigi personal està sotmès a fluctuacions, la majoria de les vagedes, incontrolables. Algunes persones viuen molt obsessionades pel seu prestigi, potser pel paper que juguen a la societat o per la seva professió. El polític n'és l'exemple més característic, ja que necessita el vot dels ciutadans per mantenir la seva professió: un polític sense prestigi no tindria cap possibilitat de continuïtat. Tanmateix, el prestigi per si mateix no hauria de ser mai l'objectiu fonamental d'un individu: en tot cas, s'hauria d'obtenir com a conseqüència d'haver realitzat adequadament una tasca o professió. El prestigi és el resultat, no l'objectiu. Qui pretén aconseguir-lo com a un fi en si mateix, sovint cau en tot el contrari, ja que els altres s'adonen de les seves intencions.

De la mateixa manera que deia que quan a l'ésser humà se'l deixa actuar en absoluta independència de codis ètics i guiant-se més per la pròpia iniciativa i l'impuls personal que per la necessitat de ser fidel a uns codis de comportament, emet conductes menys inconvenients del que pot creure's, també penso que normalment el que un individu vol no és tan diferent del que ha de voler, però és que, a més, existeix una diferència fonamental: quan fa el que vol, el subjecte ho fa a gust i feliç, i quan fa el que ha de fer, ho fa reprimit i en tensió. Quan s'adona que la manera d'assolir un prestigi social alt és justament actuant segons les seves necessitats i interessos, o deixant-se portar pel seu impuls interior, és segur que el resultat final no és especialment diferent, però, en canvi el camí seguit haurà estat notòriament més plaent.

Davant els experts d'imatge que pretenen controlar els gestos, les expressions, els mirars, la capacitat de comunicació, etc., defenso que l'ésser humà té en si mateix una manera d'expressar-se, de sentir i comunicar igualment eficaç. La forma personal de comportar-se és sens dubte més atractiva que la que puguin dissenyar els millors especialistes.

El prestigi es guanya i es perd sovint en funció de circumstàncies molt atzaroses. Per aquest motiu, viure pendent d'ell provoca un nivell d'ansietat tan alt com inútil. Ben al contrari, qui s'agrada i s'accepta com és, sent que, si els altres el coneixen com és, no el poden tenir en mal concepte. Sens dubte, tot ésser humà és perfeccionable i millorable en molts aspectes, però si es parteix d'una acceptació inicial, no es posen obstacles perquè els altres el coneguin. Segurament, el prestigi que aconseguirà serà, al menys, el que deriva de la seguretat d'ell mateix, o sigui, inspirador de confiança per la seva autenticitat.

És impossible deixar de donar importància a un cert reconeixement social; tenir prestigi serà sempre un reforç per al comportament humà, si bé incidirà de forma molt diferent si és buscat com a objectiu principal, o si és la conseqüència de conductes emeses amb intencionalitat diversa. Quan gran part del comportament està encaminat obsessivament a aconseguir-lo, i s'actua en funció de principis que condicionen directament l'opinió aliena d'un mateix, es perd tota la força personal, les conviccions i les creences que orienten una forma de ser. Quan es comença a actuar segons la pròpia energia interior, pot assegurar-se, amb molt poc marge d'error, que el nivell de prestigi personal es veurà poc afectat. D'altra banda, qui fa del seu prestigi personal una obsessió es veu condemnat a dues realitats igualment ansioses: un control permanent del seu comportament, i la preocupació de ser ben interpretat pels altres. Es veu obligat a efectuar una permanent vigilància del que fa i com ho fa, i de què opinen aquelles persones que sent que el jutgen.

Voldria fer referència a un tipus de por que sembla subtil però que està introduïda a la societat com a un element de negació dels més elementals principis de solidaritat. Podríem anomenar-la *por a la igualtat* o *a la pèrdua de privilegis.* Cada ésser humà té tendència a sentir-se situat en un determinat nivell social: qui se sent culte li agrada presumir d'això i ocupar un paper en el qual pugui valorar-se la seva cultura; qui se sent ric li agrada que se'l consideri com a tal; etc. Al llarg d'una vida pot produir-se una evolució o un canvi de paper: augmenta o disminueix la salut, el prestigi, la riquesa. Els éssers humans tendeixen també a estratificar-se; això suposa que parlen o es refereixen de diferent manera quan pensen que l'interlocutor està hipotèticament per sobre o per sota d'ells.

Hi ha una mena de classificació a partir de subtils circumstàncies que passen per la consideració del nivell social, cultural o econòmic: són les anomenades classes socials. No es dóna solament aquesta actitud en les més tradicionals de patrons-obrers, professionals de més o menys alta titulació o manifestació d'ostentació i riquesa, sinó que en tots els contexts socials s'estableixen unes subescales que formen un ampli ventall. En la relació interpersonal es té present, la majoria de vegades de forma subliminal, el lloc que ocupa cadascú. Això condiciona la forma com es tractarà les persones que se situen en un marc d'inferioritat o de superioritat respecte d'un mateix. I, curiosament, aquesta escala resulta un punt de referència tan estable que quan es modifica hi ha un canvi en les estructures. Quan els valors es modifiquen, es provoca una reacció d'inseguretat en qui viu pusil·lànimement la seva vida en funció del paper que creu ocupar. L'individu se sent integrat en el lloc que ocupa, però quan s'adona que no té la garantia i la seguretat que pensava, li apareix un cert temor. Conèixer el seu lloc i saber on es troba exactament li proporciona seguretat.

Una altra por que condiciona molts comportaments de l'ésser humà és la *por al cansament.* La por a la fallida de la condició física està directament relacionada amb la por a la malaltia i la por a la pèrdua de la salut, encara que en grau inferior. Quan feia referència a la por a l'envelliment i a la malaltia, valorava uns criteris de por objectivables en un grau més concret i de més implicació que en el cas del cansament, però no deixen de tenir una clara correlació. Si no sapiguessim que hem dormit poques hores , sens dubte no sentiríem la sensació de son o cansament que notem després d'una nit molt curta. Està demostrat que en situacions excepcionals, l'individu té un rendiment molt flexible i una gran capacitat per adaptar-se als horaris més irregulars. Una certa tendència a establir costums i rutines porta a estructurar la vida de l'individu en moltes de les seves activitats —son, descans, menjars—, de manera que la transgressió del que és habitual produeix una important sensació de desgrat i incomoditat, o fins i tot la de trobar-se físicament limitat.

Sovint l'individu condiciona les seves activitats nocturnes —llegir, escoltar música, sortir a sopar, mantenir una relació sexual— a les seves hores de descans, pel temor a no rendir adequadament el dia següent. Hi ha qui es va sentint cansat a mesura que avança la setmana, perque té consciència dels dies que porta treballant i es convenç així que està cansat. Existeixen molts casos d'insomni provocats justament pel temor a no poder dormir. El problema de cert tipus d'insomne comença per la nit, quan no es queda adormit desseguida i s'obsessiona amb la idea que el dia següent estarà cansat si no dorm: obstinar-se en dormir li produeix ansietat, i aquesta és precisament la pitjor enemiga per adormir-se. A la nit següent, l'obsessió i l'ansietat seran encara més grans i es formarà així un cercle viciós que acabarà per cronificar l'insomni.

Hi ha una certa obsessió pel cansament com a conseqüència d'un cert tipus de vida estressada, que priva de descansar el temps adequat. *Podem identificar l'estrés com a la incapacitat per alleugerir el cansament, per la qual cosa aquest es va acumulant i no s'aconsegueix descansar.* La mitificació de l'esforç que ha de realitzar l'individu a la seva feina, la tensió que acumula per manca de seguretat en ell mateix, l'obsessió pel rendiment que el porta a mantenir una permanent exigència del seu cos, la desconfiança en les seves pròpies capacitats, tot això incideix en el grau d'estrés. La por al cansament fa reduir el nombre d'activitats. En aquesta tessitura, en comptes de medir el seu veritable estat de cansament, per decidir si fa o no una acció determinada, l'individu intenta prevenir el seu descans, sobre la base de programar la seva vida i no assolir una cota de cansament excessiva. Actuant d'aquesta manera, redueix el nombre d'activitats, procura no sortir de nit, elimina activitats considerades supèrflues o no rendibles. La motivació és el temor a disminuir el seu rendiment, sense adonar-se que, en realitat, aquestes activitats serian un important alleugeriment per la tensió que tendeix a acumular-se a través de l'activitat laboral.

La por al cansament està també relacionada amb la necessitat peremptòria i obsessiva d'obtenir un nivell de rendiment òptim. Aquesta preocupació provoca una reducció de les iniciatives i una limitació greu en les possibilitats de distracció. Moltes vegades l'ansietat que afecta l'individu es deu a l'excessiva previsió. Quan algú té davant d'ell una jornada que intueix conflictiva, comença a obsessionar-se pel possible cansament que li produirà, dubta de la seva capacitat de resistència i dóna massa importància al temor de no assolir el nivell de rendiment esperat. Seria més lògic que l'individu fos capaç d'assumir el cansament quan aquest apareixès, en comptes de provocar una ansietat inútil que elimina anticipadament les seves possibilitats. La por al cansament produeix una limitació de les iniciatives lúdiques i relaxants, la qual cosa incideix en la incapacitat per poder descansar adequadament.

Existeix una *por al desengany i a la desil·lusió* tremendament bloquejadora o limitadora d'iniciatives i expectatives personals. Quantes històries sentimentals podrien ser viscudes il·lusionadament, si no apareixés un cert temor a un posterior desengany. Això bloqueja la capacitat d'iniciativa i aborta una possible relació. Un sentiment de prudència priva d'il·lusionar-se perque de no aconseguir-se l'objectiu es produiria un daltabaix, una sensació de fracàs i, al final, una greu desil·lusió. També existeix certa tendència a evitar la il·lusió, en la mesura que, en alguns medis, es considera que tota il·lusió és mostra de cert infantilisme o incapacitat d'assumir la realitat. Quan es pensa així, es parteix del supòsit que les il·lusions i aspiracions deixaran de ser-ho en el moment que cristal·litzaran com a realitat concreta. Determinades actituds pessimistes consideren la vida com quelcom que s'ha de suportar i sofrir; qualsevol capacitat d'il·lusionar-se es relativitza, en la mesura que s'intueix que la seva cristal·lització suposa un engany, ja que, a la fi, res no serà prou atractiu com per justificar la il·lusió. Sembla cert que sempre existeix una certa distància entre la il·lusió i la realitat, i que els esdeveniments que són esperats amb esperança solen suposar un cert desengany quan són asssolits. Com més gran sigui l'expectativa respecte d'un esdeveniment, més possibilitats hi ha que es produeixi un cert desencís. Si acceptem com a vàlid aquest principi, semblaria correcte i convenient eliminar del nostre comportament actituds il·lusionades que podrien portar-nos a un posterior desengany. Tanmateix, crec que val la pena valorar la importància de viure amb la perspectiva d'un futur il·lusionat.

Quan parlava dels records i situava l'estat de tensió vital en relació amb la temporalitat, deia que la previsió de futur té una importantíssima incidència en l'estat d'ànim. La vivència del futur està directament relacionada amb la capacitat d'il·lusionar-se, de generar fantasies i projectes, i d'esperar la seva realització. Si les expectatives són superiors a les possibilitats reals de l'individu o de les seves circumstàncies, pot ser que el subjecte es plantegi sistemàticament il·lusions que provoquin posteriors desil·lusions. També hi ha qui sap viure d'il·lusions, però no sap concretar-les i, per tant, sofreix desenganys. Les persones habituades a fer plans i projectar la seva vida cap el futur són persones capaces de gaudir el projecte, però quan el que era projectat passa a ser una realitat, no solen gaudir-ho tal com ho havien somiat, perque aquests subjectes segueixen pensant en el futur.

Aquestes actituds provoquen una situació permanent de desengany i desil·lusió.

Si bé és imprescindible ser capaç de gaudir del present per assolir una cota de felicitat i satisfacció vital mínima, no és menys cert que, si no és possible il·lusionar-se per temor a la posterior desil·lusió, es perd la possibilitat de gaudir de la perspectiva de futur, que, com vèiem, suposa un condicionador important en la configuració de l'estat d'ànim. De fet, la por al desengany té més incidència quan bloqueja sistemàticament qualsevol tipus d'iniciativa que pugui suposar una esperança i fins i tot un objectiu. Si algú tem les conseqüències psicològiques que li poden produir els objectius propostos, pot arribar, per aquest camí, a l'eliminació de qualsevol tipus d'estímul que pugués suposar un canvi a la seva vida. La por al desengany provoca una manca d'interès en progressar, incapacitat per estructurar nous sentiments, enamorar-se o establir relacions afectives i, en general, dificultats per modificar situacions insatisfactòries.

Una de les causes de la tendència a l'estabilitat és justament el temor a que les coses noves provoquin desenganys. Abans vèiem com el que és nou, per desconegut, causa sovint una reacció de bloqueig i inhibició davant qualsevol situació de canvi; això condiciona un estat d'adaptació tan exagerat a la realitat concreta que pot eliminar qualsevol possibilitat de progrés o cristal·lització de noves experiències i sensacions. Les conseqüències d'aquesta actitud suposen una limitació important si tenim en compte que, en una existència humana, és escassa la quantitat d'oportunitats que se'ns poden presentar per viure noves il·lusions. Generalment, les expectatives de canvis de situació solen ser excessives. És clar que l'individu que viu cercant la seva tranquil·litat, evitant els patiments i les desil·lusions, aconseguirà els seus objectius mentre limiti totes les circumstàncies que li poden provocar tensió i sofriment, però difícilment això li resultarà gratificant o estimulador.

Aquesta por respon a una sensació d'incapacitat personal en dos aspectes: por a no ser capaç d'aconseguir el que es desitja —és a dir, inseguretat de la pròpia capacitat— i por a no poder resistir el fracàs i, en conseqüència, por a patir. Deia en la introducció que tota por suposa directament o indirectament una por al sofriment. Ser capaç d'aguantar els desenganys i les desil·lusions suposa la capacitat d'encarar els riscs que comporta tota il·lusió. Potser aquesta por sigui la que més correlacions té amb totes les descrites en aquest llibre. És clar que qui no s'il·lusiona no es desil·lusiona, però l'evitació de la desil·lusió porta implícitament l'eliminació de la il·lusió i amb ella es produeix la incapacitat de gaudir d'estímuls atractius, de viure intensament la pròpia iniciativa en els diferents aspectes de la realitat existencial.

LA FELICITAT NO ÉS IMPOSSIBLE
(A manera d'epíleg)

No tinc cap mena de dubte que tots aspirem a ser feliços. La felicitat es constitueix com a l'objectiu de tots els éssers humans. Paral·lelament, se la contempla amb un cert distanciament i es tendeix a considerar-la com a impossible. Quan s'admet aquesta consideració, és possible trobar suficients pretextos per dimitir de l'intent d'assolir-la.

L'intent d'analitzar la idea de felicitat ha de passar forçosament per l'anàlisi del seu significat. Possiblement, el concepte de felicitat sigui indefinible o, en tot cas, qualsevol definició que es pugui trobar mai no abasti la totalitat de les seves possibilitats. L'accés al sentiment de felicitat es produeix per aproximació en espais de temps limitats. Hi ha qui ha sentenciat que aquesta vivència només és possible en un espai puntual, al marge del seu passat i prescindint del futur; d'altres, entre els quals em compto, pensen que el passat i el futur formen part irremediable del present, i que, per tant, sense la seva integració no és possible el sentiment de felicitat. De l'èxtasi joiós d'un moment de plenitud en el plaer, qualsevol que sigui la seva realitat concreta, es pot obtenir una aproximació al sentiment de felicitat, i també del sentiment de pau i equilibri que ofereix la sensació d'estar fent alguna cosa que és precís i alhora agradable fer.

Podem entendre també la felicitat com a basada en la il·lusió d'un objectiu i per tant en el futur. Possiblement, un determinat esdeveniment ofereix més felicitat quan és esperat amb il·lusió. Aquesta, alhora, permet d'augmentar la força dels aspectes positius que l'alimenten i obviar-ne els negatius, que solen no tenir-se en compte en la mesura que no actuen. Un projecte desitjat és capaç d'oferir satisfacció per si mateix, i en l'espera pot trobar-se més felicitat que en el mateix desenvolupament del esdeveniment anhelat amb tanta il·lusió. La previsió del futur juga un important paper en l'obtenció de determinats estats d'ànim. De la mateixa manera que la perspectica d'esdeveniments aversius pot alterar negativament l'estat d'ànim, impedint amb això el gaudi d'un present satisfactori, també pot suportar-se en forma positiva una situació pesarosa, quan existeix la perspectiva d'esdeveniments que s'esperen amb il·lusió.

Si la felicitat és puntual, l'estat d'ànim en el qual es basa té una indubtable referència temporal. Un ànim optimista i alegre està determinat per esdeveniments previs que han predisposat joiosament el subjecte, que han reafirmat la seva condició i han generat amb això la capacitat per gaudir de les circumstàncies d'un moment, d'un present. Alhora, aquest estat d'ànim estarà condicionat per la perspectiva, l'horitzó i la visió que d'ell es tingui. Aquesta visió, sempre subjectiva, permetrà de potenciar o disminuir el potencial de gaudi de l'individu.

La felicitat pot equivaler a ordre, llibertat, vivència de sentiments, programació d'esdeveniments desitjats i posterior constatació amb resultats afortunats. D'altres vegades, possiblement les més, la felicitat s'associa a la idea de l'absència de factors que poden inhibir-la. Per a molts, la possibilitat de ser feliç passa, en primer lloc, per l'eliminació d'aquells aspectes que poden suposar inseguretat i angoixa. Així succeeix en els casos que és subjacent la idea que amb els diners és més fàcil la felicitat, la qual cosa ha de ser interpretada més aviat en el sentit que sense pobresa o sense problemes econòmics és més fàcil assolir-la. El mateix passa amb la soledat, la inseguretat personal i tota la gamma de possibles conflictes pels quals pot travessar una existència. En darrer cas, totes les aproximacions a la idea de felicitat tenen dos eixos sobre els quals desenvolupar les múltiples facetes de la seva interpretació: un necessari estat d'equilibri interior que neutralitzi l'ansietat, i una capacitat per gaudir i fruir dels esdeveniments que constitueixen el substrat sobre el qual es basa el sentiment i la sensació de felicitat.

Si bé és cert que tots els humans aspirem, ho verbalitzem o no, a ser feliços, també ho és que existeix la idea, arrelada en les consciències individuals i en el pensament col·lectiu, que aquest objectiu és impossible. La felicitat com a utopia permet els filòsofs i pensadors apropaments mancats de compromís, i justifica al comú dels mortals la seva dimissió en l'aspiració personal per assolir-la. Si no fos una utopia, si fos viable, aleshores l'home se sentiria inexcusablement obligat a posar-la al cap dels seus objectius. En canvi, situada a l'horitzó de la utopia, poden efectuar-se primers passos aproximatius mancats de compromís i convicció, que justifiquen el fracàs abans d'iniciar l'obstinació. Es plantegen els objectius personals de manera que «acostin» a la felicitat, de tal forma que, a partir de la distància on aquesta se «situï», es pugui atribuir la raó del fracàs als altres o a les circumstàncies. Siguin els altres o les circumstàncies els responsables de la porció d'espai que ens allunyi de la felicitat, de fet, sempre estarà a les nostres mans l'intent d'aproximació.

Si ens adonem, encara que sigui superficialment, dels esdeveniments dogmàtics d'aquelles doctrines religioses o polítiques que han pretès totalitzar l'individu, ens adonarem també immediatament que en totes elles existeix un factor comú: la negació de la possibilitat de la felicitat. Per a uns és impossible la felicitat individual, per la qual cosa és precís efectuar tots els esforços possibles per tal d'assolir-la de forma col·lectiva; per d'altres, és impossible la felicitat en aquesta vida, per la qual cosa només ens hem d'esforçar per aconseguir-la en l'altra. Negant la possibilitat de la felicitat s'anul·len voluntats individuals i es guanyen adeptes a la causa d'una felicitat distant, però promesa com a factible.

Res no pot resultar més alliberador a l'ésser humà que la presa de consciència respecte de la possibilitat de ser feliç. ¿Per què, doncs, existeix tan poca tendència a plantejar aquest desig com a viable? En la meva opinió, succeeix amb la felicitat com en algun aspecte amb l'amor, que s'ha convertit en un concepte desvirtuat per excés i per defecte. D'una banda, se la situa entre les idees més complexes de la filosofia i, fins i tot, de la psicologia; i de l'altra, se la tracta amb extraordinària simplesa en el marc de la cultura de masses, bàsicament en la publicitat i en determinada música popular, si bé en aquesta ha perdut una gran part del seu protagonisme en els darrers anys per cedir pas al tema d'antifelicitat. El fet que, sovint, en els missatges publicitaris se'ns ofereixi una conceptualització ridícula de la felicitat, i se la presenti com a un element simple i enganyós, contribueix a fomentar una reacció antagònica: la felicitat llavors es converteix en quelcom incomprensible i, a través de la seva incomprensió, en un impossible. Però, tanmateix, malgrat tot, tots aspirem a apropar-nos el més possible a la felicitat.

Deia que, en la mesura que considerem impossible assolir la felicitat, ens sentim exculpats de lluitar per ella, de creure en la seva viabilitat i d'entrar en un debat íntim amb aquells aspectes de la nostra realitat personal o circumstancial que en la frustren. Si fos possible assolir-la, és probable que comprenguéssim la necessitat de prendre algunes decisions: potser podríem eliminar allò que ens molesta, potser fins i tot estaria justificat l'esforç per superar determinades pors i, en conseqüència, per assumir l'obligació personal de mirar de ser feliç. Possiblement, si creguéssim de veritat que podem ser personalment feliços, optaríem per intantar-ho, i de l'intent n'obtindríem dues conclusions pràcticament immediates: la supeditació del medi a l'individu —al menys sempre val la pena intentar-ho—, i l'elevació del que és personal en l'escala de valors de cadascú. Quan l'objectiu és «apropar-se» a la felicitat, l'individu utilitza els seus ideals com a vehicle per tal apropament; quan l'objectiu és assolir la felicitat, l'ideal personal és el propi «jo», ja que és aquest el que podrà ser feliç o no. Una conseqüència immediata, en aquest cas, és la concentració d'energia en un mateix.

Algú podria alarmar-se pusil·lànimement en considerar el plantejament egocentrista que estic proposant. Penso que mai la felicitat col·lectiva no podrà ser construïda sobre la base de l'absència de felicitat de les individualitats que la composin. Potser el primer deure solidari sigui l'obstinació en la pròpia felicitat, potser res no sigui tan revolucionari com estimar-se un mateix amb prou intensitat com per aspirar a concedir-se l'immens gaudi d'una felicitat que ha de sentir-se com a possible.

Per poder demostrar que la felicitat és factible, és precís analitzar els elements que la faciliten. Podem contemplar la sensació de felicitat establerta en l'individu des de dues perspectives: la personal i la situacional. Anomenem «felicitat personal» aquella que emana del propi jo, de la plenitud de la seva identitat, de la seva autonomia personal, de la seva possible seguretat, de l'acord entre les seves idees i els seus actes, i de la capacitat d'assumir-se i acceptar-se a si mateix, al marge d'estimacions valoratives que sempre suposen limitacions. L'altra perspectiva, la que es refereix a la «felicitat situacional», la importància de la qual seria insensat ocultar, es desprèn de les circumstàncies en les quals es desenvolupa una existència: tranquil·litat econòmica, afectivitat estable i gratificant, treball estimulant, bona salut personal i de les persones estimades, perspectives de futur il·lusionadores, i totes aquelles coses que envolten l'individu i intervenen en el seu estat d'ànim, la seva capacitat per gaudir, i que constitueixen l'element bàsic de la seva llibertat.

Qualsevol valoració d'una situació individual respecte de la possibilitat de ser feliç ens porta a establir interaccions entre els dos aspectes de la felicitat. En el context social actual es tendeix a donar més importància al segon factor que al primer, encara que a ningú no se li escapa que moltes persones tenen tots els elements de la seva «situació» resolts favorablement, però no senten en elles mateixes res que s'assembli a la felicitat. En relació amb tot el que anomeno felicitat situacional, les persones, que troben serioses dificultats per assolir els elements que consideren imprescindibles, senten plenament justificada la seva infelicitat. Però, curiosament, quan se'ls obté, aquests elements deixen de ser valorats com a portadors de felicitat: el que és desitjat, pel fet de ser-ho, adquireix una rellevància que perd gairebé immediatament quan es converteix en quelcom assolit. La submissió sistemàtica de la felicitat al que és assolible suposa renunciar a ella, ja que el que s'ha obtingut deixa de ser un objecte capaç de fer feliç per si mateix; com a molt, pot establir-se un ajornament sistemàtic de l'obtenció, donat que, després de cada possibilitat assolida i posteriorment integrada com a habitual, podrà aparèixer una nova aspiració que alimenti noves il·lusions. Cert és que aquesta manera d'encarar la realitat pot aportar signes de felicitat, sobretot si es van assolint les diferents aspiracions. Això no obstant, si aquest desenvolupament és orfe de la que s'ha descrit com a felicitat personal, la satisfacció resultant estarà limitada al condicionament circumstancial o a la possibilitat de generar consum.

El consumisme ha estat ja prou injuriat com a element alienador per a l'individu. La seva permanència, a més de estar lògicament afavorida per la gran pressió publicitària, que és fruit de la seva trascendència econòmica, pot justificar-se també per la seva capacitat de generar suficients gaudis, en realitat succedanis de la felicitat, però que atrapen l'individu. El consumisme acaba per fer creure a l'individu que pot convertir la seva vida en una cursa d'obstacles, en la qual, darrera cada inconvenient, es troba el cimbell d'assolir «quelcom» que li proporcionarà alguna satisfacció, quelcom, sens dubte, fàcilment confusible amb la felicitat. La sensació que té un individu el dia que obté la seva primera feina, el seu primer fill, es compra un automòbil, es casa o estrena pis, pot suposar-li un estat de satisfacció equiparable al de la felicitat. A vegades, alguna d'aquestes circumstàncies és sentida com a equivalent a la felicitat i, tanmateix, a ningú no se'ns oculta que darrera cadascuna d'aquestes obtencions s'amaguen insatisfaccions, sacrificis previs i posteriors dissorts. La tinença o possessió de coses o situacions no és suficient per sentir-se establement feliç.

És possible una felicitat estable? He dit abans que la majoria dels intel·lectuals que s'han aproximat al tema de la felicitat tendeixen a considerar que es redueix a una sensació puntual de plenitud i de difícil o impossible permanència estable i duradera. Si s'interpreta la felicitat com al paroxisme del gaudi, haig d'estar d'acord amb l'anterior afirmació, però no comparteixo la idea que no sigui repetible. Les repeticions joioses poden apropar-se unes a les altres de la mateixa forma que ho poden fer les dents d'una serra, que podria ser la seva representació gràfica: s'enllacen entre si, donant la impressió de continuïtat quan existeix una permanència en les situacions satisfactòries. En la gràfica d'una pressumpta felicitat, és freqüent també la presència ocasional de corbes descendents, agulles de deseperació, desfici, inquietud o desànim puntuals, que no per això desfiguren el conjunt d'una existència que pugui considerar-se feliç , o de moments especialment joiosos que suposen un grau de plaer o complaença superiors als de la mitja.

És possible que les crestes de les dents d'una serra coincideixin, a l'espai i al temps, amb obtencions a nivell situacional o vivències gratificants, de la mateixa manera que les puntes antagòniques de desànim poden coincidir amb situacions conflictives. Però, bàsicament, la consecució d'un «to alt» en aquesta gràfica, és a dir, la major freqüència de crestes que suposin símbols positius —plaer, intensitat, capacitat de gaudir amb el seu record i de generar il·lusió per a la seva repetició— dependrà de la capacitat que tingui l'individu per plantejar-se com a objectiu la felicitat des d'una perspectiva personal.

Sense negar la importància de la felicitat situacional, és a dir, tenir una circumstància en la qual sigui possible ser feliç, és precís ser capaç de prescindir o, al menys, no dependre d'ella per assolir la felicitat personal. Per a això, és necessari superar primer aquelles situacions que són per si mateixes portadores d'infelicitat, Aquesta superació és factible en unes ocasions i més difícil en d'altres. Això depèn tant de la importància intrínseca de l'agressió que aquestes circumstàncies suposen, com de la capacitat i del desig de l'individu de superar-les. Tots hem experimentat com un mateix problema incideix de diferent forma en cada persona: mentre hi ha qui sembla anar cercant pretextos per «ser desgraciat», hi ha qui viu cercant al·licients per ser feliç. No puc, malgrat tot, deixar de recordar a aquelles persones que han d'encarar situacions tan inexcusablement agressives que impossibiliten qualsevol esforç de superació, i per les quals suposa un sarcasme encoretjar-les a la recerca de la felicitat.

A partir del orteguià plantejament del jo i de la circumstància, l'intent de ser feliç pot recolzar-se bàsicament en una cosa i desenvolupar-se en l'altra. La contemplació dels estímuls que ofereix la societat —determinades formes de vida i d'organització social— posa en evidència que, col·lectivament, semblem més obsessionats per enriquir la nostra circumstància que el nostre jo. Sembla clar que una situació favorable ajuda, però no és suficient per assolir la felicitat. El darrer i imprescindible ressort per accedir a ella és a través de la pròpia individualitat, del jo i de la realitat amb un mateix que neix de les respostes del silenci personal.

L'extesa creença que la felicitat és una obstinació impossible, bé podria explicar-se per la contemplació del permanent fracàs que s'aprecia en l'obtenció de la felicitat situacional. Quan s'analitzen tots els esforços que es porten a terme per assolir-la i que, fins i tot en el cas d'aconseguir els objectius propostos, es constata la no obtenció de l'estat de felicitat desitjat, lògicament es pot arribar a la conclusió que ser feliç no és possible.

Com més camí queda per recòrrer en el camp de les obtencions, més fàcil és creure en la felicitat. Això és degut a que, en aquest cas, es pensa que si es tingués tot allò que sembla ser necessari, s'arribaria a ser inexcusablement feliç. Ben al contrari, com més a prop s'està d'aconseguir els objectius més comunament desitjats , més es detecta que, per si mateixes, aquestes metes tan desitjades no garanteixen la felicitat. Això permet entendre per què, a finals del segle XX, en ple desenvolupament tecnològic i amb l'obtenció d'unes cotes de benestar objectivament altes, el desencís s'ha convertit en un sentiment generalitzat i compartit. L'individu és cada vegada menys solidari i substitueix persones per objectes. La idea que ser feliç resulta impossible permet tolerar una certa dissort controlada com a preu per a l'obtenció de determinats objectius, que són viscuts com a possibilitats mínimes, i que deixen l'individu cavalcant entre la il·lusió per algun fet fortuït i l'angoixa de perdre les coses que, meditades fredament, no són en absolut necessaries. El subjecte se sent incòmode davant d'aquesta postura, arriba a reconèixer que no hauria de viure així, qua hauria d'afectuar un important replantejament de la seva vida i prendre decisions, a canviar actituds, però d'aquí parteix precisament la por de creure que és possible la felicitat.

Sens dubte, no es tracta, ja ho he dit abans, de despreciar els elements de satisfacció que reporta la progressiva materialització d'il·lusions vinculades a la felicitat situacional, ni de despreciar els plaers que d'elles es desprenen; es tractaria d'obrir un debat personal amb un mateix amb un únic fi: establir què és el que creiem i sentim com que autènticament ens proporciona felicitat. Després de trobar la resposta, que existeix, només seria necessari aplicar l'escala de valors que d'ella s'haguessin desprès. L'intent de deixar de banda les pors i temors, que impideixen a l'ésser humà la vivència de la seva pròpia identitat personal i la capacitat per encarar la vida de forma entusiasta, depèn, en darrer cas, de la capacitat de viure recolzat en el propi «ser», en l'essència del que és personal, sense perdre's en el que representa el «fer», i encara en major grau en el «tenir», és a dir, en el que s'ha obtingut a través del «fer».

En els capítols introductoris situava l'ésser humà, enfront de la capacitat de resoldre la trobada amb ell mateix, en una projecció personal capaç de gaudir de la seva existència a través d'una adequada «tensió vital». Aquesta és precisament la que proporciona un estat d'ànim entusiasta, que permet gaudir del fet de viure. La meva proposta és «viure la vida», davant de conceptes que proposen més aviat una actitud de resistència o de patiment. Per aconseguir-ho, es fa imprescindible la superació de les pors que he descrit i analitzat en cadascun dels capítols. El que se suposa, aquesta superació no implica ignorància. Cada por obeeix a una resistència psicològica necessària i la seva superació podria ser només relativa. En la mesura que s'aconsegueixi que la por, cadascuna de les pors, deixi de torturar o bloquejar la capacitat per gaudir l'experiència vital, es podrà viure un estat de felicitat. Aquest objectiu certament no és fàcil, però pot ser assolit per aquells que són capaços de proposar-s'ho amb el bagatge del valor més trascendent, important i personal que posseeix cada individu: el seu propi ser.

En cadascuna de les pors analitzades, hem vist com l'alternativa a la vida atemorida sempre és la vivència del que és personal. Cada ésser humà és, i el seu ser es tradueix en la seva consciència quan es acceptat. En fer-ho, es dóna el primer pas en el camí de viure en plenitud. Després, es podrà avançar per aquest camí en la mesura que se sàpiga trobar l'entusiasme necessari per integrar els diferents esdeveniments i cercar en cadascun com aprofitar el que hom «és», amb la finalitat d'estimar la vida. Les pors neixen del temor a equivocar-se en fer, o a perdre allò que es té. La felicitat, com a antagonista que és de les pors, apareix com al resultat del que s'«és». La importància que cadascú dóna al seu ser, per sobre d'allò que fa o té, està en relació directa amb la seva capacitat per assolir la felicitat.